本书由武汉工程大学校级项目"检察公益诉…
平衡重建机制研究（23QD…

法│学│研│究│文│丛
——环境法学——

环境民事公益诉讼与生态环境损害赔偿诉讼的竞合及适用研究

李树训 著

知识产权出版社
全国百佳图书出版单位
—北京—

图书在版编目（CIP）数据

环境民事公益诉讼与生态环境损害赔偿诉讼的竞合及适用研究／李树训著．—北京：知识产权出版社，2024.4
ISBN 978-7-5130-9184-8

Ⅰ.①环… Ⅱ.①李… Ⅲ.①环境保护法—行政诉讼—研究—中国②生态环境—环境污染—赔偿—研究—中国 Ⅳ.①D925.304②D922.683.4

中国国家版本馆 CIP 数据核字（2024）第 028307 号

责任编辑：彭小华　　　　　　　责任校对：王　岩
封面设计：智兴设计室　　　　　责任印制：孙婷婷

环境民事公益诉讼与生态环境损害赔偿诉讼的竞合及适用研究
李树训　著

出版发行：知识产权出版社有限责任公司		网　址：http://www.ipph.cn	
社　址：北京市海淀区气象路 50 号院		邮　编：100081	
责编电话：010-82000860 转 8115		责编邮箱：huapxh@sina.com	
发行电话：010-82000860 转 8101/8102		发行传真：010-82000893/82005070/82000270	
印　刷：北京建宏印刷有限公司		经　销：新华书店、各大网上书店及相关专业书店	
开　本：880mm×1230mm　1/32		印　张：12	
版　次：2024 年 4 月第 1 版		印　次：2024 年 4 月第 1 次印刷	
字　数：290 千字		定　价：88.00 元	
ISBN 978-7-5130-9184-8			

出版权专有　侵权必究
如有印装质量问题，本社负责调换。

目录
CONTENTS

导　言 ‖ 001

　　一、研究背景及其价值 / 001

　　二、研究现状述评 / 009

　　三、研究思路及总体框架 / 025

　　四、研究方法 / 027

　　五、创新之处 / 029

第一章　生态环境损害赔偿诉讼与环境民事公益诉讼的竞合 ‖ 032

　第一节　生态环境损害救济的理论基础 / 033

　　一、人与自然关系的历史演进 / 034

　　二、环境伦理观的历史演进 / 037

　第二节　我国生态环境损害救济体系的发展 / 041

　　一、传统救济方式 / 042

　　二、关于环境公益诉讼的阐述 / 051

　　三、关于生态环境损害赔偿诉讼的阐述 / 054

第三节　生态环境损害赔偿诉讼与环境民事公益诉讼竞合的
　　　　分析 / 057
　　一、竞合关系的一般阐释 / 058
　　二、生态环境损害赔偿诉讼与环境民事公益诉讼竞合的
　　　　表现形式 / 061
　　三、生态环境损害赔偿诉讼与环境民事公益诉讼竞合的
　　　　实质 / 078
第四节　本章小结 / 082

第二章　生态环境损害赔偿诉讼与环境民事公益诉讼竞合的成因 ‖ 084

第一节　基础概念交互不清 / 084
　　一、"主体式"概念检视 / 085
　　二、"客体式"概念检视 / 089
第二节　法律属性界定不明 / 093
　　一、自然资源国家所有权 / 094
　　二、国家环境保护义务或职责 / 102
　　三、诉讼目的 / 106
第三节　制度设置路径异化 / 108
　　一、环境公益诉讼：移植片面化 / 109
　　二、生态环境损害赔偿诉讼：政策法律化 / 116
第四节　本章小结 / 122

第三章　解决两种诉讼制度竞合冲突的既成模式与不足 ‖ 125

第一节　择一而用：制度种类之间的适用安排 / 128
　　一、排他适用模式 / 128

二、优先适用模式 / 138

　　三、限制适用模式 / 146

　　四、任意适用模式 / 149

第二节　择优而用：子制度之间的适用安排 / 156

　　一、交叉适用模式的界定 / 156

　　二、交叉适用模式的理论意义 / 158

第三节　同时并用：诉讼主体之间的适用安排 / 160

　　一、并举适用模式 / 161

　　二、支持起诉 / 173

第四节　本章小结 / 175

第四章　"并行适用"模式的理论证成 ‖ 179

第一节　探寻新的适用模式的动机 / 180

　　一、弥补"顺序式"调整模式的缺憾 / 180

　　二、化解竞合冲突的另一种路径 / 183

　　三、提高制度结构的效率 / 185

　　四、应对实践新的变化 / 188

第二节　"并行适用"的内涵阐释 / 191

第三节　"并行适用"模式的理论合理性分析 / 195

　　一、基础概念的共通性 / 195

　　二、法律属性的一致性 / 220

　　三、诉讼标的的统一性 / 257

第四节　本章小结 / 267

第五章　域外区分进路的阐述 ‖ 270

第一节　诉讼请求区分的路径 / 271

第二节　诉讼性质区分的路径 / 276
第三节　本章小结 / 281

第六章　"并行适用"模式的本土化建设 ‖ 283

第一节　实现"并行适用"的基本原则 / 284
　　一、法律效果为主，兼顾整体效果 / 284
　　二、实体法为主，诉讼法为辅 / 295
第二节　具体界分路径 / 298
　　一、实体法的形式 / 298
　　二、诉讼法的形式 / 309
第三节　"并行适用"模式的立法延伸 / 323
　　一、在管辖制度设置方面的适用方法 / 324
　　二、在赔偿资金管理方面的适用方法 / 328
　　三、在执行监督方面的适用方法 / 331
第四节　本章小结 / 335

第七章　结　论 ‖ 337

参考文献 ‖ 340

导 言

在进一步探究该选题的意义之前,首先需要澄清的是,有关生态环境损害赔偿诉讼与环境民事公益诉讼(下文简称"两诉")之间关系定位的问题,学界常以"衔接"为论述主题。但本书并未沿用"衔接"这种学界形成的一般表述,转而采用"适用"的概念,主要是出于以下理由:其一,"衔接"一词自身蕴意的局限性。衔接一般意指相互连接,且多用于形容前后连接的形态,与本身核心旨意不符。不仅如此,现下生态环境损害赔偿诉讼在实践运行过程中产生了某些新的变化,致使原有衔接进路的适用前提条件逐渐丧失。其二,"适用"一词,顾名思义,即解决如何适用的问题,在论述视野上相对宽泛一些,更能凸显出"两诉"之间冲突的立法事实以及以实践应用为取向的研究旨趣。故以如何"适用"作为本书研究主题。

一、研究背景及其价值

近年来,在伴随经济飞速增长的同时,因早期粗放型生产方式、"先污染,后治理"的发展理念等多种因素影响，致使我国环境污染和生态破坏问题越发严重，造成雾霾、酸雨、土地荒漠化等严峻的后果，直接影响到人类的生存状况和生活质量。当然，针对生态环境问题，我国政府和立法机关绝非无所作为。事实上，1989年12月26日我国既已通过第一部《中华人民共和国环境保护法》（下文简称《环境保护法》），随后相继出台其他相关法律法规，逐步形成相对完整的环境保护体系。具体而言，在制度建设上，包括排污许可证制度、"三同时"制度、环境影响评价制度等；在保护方式上，除行政处罚、行政强制、行政命令等行政手段之外，司法救济方面尚有环境侵权私益诉讼以及刑事诉讼等法定手段予以配合。不可否认的是，尽管立法上已经作出了一系列的安排，但是仍然存在救济方式简单、诉讼频次较低和救济效果不佳等各种问题。即使暂时抛开GDP理念作祟，以及地方保护主义、政府绩效考核、选择性执法等体制的、制度的、知识的和道德的❶现实因素不谈，单从理论上讲，一套科学的制度体系不仅包括正当的价值观念，而且具体方法的选择同样至关重要。实质上，所谓环境损害具体又可细化为"人身财产损害"和"生态环境损害"❷两种类型，而传统环境侵权诉讼的主要作用在于保护因环境污染引起的人身伤害或财产损害等私人利益。虽然能够通过请求停止侵害等方式实现保护生态环境的效果，但根本上是一种间接保护的方法，于实际受损的生态环境而言无甚助益，且充斥一定的偶然性。另一方面，行政处罚额度偏低，威慑力偏弱，不足以起到完全警诫的作用。总之，无论是在环境保护范围还是在保护强度上皆不尽如人意。为此，

---

❶ 汪劲、王社坤、严厚福编：《环保法治三十年：我们成功了吗》，北京大学出版社，2011，第308—316页。
❷ 吕忠梅：《"生态环境损害赔偿"的法律辨析》，《法学论坛》2017年第3期。

2012年8月我国在修订《中华人民共和国民事诉讼法》(下文简称《民事诉讼法》)时,突破传统上以"直接利害关系"为适格当事人判断标准的限制,新增环境公益诉讼制度,实现向将"环境"作为独立保护客体的立法跨越。该制度希冀通过利用司法手段强制侵权人恢复已经遭受损害或正在遭受损害威胁的生物要素与环境要素,来救济生态环境自身利益。随后我国相继公布《关于审理环境民事公益诉讼案件适用法律若干问题的解释》(下文简称《审理公益案件解释》)和《关于检察公益诉讼案件适用法律若干问题的解释》(下文简称《检察公益案件解释》)《人民检察院公益诉讼办案规则》等司法解释逐步对该制度加以完善,并在实践中取得重大成果,可谓成绩斐然。至此,我国已形成环境侵权私益诉讼和环境公益诉讼并行的"二元制"诉讼格局,有条不紊地合力推进环保事业。

无独有偶,为充分贯彻党的十八届三中全会的会议精神[1],推进生态文明建设,践行损害赔偿的改革理念,2015年12月3日,我国公布《生态环境损害赔偿制度改革试点方案》(下文简称《试点方案》),并先后在吉林、贵州、湖南等地开展试点活动。历经两年试点活动后,2017年8月29日,原中央全面深化改革领导小组通过《生态环境损害赔偿制度改革方案》(下文简称《改革方案》)。2019年6月5日,最高人民法院在汲取和总结各地改革经验的基础上制定《关于审理生态环境损害赔偿案件的若干规定(试行)》(下文简称《若干规定》),该规定暂时缓解了审判当中无法可依的窘境,也预示着生态环境损害赔偿制度从初期建构进

---

[1] 《中共中央关于全面深化改革若干重大问题的决定》第14条规定:"加快生态文明制度建设"一节中提出:"建设生态文明,必须建立系统完整的生态文明制度体系,实行最严格的源头保护制度、损害赔偿制度。"

入后续完善阶段。2020年9月，生态环境部联合司法部、财政部等多个部门共同印发《关于推进生态环境损害赔偿制度若干具体问题的意见》（下文简称《若干意见》）。该意见既是对前一阶段改革成果的总结，也是对未来如何继续改革的指示。然而不可否认的是，在生态环境损害赔偿诉讼创立之前，我国已经设有同样旨在救济环境利益的环境公益诉讼制度，且该制度正逐步走向成熟。因此，在发展新的制度体系时势必牵涉到与原有体系冲突和协调的问题，如何在保持各自独立价值的基础上实现分工与合力，值得深度研究。

关于"两诉"关系，在各界忙于从学理上争议和论证之际，2020年5月28日我国公布了《中华人民共和国民法典》（下文简称《民法典》）。其第1234条将针对"环境或生态"的损害和救济规则一并纳入该私法体系的调整范畴当中，在私法框架内完成了某种融合。无论是根据《民事诉讼法》《审理公益案件解释》《若干规定》等法律文件的指示，抑或学界形成的主流思想，一般都将保护环境视为公法领域内的活动。针对这种"公私混同"的立法现象，既可以认为是主动响应生态环境损害赔偿制度改革政策的一种表现，也可以说是受到国家公共政策的深入影响。不论如何，可以肯定的是，其并未对"两诉"作一种明确的界分，而且对如何适用"两诉"的问题，《民法典》也未提供权威的答案。不仅如此，反而可能因加入某些新的"概念"（如"国家规定"与"法律规定"的含义）使固有问题愈发复杂化。

时至当下，党的二十大报告已明确提出"完善公益诉讼制度"。这对公益诉讼制度的发展而言，尤其是环境公益诉讼，既是机遇也是挑战。完善环境公益诉讼制度不仅关乎生态环境法典编纂的问题，而且关乎检察公益诉讼制度改革的问题。2023年8月7

日最高人民检察院印发《2023—2027 年检察改革工作规划》，其第 22 条已明确将"积极推动制定检察公益诉讼法"作为未来改革的主要任务之一。而制定检察公益诉讼法同样离不开环境公益诉讼。可以说，环境公益诉讼正站在上述两项极具划时代意义的立法任务的交叉点上。而合理协调环境公益诉讼与生态环境损害赔偿诉讼的关系则是完善环境公益诉讼法律规范体系必须解决的问题，这既是难点，也是重点。故该选题具有如下重要意义。

（一）理论价值

目前，公共利益的代表和维护主体呈现出多中心的趋势❶，客观来讲，若从制度功能上观察，"两诉"皆能起到保护生态环境的作用，在"两诉"合力推动下，保护环境的力度和规模将会大幅度增加。但是从程序理性的角度出发，结果并不尽然。当下"两诉"在诉讼目的、诉讼原因、诉讼请求、适用范围等具体规则方面颇为相似，近乎混同，甚至有学者一度认为，在已有环境民事公益诉讼制度基础上，"不必再出台政策文件规定由人民政府提起生态环境损害赔偿之诉"❷。对此，笔者不敢苟同。故本选题具有以下学术价值。

第一，廓清"两诉"关系，避免适用冲突。就规范内容而言，"两诉"既有区别又有联系，准确地讲，实为大同小异。目前"两诉"在适用范围方面存在大面积重叠，致使针对同一行为人破坏或损害生态环境的事实，多个不同的主体可以分别同时根据相关司法解释提起环境民事公益诉讼和生态环境损害赔偿诉讼，因

---

❶ 张方华：《回归国家治理的公共性：我国公共利益和政府利益的关系研究》，南京师范大学出版社，2019，第 63 页。
❷ 薄晓波：《环境民事公益诉讼救济客体之厘清》，《中国地质大学学报（社会科学版）》2019 年第 3 期。

"两诉"救济效果相同从而造成重复诉讼。为化解这种冲突,不同学者基于不同的角度贡献出自己的办法。尽管《若干规定》业已确立"优先适用生态环境损害赔偿诉讼"的适用规则,但依旧面临基础理据不足,削弱环境民事公益诉讼价值等难以克服的理论障碍。众所周知,从准备到完成一项诉讼活动,原告需要耗费大量时间、人力和物力等成本,尤其对于实力薄弱的环保组织而言。在"两诉"范围混同和信息不对称的情境中,若社会组织、检察院和行政机关不谋而合选择同一对象作为诉讼目标,则可能会因中止环境民事公益诉讼致使社会组织前期已经花费的成本和资源白白浪费,从而影响诉讼效益,增加社会成本。从这一角度讲,"优先适用"模式可能并非最佳选择。为从根源上避免重复诉讼和浪费司法资源,确立"两诉"各自的保护范围不失为一种解决策略。若某种法律制度的保护范围不能与其他制度的保护范围分立,其将来极可能会沦为其他制度的一部分。本选题意图通过该切口破解上述难题,以期更好地指导改革实践。

第二,破解"两诉"适用难题,澄清基础理论争议。恰当适用"两诉"的前提是正确认知该诉,因此必然会涉及"两诉"各自的基础理论和内在本质,如对其概念内涵、法律性质、诉权渊源、诉讼标的等内核进行一一辨析和证成。实质上,生态环境损害赔偿诉讼作为伴随生态文明体制改革出现的新生事物,由于建成时间仓促,内容上难免粗糙不全。如今在学界,关于其设立意义、基础理论、程序设置、运行机理等方面争议颇多,且尚留有多个空白领域没有给出相对权威的明文规定。由司法解释仅有23条,即可见一斑。若法律规则本身不明确,司法实践将会无所适从。故本书拟通过全面分析论证生态环境损害赔偿制度的基础法理及其与环境公益诉讼之间的"应然"关系,试图化解两种诉讼类型之间现存的理论和制度隔阂,同时为未来更加合理地构建法律体系增砖添瓦。

第三,实现制度分工,强化诉讼合力。正确合理安排"两诉"的首要前提是要理解各自的优势和职能,从而更好地实现制度分工,发挥更大的制度效益。宏观而言,"两诉"预设的目的皆与生态环境有关。然两者之间毕竟存在巨大的客观差异,尤其是在起诉主体方面,而主体结构上的差异势必引起功能上的连带变化。相较于环境民事公益诉讼灵活、民主等独特性,生态环境损害赔偿诉讼既具有权力、资源、技术等方面的优势,同时亦受到正当性要求的限制。总之,如何充分发挥利用各自优势,并形成互补关系,则是本书需要重点论证的问题。

第四,确认冲突本质,深究竞合理论。为保护环境,针对同一损害环境的侵权行为,"三种诉讼权利人"皆可以依法行使诉讼实施权,从而"导致诉讼主体之间发生请求权竞合"[1]。而根据既有的立法精神,"两诉"仅能择一而行使。实质上,两种诉讼冲突的本质实际是一种竞合的冲突。一般而言,请求权竞合是指同一主体依据法律规定享有两种以上的请求权可供选择。须注意的是,与以请求权为导向不同,这是两种出发点存有差异的诉讼制度,而且在各自的具体建设过程当中,皆非因循实体权利——诉讼实施权的传统立法路径,呈现出诉讼法上赋权先于实体法确权的异化形态。所以,从表面上看,原告并非同一主体,甚或说同一种类也比较牵强,但从诉讼实效上观察,符合竞合的内在原理。如此而论,是否能够以请求权竞合的视角进行解释不无考证的价值。

---

[1] 潘牧天:《生态环境损害赔偿诉讼与环境民事公益诉讼的诉权冲突与有效衔接》,《法学论坛》2020 年第 6 期。

(二) 实践价值

除理论上设想的意义之外，究竟应当如何适用"两诉"则是实践当中亟须解决的问题。因此，本书选题对于未来指引改革，总结经验和凝聚共识可以发挥一定的积极作用。

第一，评价和判断某项制度是否合理，除理论上的融通和逻辑上的连贯之外，实践结果则是另外一项重要的检验标准。而纵观当下司法实务，在改革推行期间，无论是环境公益诉讼案件的数量规模和发展态势皆愈演愈烈，而反观生态环境损害赔偿案件的数量则相对稀少，甚或寂寥无声，巨大的反差事实昭示着新旧制度在实际适用当中极度失衡。除新制度尚在一定适应期之外，与"两诉"间关系定位不清亦有紧密的联系。故本书通过分析背后的深层原因并尝试提出相应的解决方案，从而最大限度地发挥新制度的社会价值，改变"两诉"适用规模相差悬殊的局面，以期从纸面走向实践。

第二，目前，各地正在开展的生态环境损害赔偿制度改革活动，因缺乏统一的指导意见和基本共识，致使改革方案千差万别，各种新意层出不穷，整体而言，利弊共生。在肯定实践智慧和积极态度的基础上，需要警醒的是，各行其是的行为方式不利于未来实现统一立法，故迫切需要形成一种理解上的合意。当"两诉"之间适用关系明晰后，可以为后续改革提供一种新的思路，从而化解当下司法审判无所适从的困境。

第三，无论是《改革方案》抑或《若干规定》皆尚处在试行阶段，究竟应当如何适用"两诉"，各地在实践探索过程中已积累一些经验。而这些经验既是一种可靠的分析素材，亦是一种真实的问题反馈，更代表一种社会智慧。本书通过归纳和提炼其中的有益成分，并将实践理性与未来立法相结合，借此增加生态环境损害赔偿制度的适应性。综上所述,以"两诉"适用关系作为选题具有较高的理论和实践价值。

二、研究现状述评

随着生态文明体制改革逐渐深入以及生态环境损害赔偿诉讼制度逐步完善,学者们的研究内容和方向更为丰富全面。但总体来说,关注热点主要集中在政府索赔权的正当性、衔接的具体机制、制度的法律定性、磋商的程序保障等几个领域。因"两诉"在适用范围上相互交叉和重叠,同一污染环境或破坏生态的法律事实,可能同时符合两种诉讼制度的构成要件,从而造成重复诉讼,违背"一事不再理"原则。面临这种冲突,应当如何予以合理化解,学者们立足不同的角度提出了诸多建议。

(一) 国内研究现状

在既有法律体系当中,究竟应当如何适用生态环境损害赔偿制度,以及协调其与周边关联制度的冲突关系,对此,不仅应当明晰该种冲突的本质,并确定其法律属性,同时需要设置合理的衔接机制。

(1) 关于两种诉讼之间关系的认知。徐以祥教授在《论生态环境损害的行政命令救济》一文中从多元救济路径并存的角度肯定设立"两诉"的合理性[1]。罗丽教授在《生态环境损害赔偿诉讼与环境民事公益诉讼关系实证研究》一文中认为,"两诉"之间既非敌对关系,亦非上下关系,而应为主辅关系[2]。薄晓波副教授在《环境民事公益诉讼救济客体之厘清》一文中认为,在已有公益诉

---

[1] 徐以祥:《论生态环境损害的行政命令救济》,《政治与法律》2019年第9期。
[2] 罗丽:《生态环境损害赔偿诉讼与环境民事公益诉讼关系实证研究》,《法律适用》2020年第4期。

讼制度的基础上，不必再设立生态环境损害赔偿之诉❶。刘莉教授等人在《生态环境损害赔偿诉讼的公益诉讼解释论》一文中认为，环境民事公益诉讼包含生态环境损害赔偿诉讼❷。林莉红教授等人在《论生态环境损害赔偿诉讼与环境民事公益诉讼之关系定位》一文中认为，生态环境损害赔偿诉讼是环境民事公益诉讼的子类型，可将前者囊括进后者救济范围之中❸。张宝副教授在《生态环境损害政府索赔权与监管权的适用关系辨析》一文中认为，行政机关作为原告，会搅乱各机关原本的职能范围，导致"行政职权民事化、审判职权行政化"❹。邓少旭法官在《生态环境损害赔偿诉讼：定义与定位矫正》一文中认为，"生态环境损害赔偿诉讼与环境行政执法功能重叠"❺。最高人民法院原环境资源审判庭庭长王旭光在《论生态环境损害赔偿诉讼的若干基本关系》一文中，基于广义和狭义的视角，认为两种诉讼制度可以彼此相互包含❻。傅贤国教授在《我国生态环境损害赔偿诉讼之性质再界定》一文中认为，生态环境损害赔偿诉讼可分为狭义生态环境损害赔偿诉讼和自然资源损害赔偿诉讼，前者乃是特殊的环境民事公益诉讼❼。

---

❶ 薄晓波：《环境民事公益诉讼救济客体之厘清》，《中国地质大学学报（社会科学版）》2019年第3期。

❷ 刘莉、胡攀：《生态环境损害赔偿诉讼的公益诉讼解释论》，《西安财经学院学报》2019年第3期。

❸ 林莉红、邓嘉咏：《论生态环境损害赔偿诉讼与环境民事公益诉讼之关系定位》，《南京工业大学学报（社会科学版）》2020年第1期。

❹ 张宝：《生态环境损害政府索赔权与监管权的适用关系辨析》，《法学论坛》2017年第3期。

❺ 邓少旭：《生态环境损害赔偿诉讼：定义与定位矫正》，《中国环境管理》2020年第3期。

❻ 王旭光：《论生态环境损害赔偿诉讼的若干基本关系》，《法律适用》2019年第21期。

❼ 傅贤国：《我国生态环境损害赔偿诉讼之性质再界定》，《贵州大学学报（社会科学版）》2020年第5期。

总体来看，对于由行政机关索赔这一新的诉讼类型，除部分学者持认同意见之外，其他学者既有因功能重复而忽视其存在价值的观点，亦有直接否定新设该制度的必要性。

（2）关于生态环境损害赔偿诉讼的法律性质。对此学界存在不同认知。①私益诉讼说。王树义教授、李华琪博士在《论我国生态环境损害赔偿诉讼》一文中立足于自然资源国家所有权私权的属性，认为生态环境损害赔偿诉讼是特殊的私益诉讼❶。张梓太教授、席悦博士在《生态环境损害赔偿纠纷处理机制探析》一文中提出，应以侵权责任法（该法因《民法典》的施行而废止，但其主要内容多被民法典沿袭）为适用依据❷。这是一种默认其为私益诉讼的暗示。黄萍教授在《生态环境损害索赔主体适格性及其实现》一文中认为自然资源国家所有权兼具私权和公权属性，由政府代表国家起诉应是私益诉讼❸。②公益诉讼说。刘莉教授等人在《生态环境损害赔偿诉讼的公益诉讼解释论》一文中将其归属为环境公益诉讼体系中的一种类型，视其为特殊的环境民事公益诉讼。潘牧天教授认为其是"特殊的环境民事公益诉讼"❹。③国益诉讼说。蔡彦敏教授在《对环境侵权受害人的法律救济之思考》一文中提出，为保护海洋环境，由法定部门代表国家提起损害赔偿的诉讼是国益诉讼❺。环境规划院副院长何军等人认为，若政府立足

---

❶ 王树义、李华琪：《论我国生态环境损害赔偿诉讼》，《学习与实践》2018 年第 11 期。

❷ 张梓太、席悦：《生态环境损害赔偿纠纷处理机制探析》，《中国环境报》2017 年 12 月 21 日，第 3 版。

❸ 黄萍：《生态环境损害索赔主体适格性及其实现——以自然资源国家所有权为理论基础》，《社会科学辑刊》2018 年第 3 期。

❹ 潘牧天：《生态环境损害赔偿诉讼与环境民事公益诉讼的诉权冲突与有效衔接》，《法学论坛》2020 年第 6 期。

❺ 蔡彦敏：《对环境侵权受害人的法律救济之思考》，《法学评论》2014 年第 2 期。

于自然资源所有权提起赔偿诉讼，可称为国家利益诉讼❶。秘明杰教授等在《我国政府部门主张生态环境损害赔偿的法律分析》一文中认为，政府提起损害赔偿诉讼是出于履行国家环境管理义务，因此其是国益诉讼❷。肖建国教授赞同国益诉讼观点❸。④混同说。这种观念实际上是通过一种"二分法"的方式进行的综合定性。吴惟予博士基于生态价值和经济价值的整体性认为，生态环境损害赔偿诉讼包括公益和私益❹。江必新教授从生态功能和自然资源的角度认为，生态环境损害赔偿诉讼包括国家利益和公共利益❺。蔡唱教授在《我国〈民法典〉环境侵权责任承担问题化解研究》一文中认为，应将生态环境损害赔偿责任视为行政责任，其仅是借助私法的途径予以主张❻。究竟其法律性质为何，目前争议较大，这些分歧也为未来应当如何适用这两种诉讼增加了困难。

除以自然资源国家所有权为研究进路之外，也有学者从义务的角度辨析和论证生态环境损害赔偿制度的法律属性。张宝教授在《生态环境损害政府索赔权与监管权的适用关系辨析》一文中认为，生态环境损害赔偿诉讼仅仅是穿着民事诉讼的"外衣"，实

---

❶ 何军、刘倩、齐霁：《论生态环境损害政府索赔机制的构建》，《环境保护》2018年第5期。
❷ 秘明杰、田莹莹：《我国政府部门主张生态环境损害赔偿的法律分析》，《行政与法》2021年第2期。
❸ 肖建国：《利益交错中的环境公益诉讼原理》，《中国人民大学学报》2016年第2期。
❹ 吴惟予：《生态环境损害赔偿中的利益代表机制研究——以社会公共利益与国家利益为分析工具》，《河北法学》2019年第3期。
❺ 江必新：《依法开展生态环境损害赔偿审判工作，以最严密法治保护生态环境》，《人民法院报》2019年6月27日，第5版。
❻ 蔡唱：《我国〈民法典〉环境侵权责任承担问题化解研究》，《湖南师范大学社会科学学报》2021年第1期。

质上是行政执法的延伸❶。彭中遥博士在《生态环境损害赔偿诉讼的性质认定与制度完善》一文中认为,行政机关请求索赔的基础"在于我国《宪法》(2018年)第9条、第26条规定的(环境保护义务)"❷。如其所述,该种思路的唯一核心是来自宪法施与的环保义务。戴建华副教授在《生态环境损害赔偿诉讼的制度定位与规则重构》一文中认为,政府行使索赔权"是国家履行环境保护义务的基本方式"❸。也有学者认为,赋予行政机关生态环境损害索赔权的正当性基础是其履行环境保护的职责,而不是其自然资源国家所有者的身份❹。以义务论来解释赋予行政机关索赔权正当性的方式带有某种"公法"思维的痕迹,该进路主要是立足于行政机关固有的职责,将诉讼作为履职的一种手段。

(3)关于"两诉"如何适用的问题。为有效化解"两诉"间的冲突,围绕应如何适用"两诉"的问题,经归纳(这种归纳是出于类型化认知的需求,是笔者个人对既有"衔接"方案的提炼和简化),学界基本上形成以下几种办法。第一,优先适用模式。汪劲教授在《论生态环境损害赔偿诉讼与关联诉讼衔接规则的建立》一文中认为,应由自然资源所有权人优先提起生态环境损害赔偿诉讼❺。这是一种宏观上的"序位说"。张梓太教授等人在《生态环

---

❶ 张宝:《生态环境损害政府索赔权与监管权的适用关系辨析》,《法学论坛》2017年第3期。

❷ 彭中遥:《行政机关提起生态环境损害赔偿诉讼的理论争点及其合理解脱》,《环境保护》2019年第5期。

❸ 戴建华:《生态环境损害赔偿诉讼的制度定位与规则重构》,《求索》2020年第6期。

❹ 史玉成:《生态环境损害赔偿制度的学理反思与法律建构》,《中州学刊》2019年第10期。

❺ 汪劲:《论生态环境损害赔偿诉讼与关联诉讼衔接规则的建立——以德司达公司案和生态环境损害赔偿相关判例为鉴》,《环境保护》2018年第5期。

境损害赔偿之诉与环境公益诉讼》一文中,考虑到政府在人员和手段方面具备的专门优势,主张建立三层递进结构,即"政府——检察院——检察院、公众或社会公益组织"❶。王金南、刘倩、齐霁、於方在《加快建立生态环境损害赔偿制度体系》一文中主张建立双层递进结构:政府优先——公民、法人、其他组织次之❷。刘慧慧法官持相同观点❸。与之相反,也有学者主张另一种优先顺序。韩波教授在《公益诉讼制度的力量组合》一文中,基于政府辅助原则选择公民、团体——环境行政机关——检察院这种诉讼进路❹。关丽博士持相同观点❺。第二,排他适用模式。张宝教授在《生态环境损害政府索赔权与监管权的适用关系辨析》一文中认为,若由行政机关作为原告,将案件移交至法院,会搅乱行政机关和司法机关之间的职能界限,导致"行政职权民事化、审判职权行政化"❻。王岚教授在《论生态环境损害救济机制》一文中主张坚持行政救济的主导模式,强化责任改正型行政责任❼。李挚萍教授在《行政命令型生态环境修复机制研究》一文中主张通过行政命令的方式实现生态环境损害救济❽。第三,限制适用模式。程雨燕教授在《生态环境损害赔偿制度的理念转变与发展方向》

---

❶ 黄虞、张梓太:《生态环境损害赔偿之诉与环境公益诉讼》,《中华环境》2018年第6期。

❷ 王金南、刘倩、齐霁、於方:《加快建立生态环境损害赔偿制度体系》,《环境保护》2016年第2期。

❸ 刘慧慧:《生态环境损害赔偿诉讼衔接问题研究》,《法律适用》2019年第21期。

❹ 韩波:《公益诉讼制度的力量组合》,《当代法学》2013年第1期。

❺ 关丽:《环境民事公益诉讼研究》,博士学位论文,中国政法大学,2011,第Ⅱ页。

❻ 张宝:《生态环境损害政府索赔权与监管权的适用关系辨析》,《法学论坛》2017年第3期。

❼ 王岚:《论生态环境损害救济机制》,《社会科学》2018年第6期。

❽ 李挚萍:《行政命令型生态环境修复机制研究》,《法学评论》2020年第3期。

一文中认为，在政府怠于行使索赔权的基础上，可以提起公益诉讼❶。第四，任意适用模式。王灿发教授等在《生态环境损害赔偿制度的体系定位与完善路径》一文中认为，谁先立案，适用哪种诉讼❷。李浩教授在《生态环境损害赔偿诉讼的本质及相关问题研究》一文中主张不设先后顺序❸。黄锡生教授、谢玲博士在《环境公益诉讼制度的类型界分与功能定位》一文中认为，对于损害后果轻微或影响不大的事件可以不设置先后顺序❹。第五，交叉适用模式。贺震教授在《构建生态环境损害赔偿磋商与诉讼衔接机制》一文中设想的适用方式为：赔偿磋商——社会组织（检察院）环境公益诉讼——损害赔偿诉讼❺。第六，并举适用模式。郭海蓝博士、陈德敏教授在《省级政府提起生态环境损害赔偿诉讼的制度困境与规范路径》一文中认为，当两种诉讼皆已提起时，可以合并审理❻。上述六种适用模式是对既有衔接方案的一种初步归纳，或许与各学者的本意有所出入，但这种整理结果有助于我们了解和分析当下学界的思想脉络，即本质上是对诉讼序位的差异化安排。

（4）关于竞合的类型以及解决方案。不同种类或同一种类不同内容的请求权之间通常存在竞合或聚合的关系，前者是指各请求

---

❶ 程雨燕：《生态环境损害赔偿制度的理念转变与发展方向——兼与美国自然资源损害制度比较》，《社会科学辑刊》2018年第3期。
❷ 程多威、王灿发：《生态环境损害赔偿制度的体系定位与完善路径》，《国家行政学院学报》2016年第5期。
❸ 李浩：《生态环境损害赔偿诉讼的本质及相关问题研究——以环境民事公益诉讼为视角的分析》，《行政法学研究》2019年第4期。
❹ 黄锡生、谢玲：《环境公益诉讼制度的类型界分与功能定位——以对环境公益诉讼"二分法"否定观点的反思为进路》，《现代法学》2015年第6期。
❺ 贺震：《构建生态环境损害赔偿磋商与诉讼衔接机制》，《环境经济》2017年第10期。
❻ 郭海蓝、陈德敏：《省级政府提起生态环境损害赔偿诉讼的制度困境与规范路径》，《中国人口·资源与环境》2018年第3期。

权相互排斥、冲突，后者则可以互为补充。

①请求权竞合是指同一个事实满足数个不同请求权规范的构成要件，尽管产生请求权的规范相异，但在给付内容和给付目的上却为同一。张家勇在《中国法民事责任竞合的解释论》一文中认为，同一生活事实同时符合不同责任规范的适用条件，即构成责任规范的竞合❶。陈钰玲在《请求权竞合问题研究》一文中认为，给付目的是否相同是判断能否构成请求权竞合的重要标准❷。徐晓峰博士在《责任竞合与诉讼标的理论》一文中认为，从规范效果上观察，给付内容和目的相同，即构成请求权竞合❸。李锡鹤教授在《请求权竞合真相》一文中认为，请求权竞合分为广义竞合，即诉讼标的重叠且可以全部实现；狭义竞合，即诉讼标的部分重叠却不能重复实现❹。李磊博士在《请求权竞合解决新论》一文中认为，法律义务只有一个，当给付目的同一时，请求权仅能行使一次❺。此外，也有学者从被告给付责任角度而言，如果致使被告产生双重或多重相同给付内容的判决效果，该现象被称为责任竞合。赵秀举教授在《论请求权竞合理论与诉讼标的理论的冲突与协调》一文中认为，责任竞合是指当某一要件事实产生两种以上相互排斥的责任内容❻。在充分理解竞合关系的内涵、类型和

---

❶ 张家勇：《中国法民事责任竞合的解释论》，《交大法学》2018 年第 1 期。
❷ 陈钰玲：《请求权竞合问题研究——以请求权规范要件为视角的分析》，《前沿》2013 年第 12 期。
❸ 徐晓峰：《责任竞合与诉讼标的理论》，《法律科学》2004 年第 1 期。
❹ 李锡鹤：《请求权竞合真相——权利不可冲突之逻辑结论》，《东方法学》2013 年第 5 期。
❺ 李磊：《请求权竞合解决新论——以客观预备合并之诉为解决途径》，《烟台大学学报（哲学社会科学版）》2016 年第 4 期。
❻ 赵秀举：《论请求权竞合理论与诉讼标的理论的冲突与协调》，《交大法学》2018 年第 1 期。

特点的基础上展开研究,这样有助于我们更加理性地辨别"两诉"之间的关系实质。

②关于请求权竞合的类型。段厚省教授在《请求权竞合研究》一文中将其主要分为以下三种类型。第一,(法国)法律(条)竞合论。第二,(德国)请求权竞合论。根据处理竞合请求权的方式不同,该理论可以进一步细分为请求权自由竞合论和请求权相互影响论。第三,(德国)请求权规范竞合论。这三种类型的具体含义如下:A. 法律(条)竞合论。尽管单一案件事实仅符合某种法律构成要件,但同时产生多个目的同一的请求权,这种现象被学界称为法条竞合,实际上的请求权仅有一个。B. 请求权自由竞合论。尽管因为相同的事实产生数个给付目的同一的请求权,但是各种请求权相互独立,并可以同时并存。基于最大限度保障当事人利益的立场,当事人可以自主处分其享有的请求权能,如直接让与不同的主体,或者自身同时主张一项或多项请求权等处分方式。C. 请求权相互影响论。当面临请求权竞合的情形,当事人只能择一行使,不得重复多次主张。但考虑到各种请求权在管辖法院、诉讼时效、证明责任等方面存在客观的差异,为避免因此造成不便,顾此失彼,允许各请求权可以相互借用各自有利的规则。如在违约之诉中可引用侵权法上的有关规定。D. 请求权规范竞合论。该学说是由德国学者拉伦茨提出。其认为,即使同一事实同时符合侵权责任和债务不履行责任的规定,这种竞合只是多个具体规范之间的竞合,而实体上的请求权利本身唯有一个。

③解决竞合冲突的方法。徐忠麟教授、宋金华硕士在《民法典视域下生态环境损害赔偿制度的内在冲突与完善》一文中根据体系化的进路提出三种方案:一是保留各自独立性;二是对二

者整合；三是对二者重构❶。李锡鹤教授在《请求权竞合真相》一文中认为，之所以发生竞合冲突正是因为适用范围规定不同所致❷。德国学者拉伦茨在《法学方法论》一书中从安排优先适用顺序和限制两者适用范围的角度提出解决方案❸。袁琳博士在《基于"同一事实"的诉的客观合并》一文中，鼓励采用客观预备合并之诉的方式化解竞合冲突❹。

（5）关于生态环境损害赔偿制度的适用空间。对此，学界进行针对性研究的文章较少，通常是根据既有司法解释的规定进行区分，如环境公益诉讼可以调整已经损害或即将损害环境公共利益的行为，而损害赔偿诉讼则侧重对已发生损害事实的救济。这种宏大的指引方式难以满足审判实务精准化操作的需求。李树训、冷罗生在《反思和厘定：生态环境损害赔偿制度的"本真"》一文中提出六种比较抽象的情形❺。周勇飞博士在《生态环境损害赔偿诉讼与环境民事公益诉讼的界分》一文中，基于功能的角度，将其分为事前预防和事后赔偿两个阶段❻。潘牧天教授在《生态环境损害赔偿诉讼与环境民事公益诉讼的诉权冲突与有效衔接》一文中，以损害的严重程度作为划分适用范围的标准❼。袁玉昆认为应

---

❶ 徐忠麟、宋金华：《民法典视域下生态环境损害赔偿制度的内在冲突与完善》，《法律适用》2020年第23期。
❷ 李锡鹤：《请求权竞合真相——权利不可冲突之逻辑结论》，《东方法学》2013年第5期。
❸ [德]卡尔·拉伦茨：《法学方法论》，陈爱娥译，商务印书馆，2003，第212页。
❹ 袁琳：《基于"同一事实"的诉的客观合并》，《法学家》2018年第2期。
❺ 李树训、冷罗生：《反思和厘定：生态环境损害赔偿制度的'本真'——以其适用范围为切口》，《东北大学学报（社会科学版）》2020年第6期。
❻ 周勇飞：《生态环境损害赔偿诉讼与环境民事公益诉讼的界分——功能主义的视角》，《湖南师范大学社会科学学报》2020年第5期。
❼ 潘牧天：《生态环境损害赔偿诉讼与环境民事公益诉讼的诉权冲突与有效衔接》，《法学论坛》2020年第6期。

"细化适用范围",以区分"两诉"各自适用类型❶。总体而言,以适用范围为研究进路的成果并不多见,即使意识到其中存在问题,也多停留在文义解释的层面。

(二) 国外研究现状

在美国,环境公共利益关涉到不特定多数人,为保护生态环境,除采用行政措施、集体诉讼(class actions)、检察长诉讼(attorney general claims)❷之外,尚且包括公民诉讼❸和自然资源损害赔偿诉讼这两种司法救济手段。①公民诉讼。根据1970年的《美国清洁空气法修正案》规定,其本质上为环境公益诉讼。其原告范围较为广泛,原则上涵盖"任何人"❹,后来美国联邦最高法院在"塞拉俱乐部诉莫顿"一案中对于"公民"进行了一定的限缩,其是指自身利益已经受到或可能受到严重影响的人,包括经济上和非经济上的损害❺。这种资格上的限定可以起到一定的过滤作用,以防止滥诉现象的发生。在诉讼过程中,根据被告身份不同,具体诉讼模式略有差异:针对实际实施污染行为的污染人提起民事诉讼;针对环境行政机关的不作为或者疏于行使职权的行为提起行政诉讼。总之,公民可以通过诉讼方式发挥促进和保护环境公益的积极作用,"成为环境资源法律的特殊执法主体"❻。由私人参与环境法律实施也是现今环境时代最显著的创新。但是在公民诉

---

❶ 袁玉昆:《生态环境损害赔偿之诉与环境公益诉讼衔接机制研究》,硕士学位论文,山东师范大学,2020,第47页。

❷ DruryD. Stevenson. S. Eckhart,"Standying as Channeling in the Administrative Age," Law, Political Science 53, no. 4 (April. 2012):1357–1416.

❸ 王翠敏:《环境侵权群体性诉讼制度研究》,知识产权出版社,2017,第5页。

❹ William H. Timbers, David A. Wirth, "Private Rights Of Action and Judicial Review in Federal Environmental Law," Cornell Law Review 70, no. 3 (March. 1985):403–417.

❺ 王岚:《环境权益救济困境之突破》,《南京大学学报》2015年第5期。

❻ 汪劲、严厚福:《环境正义:丧钟为谁而鸣》,北京大学出版社,2006,第52页。

讼中，原告通常不能直接请求被告赔偿实际损失，而"主要通过禁止性、预防性、纠正性、替代性禁令救济"❶。"这是一种法院命令"❷，被用以"限制被告实施或者继续实施某些行为"❸，或者说通过公民诉讼的形式促使被告改变行为。此外，法院也部分适用民事处罚的措施❹。如此限定，与美国公民诉讼兼具补充执法的特征❺以及维护公法秩序的定位有关。②自然资源损害赔偿诉讼。其主要适用于因危险物质造成的损害。所谓"自然资源"是指为联邦政府、州政府或印第安部落所用或托管的土地、空气、水以及环境中的一切活的生物。根据《美国综合环境、反应、赔偿和责任法》（俗称《美国超级基金法》）第 107 条（f）款规定，"自然资源责任"规定总统或州授权的代表应作为自然资源的信托人，代表公众利益追索自然资源损害赔偿金。赔偿范围包括自然资源的实际损失及其非使用价值❻。尽管两种诉讼客观上皆能实现保护公益的目的，但与公民诉讼不同，后者在适用对象——危险物质和诉讼请求——禁令或赔偿这两方面保持了显著的辨识特征。禁令是一种预防性措施❼。主要被用以实现预防性救济，赔偿则注重

---

❶ 胡中华:《论美国环境公益诉讼中的环境损害救济方式及保障制度》,《武汉大学学报》2010 年第 6 期。

❷ Kirstin Stoll‑DeBell, Nancy L. Dempsey, Bradford E. Dempsey, Injunctive Relief: Temporary Restraining Orders and Preliminary Injunctions (Chicago: American Bar Association, 2009), p. 2.

❸ William Joyce, The Law And Practice of Injunction In Equity And Common Law (London: Stevens &Haynes, Law Publishers, 1892), p. 1.

❹ Mark Seidenfeld and Janna SatzNugerit, "The Friendship of the People: Citizen Participation in Environmental Enforcement," The George Washington Law Review 73, no. 2 (January. 2005): 269–316.

❺ Richard J. Lazarus, "Thirty Years of Environmental Protection Law in the Supreme Court," Pace Environmental Law Review 19, no. 2 (April. 1999): 619–644.

❻ 贾锋:《美国超级基金法研究》,中国环境出版社, 2015, 第 61 页。

❼ 王利明、杨立新、王轶:《民法学》,法律出版社, 2011, 第 697—699 页。

事后补偿救济❶。尽管我国同样存在"两诉",但在适用范围和诉讼请求等方面并未形成泾渭分明的界限,目前学者主要从"自然资源"和"公共利益"的差异性着手,试图为两种诉讼制度分别赋予相应的法律意义。但因这两种概念较为抽象,且存在包含关系,反而增加了适用和辨析的难度。

在日本,若按照我国有关环境公益诉讼的界定,以起诉主体与救济对象之间的距离——"无利害关系"为据,严格来讲,日本并无环境公益诉讼制度,但产生了其他的能够实现相同保护效果的救济方式。冯洁语教授在《公私法协动视野下生态环境损害赔偿的理论构成》一文中认为,在日本,主要是将环境利益纳入个人利益范畴,通过私法体系进行救济❷。根据《美国公害对策基本法》《美国自然环境保护法》分别设定的救济机制及其彼此间的差异,可以将其救济手段分为两类,前者称为公害审判,其主要针对因环境污染导致人身权益受损或者人的舒适生活受到影响的情形,根据公害产生原因不同具体可以进一步分为"产业公害"和"生活公害"。后者称为环境保护诉讼,主要针对因环境污染引起的社会公益受害的情形。公害诉讼主要包括取消诉讼、住民诉讼和国家赔偿诉讼三种形式,其中旨在请求撤销行政行为的取消诉讼颇为实用。任何居民皆可针对违法处分其财产的行政行为提起住民诉讼,这是一种行政诉讼,适用的范围十分有限。受害者可以提起要求国家为其失职行为引起的损害进行赔偿的赔偿诉讼。针对政府这类不当行为提起的国家赔偿诉讼放在公害赔偿诉讼中,则是私益诉讼。除上述诉讼手段之外,行政调解也是一种最为常

---

❶ 兰磊:《英文判例阅读详解》,中国商务出版社,2006,第405—411页。
❷ 冯洁语:《公私法协动视野下生态环境损害赔偿的理论构成》,《法学研究》2020年第2期。

见的公害纠纷解决机制,为保证纠纷解决的针对性和专业性,日本在中央和各都、道、府、县分别设立调整委员会和审查委员会。在环境保护诉讼当中,原告可以提出新的权利主张,如日照权、景观权、净水享受权等权利,以保护环境要素和维护环境公共利益❶。尽管日本存在主张日照权等权利的案例,但数量极少!更多的是将环境利益纳入个人利益范畴,通过私法体系进行救济,而且在判决中可能会考虑环境利益的实质。

与美国、日本等其他国家不同,2000年9月18日,法国政府通过法令,宣告政府依据授权通过了《法国环境法典》的法律部分,将散于多部法律中相关的环境法规范进行统一整合❷。法国环境法中并未针对环境污染或破坏行为设置一套专门的救济机制,而是根据《法国民法典》《法国民航法》等特别法律法规寻求赔偿。其主要救济机理包含"生态损害"和"近邻妨害"两种。"生态损害"是针对因污染行为而引起人身或财产等权益损害以及对自然资源、环境要素造成不利影响的情形。"近邻妨害"作为一种侵权法诉因❸,是指在相邻土地上的所有人或利用人之间发生的特殊侵权状态,如散发噪声、粉尘、烟雾及其他侵害邻人合法利益的行为。具体的诉讼类型包括受害人自身或者由团体代替受害人提起的损害赔偿诉讼以及团体为其固有的相关财产与精神利益提起的多人损害赔偿诉讼❹。

在欧盟,继《环境民事责任白皮书》确定"污染者付费"原

---

❶ 梅冷、付黎旭:《日本环境法的新发展——〈环境法的新展开〉译评》,载韩德培主编《环境资源法论丛》第2卷,法律出版社,2007,第207—282页。
❷ 《法国环境法典》:莫非、刘彤、葛苏聃译,法律出版社,2018,第2页。
❸ William Rodgers Jr, Environmental Law (Sao Paulo: West Academic Publishing, 1994), p. 113.
❹ 王明远:《法国环境侵权救济法研究》,《清华大学学报》2000年第1期。

则之后，欧盟议会及理事会公布《预防和补救环境损害的环境责任指令》。对于欧盟各成员国而言，指令是欧盟使用最多的环境法律形式，具有"结果约束力"❶。为充分贯彻"污染者付费"的原则，各国政府主管机关有权请求造成环境损害或者损害威胁的经营者承担修复或损害赔偿的法律责任。同时根据该指令规定，虽然自然人与社会公益组织无权直接立即依法提起诉讼，但可以通过提交观察报告、要求行政机关作为以及针对行政机关拒绝行动的理由请求法院以审查等形式来间接实现保护生态环境的目的❷。

（三）研究述评

观察上述域外地区既有的规范性内容，不难发现，不同国家或地区采用的环境保护方式和制度建设运行机理并不一致，或者说没有绝对普遍化的适用性，但通过诉讼方式请求赔偿的立法经验具有某种共通性、参照性。从外观上观察，在美国和欧盟，暂且不论适用条件的特殊性，二者皆赋予行政机关相应的索赔权，而且除行政机关之外，其他主体（如公民、团体等）也享有请求司法救济的诉讼权利，从而形成多元主体并存的救济局势。在这一点上与我国当下多种救济途径并存的结构相似，因此，可以为我国提供某些参考。经比较，国内研究存在以下不足。具体如下。

第一，预见"两诉"会发生冲突，但缺乏直接针对冲突本身的研究。在诉讼主体、诉讼请求、责任形式等方面，"两诉"几乎完全相同，不仅会引起制度功能重复之嫌，而且彼此间因缺乏必要的"分界线"容易造成理解和适用上的混乱。在学界，这是一个为众人"不言而喻"的事实。关于两种诉讼如何衔接的问题，

---

❶ 李雪：《欧盟环境法经典判例与评析》，中国政法大学出版社，2020，第12页。
❷ 王轩译：《欧盟〈关于预防和补救环境损害的环境责任指令〉》，《国际商法论丛》2008年第1期。

学界已提出相应的解决方案，但主要通过调整"两诉"序位或者直接合并处理的方式，也有人从索赔权和监管权失衡的角度提供思路。实际上，这主要是一种诉讼法视野下的解决进路。如果纯粹观察冲突本身，"两诉"之间冲突的本质乃是某种竞合冲突。质言之，如果以竞合的视角展开研究，可以在一定程度上摆脱诉讼法的局限性，实现诉讼法和实体法的沟通，并进一步探究其他解决路径。如何有效合理地化解竞合冲突，将是本书研究的出发点。

第二，既有适用模式可以化解冲突，但缺乏预防冲突发生的作用。经笔者整理、归纳概括，现有解决方案主要可分为六种适用模式。但是皆未能从源头上化解"两诉"间的紧张关系，冲突本身仍旧存在。具体而言：首先可以直接否定排他适用模式的应用可能，否则会造成极大的制度浪费。其次，毫无理由地强制排序的优先适用模式显著违反平等保护诉讼权利的一般立法精神，而与之相反的另外一极，即任意适用模式亦会产生诉讼秩序混乱的负效益。同时，限制适用模式和交叉适用模式则关涉到诉讼成本耗费等效益的问题，亦非最佳选择。再次，虽然并举适用模式更为贴合本书设定的语境，也利于维持法律秩序的安定。但是，如果仅仅将其作为化解"两诉"冲突的常规处理方式，更多是一种制度浪费，没能较好地起到收益叠加的预期效果。甚至可以这样认为，与其受到这种程序烦琐的拖累，不如直接适用排他适用模式更加简单便利。总之，上述各种适用模式归根结底是一种权宜之计，仅有"治标不治本"的短暂效果。为此，除了供给新的解决方法之外，如何增强"两诉"合力以最大限度发挥诉讼效益是本书非常重要的一个考量，同时尚且需要避免程序复杂化。

三、研究思路及总体框架

为清晰地凸显本选题的表达意旨,本书在结构安排上分为五个部分,并为实现内容上的层层推进,而遵循由宏观到具体,由一般到特殊的递进逻辑。

第一部分,两种诉讼制度的竞合。为何以及如何保护环境并非一蹴而就的事情,通过历史梳理,描述人类将生态环境作为独立的保护客体予以救济的思想演变和制度演化过程,从伦理观念和意识形态上观察,大致可以将这种发展过程简约为从"人类中心主义"向"生态中心主义"的转变。具体到我国,表现为"可持续发展"战略向"生态文明"理念的跨越,这也是我国两种新诉讼制度成立的一般背景。同时,受同期环保理念的影响,我国生态环境救济制度随之逐步更新:环境侵权私益诉讼——环境公益诉讼——生态环境损害赔偿诉讼。此外,通过进一步阐释环境公益诉讼与生态环境损害赔偿诉讼的概念、内涵、特征以及相互间的联系与区别,尤其是适用范围趋同的事实,以此揭示出新旧两种制度间的冲突与对立关系,通过这种开门见山的方式为下文叙述做好铺垫工作。

第二部分,两种诉讼制度竞合的成因。两种诉讼制度竞合冲突的产生并非毫无来由。俗话说,对症方能下药,即需要了解病症,探究病因至为关键。实际上,于任一制度体系而言,所谓"基础不牢,地动山摇",故理应回溯到制度大厦的底部以寻找适用关系混乱的症结所在,而避免采用"头疼医头"的权宜之计。因此该部分内容主要为比较剖析"两诉"建构的运行机理和关联节点。经查悉,之所以造成竞合现象的根源仍在于"两诉"基础概念混淆不清,尤其是关于适用范围的表述;法律性质模糊不定——国益说，公益说，私益说，义务说等多种见解并存；制度设置路径异化——政策法律化等因素。在上述因素作用下，两种诉讼制度之间高度相似，近乎混同。因此，针对同一生态环境侵权案件，既可以由行政机关提起生态环境损害赔偿诉讼，也可由社会组织、检察院提起环境公益诉讼，造成竞合冲突。

第三部分，解决两种诉讼制度竞合冲突的既定模式与不足。针对可能造成的重复诉讼现象，立法界、学界和实务界已经供给某些有益的智识资源，各有所长，取舍不易。为保证认知的完整性和准确性，在该部分全面归纳概括当下围绕"两诉"间的关系定位以及如何适用的问题产生的学界方案和司法解释（试行），并以类型化的方式进行解读，主要包括排他适用、补充适用、并举适用、优先适用、交叉适用和任意适用六种解决模式。通过深度分析各种模式的由来和理据，并阐释其中存在的理性以及利弊后果，以致在前人肩膀上进行更为长远的思考，为下文最终提出自己观点奠定理论基础。

第四部分，"并行适用"模式的理论证成。既有适用方式主要是通过调整诉讼顺序来化解两种诉讼的竞合冲突，实质上是一种末端治理方式。为从源头上避免冲突产生，可从适用范围上着手，从而改变包含与被包含关系的一般认知，即并行适用模式。本章针对并行适用模式的内涵进行阐释，以及从理论上说明该种适用模式的可能性和可行性。具体来说，根据主语、定语和混合状态下不同的用语习惯澄清某些关键概念的内涵所在；立足环境要素与生态服务，公益与私益的分界等多种视角证成生态环境损害赔偿诉讼的法律属性；借助传统理论学说和识别方式厘定"两诉"的诉讼标的及其他颇具争议的基础要素。总而言之，通过澄清基本的争议点，为下文最终确定合理的适用方式提供理论基础和分析情境。

第五部分，构建"并行适用"的具体路径。从操作设计层面阐述本土化构建的具体路径。结合本土化特征，排除以诉讼请求、诉讼性质和实体权利等域外常用方式来区分我国两种诉讼制度的可能。在正视生态环境损害赔偿权利人特殊身份的情境下，确立两项基本的分配和适用原则：一是法律效果为主，兼顾整体效果。二是实体法为主，诉讼法为辅。在上述原则指导下，将为避免损害发生和防止损害后果扩大，行政机关已经采取合理处置措施的情形；影响国家环境政策重点保护事项的情形；单行法授权行政机关起诉的情形；生态环境损害后果严重的情形；与地方性规定或政策密切联系的情形；需由行政机关替代社会组织提起诉讼的情形这六种情形纳入生态环境损害赔偿制度适用空间之内。但是因"两诉"分享共同的立法目的，并非必然导向互不关涉和完全平行的立场，故在具体制度设置和选择上应当具体问题具体分析。未来在进行制度改革上，应避免走入另一个极端，陷入"特殊到底"的思维误区，可以遵循"双阶构造理论"：在无涉争讼和审判法律关系的配套制度构建上，如赔偿资金管理和执行监督方面，应视其为一种协同关系，而非作为标记和证明制度特色的符号；而在争讼法律关系或与其直接相关的层面，如管辖机制，证明责任等制度，应量体裁衣，尊重各制度固有的特性，整体上保持平行关系。

四、研究方法

关于"两诉"之间应该采用何种适用模式，应该并非简单的理论说教即可，而需要讲事实，摆道理，犹如论文写作不仅仅是"涂鸦式"的填写和堆砌，同样需要逻辑和结构。唯有形式与内容有机结合，方能相得益彰。

（1）归纳演绎法。除了着重分析制度设立者和推动者的真实意图与改革动机之外，另行通过收集各地改革方案和地方审判经验，归纳其中存在的共性和差异及其背后潜藏的深层原因，实现顶层设计与地方经验相结合，而非囿于片面之见。从而为该制度建设供给适当的理论基础和支撑理据，进而推论和证得两种诉讼制度之间的应然适用关系，实现法与理的统一。

（2）比较分析法。众所周知，环境问题绝非一时一国一地的问题，而是人类共同面临的一道客观难题。质言之，因问题上的同一性，各地的环境污染和治理经验自然会具有某种共通性，而西方国家已经形成的环保理念和救济制度经过多年实践的检验，具有一定程度的合理性。通过比较、学习和借鉴，去伪存真，并立足本土资源，可以为我国完善合理的环境保护司法救济体系提供某些参考。

（3）跨学科研究法。生态环境问题是一个涉及环境科学、生态学、法学、社会学、经济学等多种学科的大问题，具有较强的综合性、复杂性。如果固守一隅之地，难免会一叶障目，造成偏见。如"生态环境"概念的内涵并非仅从法学视域就足以进行界定，故在写作过程中应当全面运用各学科的既有知识和相对成熟的理论体系，同时相互融通，实现科学性和专业性并重，增加论证的说服力。

（4）实证分析法。如果本书论述仅是止步于纯粹的理论分析、解释，由此得出的任何结论可能会稍显空洞无物，本质上，理论高于实践但也源于实践。为保证理论与实践结合，通过整理相关案例、统计必要数据、征求法官意见、召开座谈会等方式以获得第一手材料，探究了解实务当中的最新动态，并将其与理论反复进行交叉印证，揭示其中存在的问题，如此方称得上是一种强有力的论证方法。

五、创新之处

当前，对于"两诉"之间存在诸多冲突的问题，应无多大争议。不仅如此，事实上针对如何适用和安排"两诉"的问题，众多学者研究较久，且成果颇丰。整体而言，理论界、实务界多采用诉中衔接的方式，即在同一"通道"上为不同主体安排起诉序位和诉讼角色，以此来避免重复诉讼、浪费资源和矛盾裁判等现象。而根据最高人民法院公布的司法解释——《若干规定》可知，其倾向于"优先适用模式"。然不可否认的是，排他适用、并举适用、交叉适用、任意适用等其他模式亦存在相应的合理性，但同时也都存在难以克服的理论和实践障碍，容易招致混淆不明的误解。因此合理地适用模式不仅需要克服无意义的重复诉讼现象，更为重要的是需要最大化地发挥功能层面上的改革意义。换言之，若仅满足于解决诉讼顺序和避免双方碰撞的问题，正确的答案显然不止一种。为此，本书另辟蹊径，试图探寻其他的理论可能性。

首先，在论证方法上创新。目前学者多立足于自然资源所有权或环境保护义务等基础理论为生态环境损害赔偿制度的正当性进行注解，并沿用生态价值与经济价值二元法来阐述"两诉"各自的应然性质。本质上，这种传统的理论分析方式带有鲜明的辩证法色彩，若以此来理解某些社会现象并不会招致太严重的后果，甚或是可避免以偏概全的当然保障，但这种偏重于主观层面的解析方式实则忽视了环境自身的特殊性。客观而言，环境要素（经济）与生态服务功能（生态）之间难以做到泾渭分明，因此所谓"二分法"缺乏现实可能性。主观上，在诉讼请求设置上，"两诉"

皆带有一定的强制性，有违私益诉讼中的处分原则。是故，在辨识"两诉"关系过程中，不能罔顾以上种种显著的区别，将研究对象事先锁定在自然资源所有权、保护义务等具有基础性或者说本质性的东西，然后在此基础上自圆其说，可以简单地将这种进路概括为"自下而上"的建构法。尽管该种认知方式是一种通向本源的捷径，但同时亦会带来一种理解视域上的限制。与当下研究方法不同，本书以嵌入制度中的客观特质和实际异态为出发点，从确定性中探析一条相对可靠的识别路径，可以说是一种"自上而下"的还原法。

其次，在解题理念上创新。一般来说，解决请求权竞合问题的方式主要有两种：确立优先顺序和限制两者适用范围。当前学界主要采用前一种解决方法，而本书则试图以适用范围为切口进行研究。具体而言，本书在证成诉讼目的——维护环境公共利益———致性的前提下，并结合生态环境损害赔偿诉讼固有的特质及其具备的多种优势，更倾向于"并行适用"的关系定位，即尝试划分各自适合的管辖范围，为"两诉"设定不同的入口，最终实现彼此之间并行不悖。所谓"并行适用"并非指"两诉"自始至终互不关涉。实质上，其仅是一种相对独立的关系，准确地说，是一种内部分工上的差异，而不是内与外本身的差异。在具体制度构建上宜施行双阶构造理论，即将生态环境损害赔偿制度主干划分为争讼法律关系和非讼法律关系两部分，分别与环境公益诉讼制度衔接适用：关涉争讼审判的子制度应为一般与特殊关系；关涉行政管理活动的子制度应为协同合作关系，最终共同致力于生态文明的建设。

最后，在方案实施上创新。当"两诉"从定性问题转化为配置问题之际，分配标准的合理性则成为新的重中之重。从受保护客体而言，两种诉讼制度质地相近，而且在保护效果上亦难以产生巨大的差距；但在主体层面上差异显著，尤其是在拥有悠久"民不与官斗"文化传统的我国，行政机关的主场优势绝非社会组织、检察院等主体可与之相比拟的。故在纯粹法理分析之外，立足于主体功能优势和社会现实情境，综合考量法律效果、社会效果和政治效果，为"两诉"配置相异的功用，而该部分尚处于研究的荒芜地带。总而言之，尽管行政机关地位特殊，但在分配当中既不能造成资源浪费，亦不能大包大揽，除一些"难啃的骨头"之外，如重大突发环境事件，尚可增加部分复杂的案件，从而补充和拓展《若干规定》中已明示的适用情形，为实现从包含与被包含的关系向分工合作关系转变提供现实的可行性保障。

总之，在肯定"两诉"竞合冲突的本质前提下，除安排优先顺序的解决路径之外，本书尝试因循另一条路径——限制两者"适用范围"前行，从而达成从根本上实现"两诉"并行不悖、分工合作的研究愿景。但笔者作为初生牛犊，囿于知识积累薄弱、眼界狭窄，加上笔力有限，导致本书可能存在某些逻辑缺漏，及一些以偏概全等不足之处，渴望得到各位老师的指教，老师们的鞭策与鼓励，必将使笔者获益终身。仅愿本书能为学界提供些许方法上的有益启示或参考，如此已是莫大荣焉。

CHAPTER 01 >> 第一章

生态环境损害赔偿诉讼与环境民事公益诉讼的竞合

任何制度的设立并非空穴来风,既是因时因地应运而生,亦代表着人类某种改变现状的努力,无论是环境公益诉讼抑或生态环境损害赔偿诉讼的建立莫不如是。实际上,欲准确地理解某种事物并非易事,就学界推崇的研究方式而言,通常强调追本溯源式的探析法,从而把握来龙去脉,否则极有可能沦为"无根的"妄言。一般而言,环境问题与发展问题相互交织,相伴而生,因为发展过程本身离不开对自然资源的开发和利用,而环保制度的兴起与人类生产方式、发展程度的改变紧密相连。事实上,环境污染和生态破坏的问题自古有之,但上升到促使人类必须对之重视的程度则历经了一段较长的思想转变过程。当前人类不再恪守狭隘的"人类中心主义"世界观,各国都积极地采取了一系列应对措施。其中在法律制度建设方面表现得尤为明显,各种保护措施层出不穷。在我国,环保制度(包括司法救济机制）的发展同样经历由青涩走向成熟的演化过程。与我国秉承的传统侵权思维相较，环境公益诉讼制度的成立应属于一个重大的转折点，甚或是该领域有意树立的一个标杆，拥趸甚多。无独有偶，生态环境损害赔偿制度即在这种情境中得以诞生。若纯粹从形式上观察，仅是新增一种司法服务产品，至多形成"两诉"并行的格局，似是无足轻重。但是从功能主义角度考察，因有"珠玉在前"，致使新旧制度之间既有联系，但冲突同样不可避免。无论如何，即使是出于立法技术上考量，使"两诉"之间保持必要的区分和差异也不可或缺，但在关键之处却没能实现本质上的分立。是故，尽管"两诉"共存，但并非有条不紊地运行，反而搅乱了原有的立法布局，造成"两诉"关系越发混乱。

第一节 生态环境损害救济的理论基础

暂且不论"两诉"各自的具体构造、程序特征、法律性质等关涉到各制度本体的内容，首先应当承认的是，立法上"修复/赔偿"的刚性规定在一定程度上起到保护自然环境的积极作用。其实质上是对我国生产方式的一种更为严格的约束，当然也是对人（发展）与自然（环境）之间这一最基本关系的重新定位——生态文明。纵观人类发展历程，人与自然间的关系并非和谐如初，亦非始终一成不变。在不同的发展阶段，人类开发利用自然资源的同时皆会遭遇自然界的"反作用力"，与此相应，人类亦会对这股"反作用力"产生或无视或重视等轻重不一的反应。在此基础上，环境伦理观会随之或快或慢地逐步演进，表现在环境问题上，历经放任、冷漠、警惕、重视直至主动保护的态度变化。在某种更新的理念指引与推进下，某些新的制度才能得以获得诞生的机会和成长的空间。故下文拟通过梳理人类发展史和环境观的演变过程，并立足于整体与部分相勾连的事实以完整地获悉"两诉"制度得以诞生的基本背景。

一、人与自然关系的历史演进

人类的生存与发展既离不开自然，亦受限于自然，人与自然间的关系究竟如何？是一个较大的命题，一言难尽。从宏观上讲，人与自然的关系大致可以概括为两个方面：第一，人类对自然施加的作用力。为了基本的生存或者生活，人类不可避免地会从自然界占据适宜的空间和攫取大量的资源供己使用，在榨取其价值后将剩余废物随之排放回自然界，可谓取其精华，返其糟粕。实则在"取"与"返"之间影响着生态系统的平衡，但因具体加工方式上存在粗放式或精深式的差异，最终对自然界造成的损害与破坏程度存在显著的不同，不能一概而论。第二，自然对人类的反作用力。众所周知，"力"的作用是相互的。人类在向自然界"施力"的同时，自然界亦会无声地作出同等的反馈，若一味地滥垦、滥伐、滥用，人类终会自食恶果。事实上，当下环境污染，生态破坏或者资源枯竭等事实的发生，不仅已经遏制人类继续任性发展的势头，同时也在直接影响与降低人类的生存条件和生活质量，彼此呈现出相互制约的特性。总之，在不同的发展阶段和历史时期，两种"力"之间的对比关系呈现出动态变化。

在原始社会时期，人类的生产方式和生产工具相对低下，主要通过采集、狩猎等相对原始的方式来获取天然性的食物，以维系个人、家庭、部落和氏族的基本生活需求，基本上处于"靠天吃饭"的状态，所以人们多聚集在生存条件较为安全、便利的地带。客观而言，受制于开采工具的落后粗糙以及人类寿命的短暂，其污染环境或者破坏生态的现实能力普遍较弱，难以造成严重的损害后果；同时受其主观认知的局限，通常以被动地适应自然环境为思维常态，而不能和不敢积极地去改造周边的状况。总的来说，在这一时期，人类基本上"无心"也"无力"进行大规模的开发活动，因故，原生态保留得最为完整，其与自然之间的关系较和谐。在农业社会时期，人类的生产技术和生产工具得到很大幅度地提升与进步，主要以耕种和驯养为谋生手段，基本上实现了生活的自给自足。伴随生存能力和生活条件的改进，人口数量，人类寿命和活动范围皆得以不断增加。与此相应，其对自然资源的利用总量与强度骤增，出现过度开垦、砍伐、捕猎等破坏生态系统的现象，甚至为争夺水土资源时常发动各种规模大小不一的战役。该时期，尽管人与自然的关系表现为局部性紧张，但因生产力有限，整体尚在可容忍范围内。而在工业社会时期，人类的生产能力和生产工具获得本质上的改变，尤其是在工业革命之后，科技和工业的快速发展使人类的活动空间进一步拓宽，深入海、陆、空各个层面，同时，人类占有、攫取和利用自然资源的能力得到极大提高。不仅如此，在实现工业化过程中，随着人口数量大幅度增长，物质和精神需求愈发丰富多元，需求量也更加庞大，从而加快了对于资源掠夺和消耗的速度。"高投入、低产出"的粗放型发展模式不仅造成大量污染物流入自然界，而且这些废弃物往往带有非常复杂的化学成分，对大气、水、土壤等环境要素的污染与破坏能力非普通物质可与之比拟，从而对生态平衡带来了更为严峻的挑战，致使生态环境日益恶化，远远超过了环境的承载和涵容能力。此际，人类与自然的关系严重失衡，进入危机时期。特别是近些年来，人与自然间的紧张关系已蔓延至全球范围，其中"八大公害事件"的危害后果尤为严重,令人咋舌。

当人与自然的冲突关系浮现在眼前之际,倒逼人类反思曾经视为理所当然的"征服自然""取之不尽,用之不竭""人定胜天""先污染,后治理"等传统理念的合理性。1962年,美国生物学家卡逊在《寂静的春天》一书中翔实地描绘了大量使用杀虫剂的危害后果,真相令人触目惊心。1972年,一家民间学术组织——罗马俱乐部在其研究报告《增长的极限》中揭示出自然资源与经济增长间供不应求的事实,为人类发展与环境危机来临敲响了警钟。一旦某些物种灭绝之后,将再也无法创造❶。1972年6月5日,人类在斯德哥尔摩召开的第一次环境会议上通过《人类环境宣言》,该宣言呼吁各国政府和人民为维护和改善人类环境而共同努力。1980年7月,"可持续发展"观念首次在联合国大会上被提出。1987年,世界环境与发展委员会在《我们共同的未来》这一专题报告中将"可持续发展"阐释为:在不危害后代人需要的前提下,满足当代人自身的需要。也可以解释为:"在连续的基础上保持或提高生活质量"❷。至此,取代过往秉承的一味追求经济增长的理念,新的发展观开始深入人心。1989年《关于可持续发展的声明》再次强调"可持续发展"是一种同时兼顾当代与子孙后代发展需要的发展模式,并明确指出在未来发展政策中应"纳入对环境的关注和考虑"。该发展理念是人类针对生态危机深刻反思的必然结果,一改传统"以人为主"的传统发展方式,将保护生态环境和自然资源作为发展目标,其能够在世界范围内取得普遍

---

❶ [美]罗伯特·艾尔斯:《转折点:增长范式的终结》,戴星翼、黄文芳译,上海译文出版社,2001,第235页。

❷ Mohan Munasinghe and Jeffret Mcneely, Key Concepts and Terminology of Sustainable Development(Washington:The Biogeophysical Foundations,1996), p.19.

认同和接受亦从侧面印证着该理念的合理性。总而言之，人与自然界之间的关系在动态过程中保持着既对立又统一的平衡状态，或许有人因艳羡曾经优美适宜的风光而指责工业发展的盲目，但应谨记的是，在发展过程中，污染也存在一定的客观性，或者说，污染本身即为发展的一部分，是人类必须付出的一种代价。但如果人类继续过多干预自然，我们将会陷入"失控的世界"❶。面对环境公害现象，或许这种悔悟来得较迟，但无论如何，相较于贸然前进或原地不动，从人类开始自我反省之时即已取得某种"纠错式"的进步。

二、环境伦理观的历史演进

保护生态环境不仅仅是一个行为事实的问题，同时亦涉及一种价值选择的问题，如果不能从思想观念上进行适当的掌舵与指引，任何行动都可能会误入歧途而不自知。实质上，两者相辅相成，既需要在正确价值观指引下制定合理的保护政策和相关制度，同时亦需要以反馈的实践经验及时刺激和更新固有的价值理念，从而保持两者的互动共进。环境伦理观每一次的兴起和演进代表着人类认知和观念内核的变化和进步，其拥有深入人心的文化浸染力，意义深远而广泛。尽管其并不一定起到决定性的作用，但确实推动了各国的环境立法，并促使各国及时制定公布一系列的排污标准及其他限制性的相关措施，可以说与环境保护制度设立之间存在一种"源"与"流"的内在联系，或者说这些伦理观即是"环境公益损害救济立法的基石"❷。面临迫在眉睫的生态危机

---

❶ ［英］安东尼·吉登斯：《失控的世界》，周红云译，江西人民出版社，2001，第3页。
❷ 傅剑清：《论环境公益损害救济》，博士学位论文，武汉大学，2010，第Ⅰ页。

现实，人类的主观能动性再一次发挥作用，除继续热衷于研发先进的技术之外，部分思想家开始重新反思和界定人类与自然的道德关系，在思想上从保护人类利益向保存原始状态转变❶，用以应对时局，破解环境难题。在历史上曾对社会实践产生过较大影响的环境伦理观念主要包括人类中心主义和非人类中心主义等理念，后者主张人类并非唯一的中心，强调应当拓展道德关怀的范围，肯定人类以外其他事物（如生物、自然等）的正面价值和道德地位，提倡改变人类主宰一切的论调。所谓非人类中心主义实则是针对前者局限性或狭隘观的一种重大突破，在该伦理观内部可进一步划分为动物权利论、生物中心论、生态中心论、生态女权论等各种相关的思想流派。整体而言，其中代表性学说为：人类中心主义、人类整体主义和自然中心主义。上述三种代表性伦理观仅是一种对历史发展轨迹的粗线条式的素描，前后之间体现出一种与时俱进和矫正前见的社会意义。具体如下。

（1）人类中心主义。普罗泰戈拉，作为古希腊智者学派中久负盛名的代表之一，向当时的法律、道德、神的存在以及政体合理性发起挑战，其明确提出"人是万物的尺度"，直接表明了人类以自我为中心的意愿。换言之，即使处于人类社会文明早期（约为公元前 5 世纪），当时即已萌生出人类追求和标榜自身独立地位的想法。经过中世纪的漫长等待和煎熬，文艺复兴和启蒙运动中的思想家们最终得以觉醒，并竭力主张突破中世纪宣扬的上帝主宰一切的理念束缚，恢复人类独立自主的意志。此时人类拥有更为强烈的愿望以充分凸显与强化人的社会主体资格。为此，通过法律形式明确肯定其享有不可侵犯的自然权利，实现进一步加固

---

❶ JohnPassmore, Man's Responsibility for Nature: Ecological Problems and Western Tradition Duckworth(New York: Charles Scribner's Sons, 1974), p.73.

主体地位的意愿，以摆脱中世纪长期遭受压制的噩梦和恐惧。伴随科技进步，加上征服自然事业带来的巨大成功及其丰厚的名利，在利己本性的催化下，人类中心主义思想愈发固化，不可动摇。人类中心主义认为，"伦理"仅发生在人与人之间的关系当中，并辅之以道德眼光加以评判。❶ 该思想本质上是将人与自然视为对立关系，而人类作为主体，自然则作为完全服务于人类的客体。这种"二元论"主张人类因具有独特的思维能力从而优于其他物种，应当是自然的统治者、支配者，自然资源应当为人类的生存和发展无偿服务，是实现人类自身利益的工具，从无道德地位可言，纵使对其有所破坏也仅是一种理所当然的常态。总之，"人类中心主义"本质上是以人类利益为环境伦理体系建构，以及环境政策制定和环境制度建设的依归。在该理念影响下，人类对自然资源索取无度，且远远超过资源再生速度。同时，废弃物排放量超过环境自净和消解能力，致使环境恶化问题日益严重，尽管如此，依然不存在的积极意识，环境法治进程颇为缓慢。

（2）人类整体主义。至近代，环境问题频繁爆发，如公害事件、雾霾现象、荒漠化等情形，给人类生活造成了巨大的灾难，生态危机的临近迫使人类反思和改变在历史传统中生成的固有观念以及盲目自大的优越心理。尽管人类已经意识到保护环境理应成为人类新的共同使命，但因为各国面临的国情不同，尤其在意识形态、发展程度和产业技术等方面存在较大的客观差异，因此在践行环保理念上应当因地制宜，合理分配任务。然事实并非如此，部分强权国家不顾大局，常呈现出推诿、怠工等消极应对的态势，或者干脆将污染较为严重的产业或其他有害物质转移至发

---

❶ 傅华：《生态伦理学探究》，华夏出版社，2002，第145页。

展中国家以规避大国应承担的责任。在该种情境下,"人类整体主义"观诞生。如果说上述人类中心主义是将人类和自然双方视为主客关系,那么人类整体主义是"人类"的整体和"集体"(其涵括集团、个人的成分)的部分相互对立。❶ 该理论的立足点在于实现人类整体利益和长远利益。换言之,个人或集团利益应当让位于公共利益,相较于"人类中心主义观"已有长远的进步。虽然此时环境问题得到重视,然而发达国家和发展中国家在具体问题解决和治理成本分担上依旧面临责任严重失衡的境遇,尤其是发展中国家时刻面临发展与污染的两难抉择。当然,这种内讧事实的出现反射出外在压力的不足,同时也从侧面流露出人类对于环境问题的轻视以及惯性思维占据主导地位的痕迹。简单来说,尽管"人类中心主义"思想有一定的松动,但人类并未给予环境足够的重视。

(3) 自然中心主义。其也被称为生态中心主义,是对"人类中心主义"理念的否认和超越。所谓"自然中心主义"是将伦理关系扩展到自然界里其他非人类存在物上,如植物、动物等❷,使"自然"获得独立的价值和地位,给予同等的尊重,而不再被视为人类完全和任意支配的对象,毫无节制地任需任取。该理念旨在强调人类应当保护生物要素和环境要素,其行为应当对生态系统负责。❸ 一方面,人类作为自然界的一部分,与其他环境要素共同组成并维持生态系统的平衡,即使站在生物链的顶端位置,但依旧不是自然界的主人。另一方面,尽管人类并没有高于或者优于

---

❶ 刘树伟:《人类中心论的"整体主义"误区》,《齐鲁学刊》2009 年第 6 期。
❷ Roderick Frazire Nash, The Right of Nature (Madison: The University of Wisconsin Press, 1989), p. 5.
❸ [美] 罗德里克·弗雷泽·纳什:《大自然的权利》,杨通进译,青岛出版社,1999,第 182 页。

其他物种的道德地位，但不可否认的是，人类既具有破坏力，也具有辨识力、判断力、创造力、执行力等其他物种不具备的天然优势，可以在一番利弊衡量后主动调整其生活生产方式以重新调和其与自然间的道德关系，实现两者统筹兼顾，最后达到天人合一、万物和谐共处的良好局面。

上述三种伦理观分别源于不同的时期，与其说是一种主观上的批判性认知和思考，倒不妨说是我们社会过去、现在和未来溅起的思潮，带有强烈的象征意义，但归根结底是时代的产物。综合上述内容可大致作出这样一种推论，关于人类对自然的道德态度倾向，三种伦理观暗含着完全漠视——相对重视——自觉尊重的迈进逻辑，也是本书选其作为环境伦理观念代表的重要原因之一，虽然这种分析和预判稍显粗陋，但大致的走向值得我们参考。在新型环境伦理观的驱动下，结合不可阻挡的传播力和影响力，各国纷纷以法律形式建立与之相契合的制度，整体上表现出程度不一的努力。

第二节 我国生态环境损害救济体系的发展

一般而言，在经济发展过程中，不可避免地会对生态环境和自然资源造成破坏，"污染我们自己的窝"❶。这种副作用可以说是发展当中须付出的必然代价。我国在追求经济发展过程当中同样遭遇上述窘境。为摆脱贫困，实现温饱，不惜过度开发、利用自然资源，❷ 因此导致人与自然的关系愈发紧张。与人类持有的环境

---

❶ Hardin G. The Tragedy of the Commons(London:Routledge,1968),p.1248.
❷ 刘京：《论生态问题的社会制度根源》，《求索》2000 年第 4 期。

伦理观念演进史相应，我国在环保理念和发展政策方面同样经历一系列的变化：从"可持续发展"战略到"生态文明"建设；从"科学发展"到"绿色发展"；从"先污染，后治理"到"环境有价，损害担责"。从这些观念转变过程中可以看出我国对待环境质量的重视程度逐渐提升。我国在环保制度构建和司法救济体系建立过程中，不同的价值取向或有延滞或推进立法节奏的现实意义。在我国当前法律体系内，尽管与环境救济相关的法律法规，司法解释等规范性法律文件的种类较多，但是难免散乱：既有一般法，如《民法典》这样调整基本民事法律关系的综合法，亦有单行法，如《中华人民共和国大气污染防治法》《中华人民共和国水污染防治法》等关涉各环境要素的专门法；既有实体法，如《环境保护法》《中华人民共和国刑法》（以下简称《刑法》）等其他法律法规，亦有程序法，如《民事诉讼法》《行政诉讼法》等其他法律法规。但在众多规范性法律文件中仍应当以《环境保护法》作为救济体系的主干和代表。纵观整个环保制度体系的建设过程，仅就救济措施而言，其变化幅度之大可见一斑，其中几次重要的转折点无不表现出质的跨进——如私益与公益诉讼的分立。本质上讲，"两诉"应是整体中的"两诉"，而绝非孤立的事物，其法律地位和关系也应从整体中予以判断。

一、传统救济方式

（一）行政救济措施

自1972年6月在斯德哥尔摩召开第一次环境会议之后，为响应会议的号召，紧随其后，1973年我国即通过了《关于保护和改善环境的若干规定》，这也是中国首部旨在保护环境的规范性文件。1979年9月全国人大常委会颁行《环境保护法（试行）》。尽管环境保护理念已经从形式上升到法律层面，但在发展实践中并未取得足够的重视。1989年12月第七届全国人大常务委员会第十一次会议正式通过《环境保护法》。该法不仅为企事业单位施加保护环境的法定义务，同时设立多种配套制度，如"三同时"制度、环境影响评价制度、排污许可制度等措施。该部法律为企事业排污行为设定了污染物排放标准以及其他限制性措施，同时为各级人民政府确立了保护当地环境的任务。尽管从法律层面为公民、法人或其他组织赋予各种禁止性或强制性的义务，但如果不能针对违法犯罪行为设定相应的责任后果，则势必难以遏制违法的势头，所谓法律规范会沦为一纸空文，用以保护环境的规范也不例外。目前，除各单行法设定的强制性措施之外，法律责任形式的直接渊源主要为《环境保护法》，众多单行法是在该基本法基础上进行变通演绎的结果。根据1989年《环境保护法》第五章关于"法律责任"的规定，其主要责任类型分为三种：行政责任、民事赔偿责任和刑事责任。针对不同的对象，行政责任可划分为行政处罚和行政处分两种形式。从责任主体身份上观察，可能承担行政责任的主体为：企事业单位和环境保护监督管理人员。从具体条文数量分布上观察，其中规定行政责任的条文占据5条，民事责任占据2条，刑事责任占据2条。2014年我国修订《环境保护法》。在其第六章关于"法律责任"的规定中，规定行政责任的条文数量增加至8条，民事责任占据2条，刑事责任缩减至1条。就上述有关责任条文所占比重而言，显然是以行政监管作为主要的规制路径。理论上讲，环境污染具有扩散性，其与不特定主体的物质、精神或文化利益密切相连，而不是仅限于某些特定主体。是故，提高环境质量关涉到公众生活幸福指数、企业生产方式、经济发展水平等与社会公共利益相关的重大事项，是国家应当承担的使命和任务，而非当事人合意的结果。如果说在民事法律关系中强调"权利"的本位色彩，那么在环境保护法律体系中则奉行如何施加"义务"或负担。因此，污染环境本质上应是一种破坏公法/行政秩序的行为，理应由公共秩序的维护者——行政机关依法进行管理和监督，这种认知在《环境保护法》当中得到一定的体现。

于行政机关而言，欲促使一切企事业单位履行相应的法定义务，遵照基本标准进行达标生产和排放，并自愿为此牺牲某些利益，并非一件易事。既不能完全寄托于"人人自觉守法"的美好愿景，亦不能毫无章程地任意施压，单凭权力的威慑作用。目前，根据《环境保护法》《行政处罚法》等相关法律的规定，不难看出，为完成保护环境的任务，行政机关及其工作人员常用的法律武器主要包括行政命令、行政处罚和行政强制等有效的手段。这些手段具体又可划分为警告、罚款、限期治理、责令停业、关闭、拘留等不同种类的责任类型，以适用于轻重不一的违法违规情形。除静态上分析之外，同时在实务中也需注重行政机关执法过程和行使职权的正当性，防止无故滥罚、不罚等不当现象的发生。实际上，我国早在1996年3月就已公布《行政处罚法》，明文确立处罚原则、调查机制、听证程序、执行方式等基础性内容，但因为环境保护自身的特殊性：在结果上，既会降低环境质量，具有可责难性，但亦能促进经济增长，兼具可容忍性；在动因上，既可能是个体逐利心态所致，亦可能是受限于生产技术和成本；在评判上，既需要参照相应的法律规定，也可能需要考虑当地政府的政策走向。总之，因牵涉的利益主体和利害关系比较复杂，理论上应有别于一般的行政执法模式。为进一步规范环境行政责任追究和实施办法，1999年8月原国家环保总局出台《环境保护行政处罚办法》，适用另外一套更为翔实的处理机制，凸显出环境执法的特殊地位和考量。2010年3月1日，该办法虽然被废止，但这种另辟蹊径的思维习性和特殊进路得以完整的保存，而替代其地位的新法律文件则为《环境行政处罚办法》。相较于一般《行政处罚法》而言，其在案件管辖机制、证据调查程序、强制执行程序和结案归档等规则的翔实程度方面显著优于前者。此外，在行政法领域，尚有《中华人民共和国行政许可法》《中华人民共和国行政强制法》《中华人民共和国行政复议法》《中华人民共和国行政诉讼法》等配套的规范性法律文件作为权力的约束性依据，从而组成相对严密的行政管理体系。

如上所述，行政措施作为救济生态环境的一种重要手段，被广泛应用于实践当中，并发挥着一定效用，但其中存在的问题也同样明显。第一，规范的合理性问题。根据1989年《环境保护法》等法律的相关规定，若经发现证实企事业单位等经营者存在违法排放污染物、隐瞒环境信息、未依法进行环境影响评价等行为，可处以罚款，且上缴国库。与违法所产生的经济利益相较，罚款及其他处罚措施造成的负面影响显然不足以击垮这些生产经营者"冒险"的念头，毕竟"丢了芝麻，还有西瓜"，所以存在制度疲软的现象。为增加惩罚力度和实现威慑效果，2014年《环境保护法》第59条新设"按日计罚"制度，企图加重违法的代价。另一方面，尽管罚金统一上缴国库的刚性规定在一定程度上能够克服地方截留、挪用资金的弊端，但"收支两条线"的财政管理模式具有审批程序烦琐、资金分配不定等新的缺陷，从而会因此造成延缓修复环境的负效益。第二，选择性执法的问题。即使至为精密的制度也没办法真的达到像机器一样精确的自主运转，仍需借助不同人群之手予以推动实施，人的灵活性既是其胜于机械的优势所在，也会因为利益冲突致使操作过程产生变数。在以往实践中，就有"地方政府为了片面追求GDP和财政收入而对污染企业开绿灯的地方保护主义、环保执法部门为了追逐部门利益而倾向以罚代刑的部门保护主义"❶等影响执法效果的不利因素。针对以上这些的问题，难免会使公众一度对行政救济方式产生怀疑，当然，这种"不信任"的态度最终会促使学界和立法界另谋出路。

(二) 环境侵权私益诉讼制度

一般而言，侵犯不同的客体应适用与之相当的法律救济方式，实现权利、义务和责任的基本一致，这种对称思维也是划分民事、行政和刑事三大基础法律体系的重要根据。事实上，污染环境或破坏生态的行为不仅会损害公法秩序这种相对抽象的法益，而且程度更深的污染或破坏事实会在生态链的作用下引发其他连锁的损害后果，如吸入腐蚀性气体，灌入刺激神经的噪声，摄入携带化学成分的食物等造成污染源附近民众人身损害的情形。在现代科学研究佐证下，其中的致害机理和因果关系相对清晰确定。除这类"近因"致害的事件之外，"远因"致害的情境更具隐蔽性，通常表现为生态服务功能的弱化或丧失，如滥垦滥伐、尾气排放、兴建土木等打破固有生态结构和平衡的情形。尽管短期内可能难以爆发特定的伤亡事件，但不能就此认为其是"无公害""无污染"的绿色产品，类似气温升高、雾霾蔓延、地质灾害等祸患皆与之相关。面对这些现象级的损害现实，可能是"灯下黑"或者法不责众的心理在作祟，也可能是因无直接受害者的缘故，社会上共同保持着一种"默认"或"无视"的默契。故下面这部分内容主要是针对前一种情形进行说明。

对于污染环境从而致使单位或者个人的财产、人身等权益遭受损害的行为，要求承担民事法律责任。该责任与因违反公法秩序而应承担的行政责任之间并不冲突，这是两种法律性质截然不

---

❶ 魏汉涛：《从破窗理论看环境公害治理》，《山东科技大学学报（社会科学版）》2014年第6期。

同的事物，因而不能相互抵消，对此，应属无争议的事实。实际上，历史发展过程往往不会如此简略、明了。当事人具体如何实现自我救济，不同时期适用的法律依据和程序规则并不相同，历经多个阶段后才能逐渐步入成熟期。1979年《环境保护法（试行）》是改革开放初期制定的第一批法律文件，此时我国文化事业、法治水平、法律人才、法学研究等事项的发展相对滞后，可以说是百废待兴，故在立法技术和规范内容上留有浓厚的时代气息。在该部环境法中，包括附则在内共计33条，其中并无"法律责任"的说法，而是代之为"奖励和惩罚"的表述，似是组织的纪律或命令之语。总之，难掩其简陋、粗糙和朴素的时代印记。根据其第32条的规定，对造成人员伤亡或重大财产损失的直接责任主体，可追究其"行政、经济或刑事责任"。这种笼统的概括既未根据各种责任形式的特征进行有区别的划分，也无关于"民事责任"的认知。1986年4月我国通过原《中华人民共和国民法通则》（下文简称原《民法通则》），其第124条❶出现关于"民事责任"的规定。1989年《环境保护法》第41条将其确定为"赔偿责任"。实质上赔偿责任本就属于民事责任类型中的一种，于受害人而言，这种强调无异于是一种诉讼请求上的限制。此外，该法明确肯定当事人具有请求行政主管部门解决或直接向法院提起诉讼的权利。暂且不论该期间立法内容的理性程度问题，仅就形式而言，因原《民法通则》、《环境保护法》、原《关于贯彻执行〈民法通则〉若干问题的意见》等规范性法律文件的出台与实施，诉的合法性或者说诉权问题得以成功解决，同时亦为司法审判实务提供了可适用的法律依据和裁判规范，应是立法上的一次重大进

---

❶ 原《民法通则》第124条规定："污染环境造成他人损害的，应当依法承担民事责任"。

步。但是留有一些隐患，主要表现在诉讼程序设置方面，其并未区分出环境污染赔偿责任的特殊性和受害人权益救济的艰难性。2010年7月我国原《侵权责任法》第八章明确地确立了"环境污染责任"的归责原则和证明责任。学界和立法界考虑到环境污染致害事实的复杂性、致害机理的科学性，双方地位的差距以及证据材料的偏在等实在因素，一改"谁主张，谁举证"的普通证明模式，转而采用证明责任倒置（还有盖然性因果关系、疫学因果关系等先进理论[1]）的方式以适当减轻受害人的举证负担，保障其充分救济自身的人身、财产等合法权益。纵观环境侵权私益诉讼制度的演进历程发现，虽然环境（污染）侵权责任的法律意识萌生极早，或者说制度胚胎孕育出乎意料得早，但因举证难等现实问题的存在，其长期处于"空壳"状态。至2010年原《侵权责任法》公布，才补齐其中一块关键的短板，使得该制度的功能得以正常发挥。

针对环境污染问题，尽管当事人有权提起民事赔偿诉讼，除面临证明难的问题之外，在实际适用当中仍旧存在一些不尽如人意之处。第一，根据原《侵权责任法》第65条的规定，此处"损害"成为诉诸司法的前提条件，反向剥夺受害者提出预防性救济的可能，不符合环境污染发生学上的常理，如噪声污染，这种伤害无形无质，且非一朝一夕能够显现，或者干脆安慰道"忍忍就过去了"。实际上，若长久处于噪声污染中，会对人的听力（耳蜗的感觉发细胞）、心脏血管、生殖能力、睡眠和心理等方面造成损伤，但仅以此诉请赔偿几无可能。第二，尽管当事人可以通过提出停止侵害、排除妨碍或消除危险等请求于客观上实现救济生态环境的目的，但救济客体主要为受害人自身的人身或者财产等私人权益，而非指向环境本身的损害。大气、水、土壤等环境要素

---

[1] 周珂：《环境法》，中国人民大学出版社，2000，第61页。

是人类赖以存活的关键物质，若其遭受污染或破坏，这种伤害迟早会传递到人类自己身上。当然，这是站在人类避害立场的一种阐释。反之立足于人类趋利的角度观察，舒适优美的自然环境是人类的一种美好向往和追求，若其受到破坏，不啻人类精神财富的重大损失。无论是为了预防污染产生的连带风险，或者是为了享有优质的生态服务功能，"环境"本身皆需要周密而充足的保护，而这是适用条件存在严格限制的环境侵权私益诉讼制度无法企及的目标。

（三）刑事诉讼救济制度

如果说行政处罚和侵权诉讼是两种互不相关的救济机制，分别对应着不同的法律客体，那么刑事诉讼则是用以追究刑事责任的一套综合性的惩罚体系，在前两者基础上建构而成，适用于后果更为严重的破坏公法秩序或者损害人身、财产权益的行为情境。"凡是其他法律所调整的社会关系，刑法基本上都已涉及。"❶ 可以说，对于任何受保护的法律客体而言，刑事诉讼无异于一种兜底制度，一旦出现或可能出现普通措施规制不力的情形，通常都会考虑启动刑事立法程序，这几乎已经成为一种常规的制度配置和思维模式，但在所有环境污染救济体系当中其都应被视为"最后武器"般的存在，不能轻易动用。

追溯我国刑事法律史，1979 年 7 月 1 日，我国通过第一部《刑法》，其中尚无直接与污染环境相关的罪名，若说与环境要素有关的内容，应为第 128 条至第 130 条规定的情形，但是保护范畴相对狭窄，主要限于：森林、水产和野生动物资源。可见，当时的立法者们主要聚焦于有经济价值的自然资源，而所谓的环保意

---

❶ 陈明华：《刑法学》，中国政法大学出版社，1999，第 145 页。

识尚未诞生，或者说极为淡薄，不足以上升到法律层面。这与我国建设初期百废待兴的社会环境相互契合：没有大步发展，就没有大量污染。此后不久，1979 年 9 月我国通过《环境保护法（试行）》，其第 11 条、第 13 条和第 15 条分别是关于"水生动物、森林和野生动植物"的规定，与上述《刑法》基本上能满足对应关系。但是除这三种要素之外，其尚涵括"防治污染和公害"等超越同期《刑法》的规范性内容。在表面上，这种移植过来的环境保护法与我国土生土长的刑法存在明显的隔阂，这是一种源于规范上的评判。而考虑到我国当时所处的发展阶段和社会状态，该部环境保护法确实具有一定的超前性。根据 1989 年《环境保护法》第 43 条的规定，对于造成"重大环境污染事故"的直接责任人应当追究其刑事责任。但事实上，1979 年《刑法》中并无相关罪名和具体构成要件。直至 1997 年 3 月 14 日我国修订《中华人民共和国刑法》，其在第六章"妨害社会管理秩序罪"主题下的第六节规定了"破坏环境资源保护罪"，统一于该罪名之下的具体情形共计包括八种，即从第 338 条至第 346 条。其中第 338 条和第 339 条❶

---

❶ 1997 年《刑法》第 338 条规定："违反国家规定，向土地、水体、大气排放、倾倒或者处置有放射性的废物、含传染病病原体的废物、有毒物质或者其他危险废物，造成重大环境污染事故，致使公私财产遭受重大损失或者人身伤亡的严重后果的，处三年以下有期徒刑或者拘役，并处或者单处罚金；后果特别严重的，处三年以上七年以下有期徒刑，并处罚金。"第 339 条规定："违反国家规定，将境外的固体废物进境倾倒、堆放、处置的，处五年以下有期徒刑或者拘役，并处罚金；造成重大环境污染事故，致使公私财产遭受重大损失或者严重危害人体健康的，处五年以上十年以下有期徒刑，并处罚金；后果特别严重的，处十年以上有期徒刑，并处罚金。未经国务院有关主管部门许可，擅自进口固体废物用作原料，造成重大环境污染事故，致使公私财产遭受重大损失或者严重危害人体健康的，处五年以下有期徒刑或者拘役，并处罚金；后果特别严重的，处五年以上十年以下有期徒刑，并处罚金。以原料利用为名，进口不能用作原料的固体废物的，依照本法第 155 条的规定定罪处罚。"

详细阐释了何谓"重大环境污染事故"。2011年2月通过的《刑法修正案（八）》将其改正为"污染环境罪"。同时2017年1月1日，我国施行《关于办理环境污染刑事案件适用法律若干问题的解释》（下文简称《环境污染刑事解释》），该解释进一步细化适用的具体情形。至此，形成了相对完整的判断标准和刑罚体系。刑事责任与民事责任和行政责任存在本质的不同，因其本身的严酷性，通常仅在发生严重的危害后果之际方予以适用，是最后一重守护关隘，因此决定了并非所有污染环境或者破坏生态的行为均会诉诸刑事诉讼。行政处罚抑或其他的诉讼制度主要是用以落实行政、民事等实体法规定的责任内容，而刑法的存在一定程度上起到"兜底"的威慑作用。

二、关于环境公益诉讼的阐述

如上所述，传统的环境保护救济方式存在诸多问题，过分"贴近"个人的利益❶，主要以人身、财产等私人权益为救济目标，不能起到直接保护"生态环境"的作用。这些私人权益受损程度即为判断行为人是否构成侵权以及是否可以提起诉讼的检验标准，同时亦是《民事诉讼法》为"适格当事人"设定的门槛——实际利害关系❷。实质上，环境侵害对象包括自然要素及人身与财产两部分❸，据此，可进一步细分为"人身财产损害"和"生态环境损害"❹两种类型。两种损害后果并非同时发生，尽管某一行为并未

---

❶ 徐祥民、刘卫先:《环境损害:环境法学的逻辑起点》，《现代法学》2010年第4期。
❷ 张式军:《环境公益诉讼原告资格研究》，山东文艺出版社，2011，第45页。
❸ 金瑞林:《环境侵权与民事救济——兼论环境立法中存在的问题》，《中国环境科学》1997年第3期。
❹ 吕忠梅:《"生态环境损害赔偿"的法律辨析》，《法学论坛》2017年第3期。

造成具体的人身或者财产损害,如在荒滩、荒地、沙漠、河流等地发生的排污事件,但环境要素或者生物要素之间密切相连,组成环环相扣的生态链,不能仅因单次损害造成的"伤口小"就简单地定性为无关紧要,毕竟某一要素受损势必牵一发而动全身。与上述损害客体相应,根据损害赔偿的一般原理,在责任类型上也可分为侵权责任和环境损害责任两种❶。这种分类为完善我国环境救济体系提供了理论依据。考虑到生态环境的特殊性及其引起的市场失灵❷等现实因素,2012 年我国在修订《民事诉讼法》之际,通过第 55 条首次提出环境公益诉讼的概念。环境公益诉讼是与三大传统诉讼模式相异的独立的诉讼类型❸。该条内容主要解决了主体诉讼资格和诉讼实施权分配的问题,除明确赋予"法律规定的机关和有关组织"起诉权之外,缺乏更加翔实的程序规则和操作办法。2014 年 4 月修订《环境保护法》,其第 58 条针对"有关组织"进行了较为详细的阐释和限制,只有符合相应法定条件的社会组织才享有公益诉讼起诉权。2014 年 12 月制定《审理公益案件解释》,进一步完善了公益诉讼的诉讼程序。2015 年 12 月 16 日通过《人民检察院提起公益诉讼试点工作实施办法》(下文简称《检察试点办法》),其赋予检察院提起环境公益诉讼的权利。2017 年 6 月 27 日修改《行政诉讼法》,在原第 25 条内容基础上增加一款关于环境行政公益诉讼的条款。历经多年实践和探索,2018 年 2 月 23 日,最高人民法院和检察院公布《检察公益案件解释》。至此,环境公益诉讼形成了一套相对成熟的运行规则和操作

---

❶ Peter Cane,"Are Environmental Harms Special",Journal of Environmental Law 13,no. 1 (Jan. 2001):3-20.
❷ 张真、戴星翼:《环境经济学教程》,复旦大学出版社,2007,第 66 页。
❸ 蔡学恩:《专门环境诉讼的内涵界定与机制构想》,《法学评论》2015 年第 3 期。

体系❶。

　　环境公益诉讼具体分为环境民事公益诉讼和环境行政公益诉讼，在这两种不同诉讼种类当中，诉讼主体存在一定差异。2012年《民事诉讼法》在初创环境公益诉讼制度之时，立法者明确将诉权赋予"法律规定的机关和有关组织"。尽管这种抽象式规定留下一定裁量的空间，但可以确定的是，从立法上直接排除了个人起诉的可能。后经《环境保护法》《行政诉讼法》等法律法规以及相关司法解释的补充，目前被明文承认的起诉主体仅为：符合法定条件❷的社会组织以及检察院。这是立法机关在扩大原告范围和防止滥诉之间反复平衡的结果。但令人惊异的是，《民法典》第1234条将其改称为"国家规定的机关或法律规定的组织"，对此，该做如何理解以及会给公益诉讼制度带来哪些变化，尚不得而知。严格来说，"国家规定的机关"这种表述更像是一种公法意义上的判断标准。总之，在法学界，环境公益诉讼制度可谓是一项具有重要转折意义的改革成果，自诞生之日起即被冠以"社会公共利益"的身份标识，从中流露出一种"庄严、伟大"的神圣气息。是故，在具体程序和配套措施的设计和建构上无不谨慎对待。这一点从对起诉主体的选择过程中可以清晰得知。我国社会组织数量众多，且分布广泛，职能多样，在实际成立运作上有正式和非正式之别，当然，这种情形是法律许可的结果。但是一旦将社会组织与"社会公共利益"勾连起来，《环境保护法》以"登记"

---

❶ 刘超：《环境行政公益诉讼受案范围之实践考察与体系展开》，《政法论丛》2017年第4期。

❷ 《环境保护法》第58条规定："对污染环境、破坏生态，损害社会公共利益的行为，符合下列条件的社会组织可以向人民法院提起诉讼：（一）依法在设区的市级以上人民政府民政部门登记；（二）专门从事环境保护公益活动连续五年以上且无违法记录。符合前款规定的社会组织向人民法院提起诉讼，人民法院应当依法受理。"

和"五年"为基本要件，从中作出一定的筛选，赋予其重任。表面上看，对于未登记但长期从事公益事业或者已登记但不满五年的组织而言似不公平，毕竟几乎对于所有社会组织而言，从事环境公益诉讼皆是一项新的法律事业，在新的领域，符合前述两项条件的社会组织并不一定必然会比其他组织取得更好的诉讼效益，不可否认，该种判断确有逻辑上的道理。对此，笔者认为，立法上如此规定，不仅与公共利益的重要意义有关，同时与司法的特殊性相连。众所周知，"一事不再理"原则是我国民事诉讼法上确立的指导性原则，其基础地位不容任意动摇。实践中，即使未予"登记"，对于社会组织及其成员自身的利益而言，并不会造成太严重的影响，坚持责任自担和自负盈亏的一般惯例即可。但若由任意一个社会组织率先起诉，受限于既判力的约束，其败诉的后果会遮断其他主体继续起诉和补救的可能，从而使案件陷入死局，这种极可能出现的负效应不得不提前预防。另一方面，在公益诉讼制度创建之前，检察院素有"监督者"的称号，在民事诉讼领域，一般限于"法律（审判）监督"的工作。当下，其被赋予"原告"的资格——在环境民事公益诉讼过程中被称为"公益诉讼人"，一改历史传统中形成的检察角色，亲自披甲上阵，但因受到法理上的多重掣肘以及对其权力扩张的担忧，最终在身份定位和出场序位上作出一定的妥协，牢守诉讼"候补"的底线。尽管在正当性上存在不少争议，但从效用的角度观察，其以愈演愈烈的发展态势向社会证明自身的独特价值，客观上起到弥补社会组织参与公益诉讼事业力度不足的积极作用，为环境公益诉讼事业的发展做出了较大贡献。

三、关于生态环境损害赔偿诉讼的阐述

在 2012 年《民事诉讼法》新创环境公益诉讼制度之际，2013

年 11 月，我国通过《中共中央关于全面深化改革若干重大问题的决定》（下文简称《深化改革决定》）。该决定为我国未来将如何改革和发展及时合理地指明了方向。其第 14 条提出："建设生态文明，实行损害赔偿制度。"随后为推进生态文明建设，践行损害赔偿理念，2015 年 12 月 3 日，中共中央办公厅、国务院办公厅发布并实施《试点方案》，并先后在吉林、贵州、湖南、重庆等地开展试点活动。2017 年 8 月 29 日，原中央全面深化改革领导小组通过《改革方案》。为解决审判实践无法可依的窘境，2019 年 6 月 5 日，最高人民法院在汲取总结各地改革经验的基础上公布《若干规定》，2022 年 4 月 28 日，最高人民法院等多个部门联合印发《生态环境损害赔偿管理规定》。虽然相关司法解释在某些内容上可能仍旧存在不完全或不完善之处，但其基本雏形已经大致完成。

观察《若干规定》的法律渊源以及损害赔偿的救济内容，从诉讼性质上讲，生态环境损害赔偿诉讼应被视为民事诉讼，对于这一点应毫无疑问。但从本质上分析，民事诉讼是用于解决平等主体之间因人身或者财产关系产生的纠纷，而主体地位的平等性是其核心特征。然与该一般诉讼机理不同，生态环境损害赔偿诉讼存在自身的特殊性，在诉讼主体方面表现得尤为明显。根据《试点方案》第 4 条第 3 项规定，赔偿权利人为"经国务院授权的省级政府"，《改革方案》《若干规定》进一步将赔偿权利人的范围扩大至"经国务院授权的省级、市地级政府及其指定的相关部门或机构"。此外，如果涉及"国家自然资源资产管理试点区"则由受委托部门行使索赔权。后者是发生在特定地区的特殊情形，以诉讼上"委托"的形式予以限定，不影响权利人固有的地位，故下文不作详考。从原告身份上观察，如果说"省级、市地级政府"是一件为公众所熟知的事情，诉讼地位相较安定，那么其他起诉主体的身份则相较灵活,如"其指定的相关部门或机构"。不仅如此,此处"授权"与"指定"之间充斥着一种不易觉察的违和感。因循《改革方案》的逻辑,因"授权"行为的存在,故暂将"国务院"视为权利人,"省级、市地级政府"自然应是诉讼担当人(如果是受托人/代理人,则应以权利人的名义行事,与制度实践不符)的角色,结合"授权"事实,应为法律规定的任意诉讼担当人。既然如此,权利人的自主意愿和授权的表意程序则应是一道非常关键的环节。而"指定"一词蕴含浓厚的"行政强制"意味,有违任意诉讼担当的内在运作机理。这种推论是建立在这样一种理解结构上,即先有"省级、市地级政府及其指定的主体",后发生国务院一揽子授权的事宜,竟未留给权利人任何选择的空间。当然,还有另外一种理解样式,先是"省级、市地级政府"取得国务院"授权",然后由其再行"指定"其他部门或机构,这种权利演进架构实际上是变相剥夺原初权利人的处分权。无论作何解析,皆有不妥之处。与之相对的赔偿义务人,也即被告为损害生态环境的"自然人、法人或者其他组织"。总之,以行政机关为原告,这是一种突破传统诉讼结构的创新之举。

从整体上观察,该制度包含赔偿磋商和赔偿诉讼两个部分,或许会认为,磋商并非诉讼,但因其与诉讼存在不可分割的关系,甚或是其一部分,故置于该处讨论。纵观新制度的整个演变历程,赔偿磋商与赔偿诉讼间的关系定位并非自始即保持一成不变。在改革初期,根据《试点方案》第4条第4项的规定,赔偿权利人既可以选择磋商,也可以直接提起诉讼,两者间表现为一种横向并列关系,可以由赔偿权利人自行选择使用哪一种救济方式。经过两年试点之后,《改革方案》第4条第4项删掉赔偿权利人直接起诉的选项,仅保留磋商未达成一致,赔偿权利人应当及时提起赔偿诉讼的内容，从而将赔偿磋商转化为诉讼的前置程序，两者表现为一种前后递进的关系。当然，这种策略的突然调整与纠纷解决效益等考量因素不无关联。至最高人民法院公布相关司法解释之际，才再次发生新的变化。《若干规定》并未完全沿用和遵循《改革方案》确立的上述救济路径，根据其第1条规定的内容，磋商前置的理念未有变化，但对于提起诉讼的态度明显有所不同：将"应当及时提起"（《改革方案》第4条第4项）改述为"可以提起"（《若干规定》第1条）。在法律语境当中，特定的用语蕴藏着特殊的法律意义，非日常生活语言可比，务求准确的辨识。若按照一般的语言习惯进行解读，"可以"一词带有"可为或可不为"两层意思，即无论哪种选择结果皆是题中之义。与生态环境损害赔偿磋商的稳定性相较，是否提起赔偿诉讼成为一种待定的"备选"。当磋商不成时，是否直接提起诉讼完全交由赔偿权利人自主决定，而不再是一种"应当"的法定义务。这种巨大的变化——由确定不移转向模棱两可——绝非偶然所致或突发奇想。这种"倒退"和异常既是政策性文件与法律性文件的断离，也暗示着最高人民法院对待生态环境损害赔偿诉讼制度存在不一样的理解。综合上述分析内容，虽然磋商前置是确定无疑的事情，但磋商之后的阶段，准确地说，磋商与诉讼之间的法律连接的紧密程度有所松动，这也为其他主体（如检察院、社会组织等）中途介入提供了理论上的可能。

第三节　生态环境损害赔偿诉讼与环境民事公益诉讼竞合的分析

2012年我国《民事诉讼法》增设环境公益诉讼制度。2015年

12月3日《试点方案》得以公布，这也是生态环境损害赔偿制度首次公开亮相之时。无独有偶，同年1月7日，最高人民法院施行《审理公益案件解释》，12月16日，最高人民检察院通过《检察试点办法》。若从时间维度上考察，环境公益诉讼制度面世在先，而生态环境损害赔偿制度在其后成立。理论上讲，后者作为新型的司法服务产品，在制度创立初期难免会缺乏经验，一定程度上参考与之相似的制度实体，这种立法模式无可厚非。如果说"两诉"之间因此有某些相似之处，似不值得大惊小怪。但事实发展远非如此，两种制度除早期推行时机和制度外观相近之外，核心程序规则建设方面也逐步靠拢，甚或重合，因此造成适用上的冲突，而这种冲突在本质上是一种竞合的冲突。

一、竞合关系的一般阐释

关于请求权，根据黑尔维希提出的原理，"一个法律构成要件产生一个请求权"[1]。一个请求权可能对应一条或几条法律规定，当完全符合构成要件时，请求权即会产生。根据既有理论，请求权竞合是指同一个事实满足数个不同请求权规范的构成要件，尽管产生请求权的规范相异，但在给付内容和给付目的上却为同一。若其中一个请求权得到满足，其他请求权将会消灭。因此，给付目的相同是请求权竞合与其他情形相区别的关键标志[2]。从该定义可知，发生请求权竞合现象需要两个条件：①"某一特定规范要件与特定规范效果相对应；②各请求权在给付内容、目的上为同

---

[1] 陈荣宗：《民事程序法与诉讼标的理论》，台海大学法律学系法学丛书编辑委员会，1977，第249页。
[2] 陈钰玲：《请求权竞合问题研究——以请求权规范要件为视角的分析》，《前沿》2013年第12期。

一"❶。根据权利性质和内容的不同，请求权一般可以分为侵权类请求权（如停止侵害、排除妨碍、损害赔偿等其他请求内容）和违约类请求权（如赔偿损失等请求内容）两种类型。与此相应，权利主体可依法提出侵权之诉或违约之诉。同一种类请求权（如停止侵害和赔偿损失）或不同种类请求权（如侵权责任和违约责任）之间存在聚合或竞合关系。所谓聚合，其与竞合相对，尽管规定不同，但可以并立，且各请求权之间能够相互补充。而竞合是冲突的一种表现形式，为避免重复赔偿或给付，各请求权不能相互并存。其存在广义竞合和狭义竞合之分。"当标的之间完全重叠而均可实现，属于广义竞合；当标的部分重叠而不能重复实现，属于狭义竞合"❷。实践中，常见的竞合类型乃是侵权之诉和违约之诉。对此，我们并不陌生。

关于请求权竞合的问题，学界研究已久，且成果颇丰，而其中的代表性观点主要分为以下三种类型。第一，（法国）法条竞合论。第二，（德国）请求权竞合论。根据处理相竞合请求权的方式不同，该理论可以进一步细分为请求权自由竞合论和请求权相互影响论。第三，（德国）请求权规范竞合论。具体如下：①法律（条）竞合论。尽管单一案件事实仅符合某种法律构成要件，但同时产生多个目的同一的请求权，这种现象被学界称为法条竞合，实际上的请求权仅有一个。②请求权自由竞合论。尽管因为相同的事实产生数个给付目的同一的请求权，但是各种请求权相互独立，并可以同时并存。基于最大限度保障当事人利益的立场，当事人可以自主处分其享有的请求权能，如让与不同的主体，或者

---

❶ 徐晓峰：《责任竞合与诉讼标的理论》，《法律科学》2004 年第 1 期。
❷ 李锡鹤：《请求权竞合真相——权利不可冲突之逻辑结论》，《东方法学》2013 年第 5 期。

自身同时主张其中一项或多项请求权等方式。③请求权相互影响论。当面临请求权竞合的情形,当事人只能择一行使,不得重复多次主张。但考虑到各种请求权在管辖法院、诉讼时效、证明责任等方面存在客观的差异,为避免因此造成不便,允许各请求权可以相互借用各自有利的规则。如在违约之诉中可引用侵权法上的有关规定。④请求权规范竞合论。该学说是由德国学者拉伦茨提出。其认为,即使同一事实同时符合侵权责任和债务不履行责任的规定,这种竞合只是多个具体规范之间的竞合,而实体上的请求权利本身唯有一个[1]。因为"隐藏在数个民事法规背后的法律义务只有一个"[2]。如此,当给付目的同一时,请求权仅能行使一次。虽然"请求权相互影响"与"请求权规范竞合"在形式上表现出某种差别,"前者竞合的客体是请求权,后者是产生请求权的规范"[3],但从内在实质上观察,两者竞合的目的和效力(竞合适用之结果)并无多少差异。

此外,也有学者从被告给付责任角度出发,如果致使被告产生双重或多重相同给付内容的判决效果,该种现象可称为责任竞合。责任竞合是指因为某一法律事实而产生两种以上且彼此相互冲突的责任内容[4],这是从债务人的立场[5]而言。实际上"责任竞合与请求权竞合是同一问题的两个不同的方面"[6],只是站的角度有所不同而已。

---

[1] 段厚省:《请求权竞合研究》,《法学评论》2005 年第 2 期。
[2] 李磊:《请求权竞合解决新论——以客观预备合并之诉为解决途径》,《烟台大学学报(哲学社会科学版)》2016 年第 4 期。
[3] 王泽鉴:《民法学说与判例研究》,中国政法大学出版社,1998,第 379—387 页。
[4] 赵秀举:《论请求权竞合理论与诉讼标的理论的冲突与协调》,《交大法学》2018 年第 1 期。
[5] 许凯:《侵权冲突法研究》,博士学位论文,华东政法大学,2012,第 109 页。
[6] 王利明:《民法·侵权行为法》,中国人民大学出版社,1993,第 214 页。

二、生态环境损害赔偿诉讼与环境民事公益诉讼竞合的表现形式

为判断两种诉讼制度之间是否产生竞合现象，笔者拟从适用主体、适用要件（范围）和适用后果（法律责任）三个方面进行化简、通约，结合与之对应的规范性内容展开横向的比对。除主体范围的问题外，笔者主要围绕适用要件（范围）和适用后果（法律责任）两个对于诉讼本身具有关键意义的部分作为分析对象。在实践意义上，前者决定在哪些情形下，行为人需要承担责任；后者决定行为人需要承担什么责任。总之，在整个诉讼程序框架中，两者占据核心地位，对任何企图进入或已经进入诉讼场域的主体起着决定性的制约作用，也是所有利益主体优先关注的问题：法律是否保护以及如何保护这种利益？下文将以此为"切口"，从三个层面进行比较，从而判断"两诉"之间是否构成竞合冲突。

（一）适用主体交叉

当事人的范畴包括但不限于被告，但站在诉讼目的和责任承担的角度，以被告为比较维度显然更为恰当。在被告方面，两种诉讼类型并未保持严格区分。

首先观察环境民事公益诉讼。在《民事诉讼法》《审理公益案件解释》《检察公益案件解释》中皆以"行为"为判断标准。具体而言，凡实施损害社会公共利益行为的主体皆可以被认为是被告。从解释学的立场观之，在身份上再无其他门槛与限制，体现出一种结果主义式的立法态度：一切单位和个人皆有可能。但若根据《检察试点办法》第15条的规定，其被限缩为"损害社会公共利益的公民、法人或者其他组织"。这种规定某种程度上将行政机关排除至环境民事公益诉讼的范围外，否认其承担民事责任的可能。

当然，这种实施办法旨在指导"试点工作"，在时间和空间方面受到极大的限制。除此之外，这种限缩解释有违上位法律以及司法解释的精神，很难说具有普遍的法律效力。因此，应当以上位法中设定的"行为"标准作为选择和确认被告的依据。与民事诉讼不同，环境行政公益诉讼是一种旨在针对行政机关不作为或滥作为情形的一种救济措施，而且仅有检察院有权提起该诉。本质上，环境行政公益诉讼并非纯粹是为追究行政机关失职责任的机制，而主要是为了督促行政机关依法及时履行其本职工作。

其次观察生态环境损害赔偿制度。根据《改革方案》的规定，在生态环境损害赔偿案件中，被告为实际损害生态环境的"自然人、法人或者其他组织"。试将其与环境民事公益诉讼中的被告相较，存在一定的重合关系，而且是较大面积的重合。从文义上解读，"（损害）社会公共利益"概念的内涵和外延显然会大于"（损害）生态环境"概念的范畴。不仅如此，根据当前规范性法律文件的解释，在环境民事公益诉讼制度里面，这种开放性规定致使被告的外延并无确定的边界，一切以是否存在"损害行为"作为裁量准据，并无对主体身份上的其他限制。与这种进路相异，在生态环境损害赔偿制度设计理念中，至少排除"行政机关"作为被告的可能，范围上有所收缩，如此观之，两者可以视为属种关系。即使假设前者被告即如上述《检察试点办法》所述，是"损害社会公共利益的公民、法人或者其他组织"。与之不同的是，在损害赔偿制度中关于被告的身份采用了"自然人"的表述。因"自然人"本质上为生物学意义上的概念，其范围自然广于以国籍为限的公民概念，所以前者与后者也可以通约种属关系。无论如何，虽然名义上为两种不同类型的诉讼，但均不能否认"两诉"被告范围叠合的事实——可以通约为"损害生态环境的公民、法人或其他组织"。理论上讲，面对由同一被告造成的污染环境或破坏生态的事实，无论是适用环境民事公益诉讼抑或生态环境损害赔偿诉讼皆有一定的合理性、可行性。

（二）适用范围重合

适用范围，亦即损害事实，即使有"损害"，但首先要明晰的是，该损害是否属于法律保护和管辖的范围。

1. 概念解释的角度

第一，广义上解释。关于环境公益诉讼制度保护客体究竟为何的问题，即使是对于不精通法律术语的普通民众来说，也不是完全无法解答的难题。既然被称为环境公益诉讼，其自然应是用以保护"环境公益"的救济工具。这种直观的判断结果恰恰是最接近真相的理解，如果说该答案还有些许不妥或争议之处，也主要是由于规范性内容之间的不一致而来。虽然环境公益诉讼存在环境民事、行政公益诉讼两种性质相异的实施机制，但在制度预设目的和保护客体上并无对应的区分。从2012年《民事诉讼法》第55条关于环境公益诉讼的规范内容可知，该制度设立初衷在于维护"社会公共利益"。尽管制度目的非常明确，但在不同部门法中，损害"社会公共利益"的表现形式仍然存在规范上和认知上的差异，如此，则会破坏同一体系内规则间逻辑上的融贯性和适用上的确定性。详细而言，2012年《民事诉讼法》以及2015年《最高人民法院关于适用〈民事诉讼法〉的解释》（下文简称《民事诉讼法解释》）统一将其概括为"污染环境"的行为。2015年《审理公益案件解释》第1条❶突破原有的法定界限，将其进一步

---

❶ 《最高人民法院关于审理环境民事公益诉讼案件适用法律若干问题的解释》第1条规定："法律规定的机关和有关组织依据民事诉讼法第55条、环境保护法第58条等法律的规定，对已经损害社会公共利益或者具有损害社会公共利益重大风险的污染环境、破坏生态的行为提起诉讼，符合民事诉讼法第119条第2项、第3项、第4项规定的，人民法院应予受理。"

拓宽，包括实际损害行为和存在损害威胁的风险行为。相较于民事诉讼法的原初规定，最高人民法院采用了扩张性解释：在时间区间方面，由事后救济推移至事前预防，在保护范围方面，由环境扩大至生态和环境。针对这种认识上的差异，《民事诉讼法》作出一定的让步，经 2017 年修改后，其第 55 条保留"污染环境"的规定，同时将"破坏生态环境"的行为纳入救济范畴。2018 年 2 月正式通过《检察公益案件解释》，其第 13 条将适用范围限定为"破坏生态环境"的行为。

通过这种梳理和比较，不难发现，作为环境公益诉讼制度建设主干的三部规范性法律文件之间，准确地说，是在一部基本法与两部司法解释之间针对同一问题产生了某些理解上的分歧，从这种不同的法律表述中可以窥见一二。令人费解的是，究竟何谓"损害社会公共利益"的内涵，经几番论证后，依旧在同一法条内部保持两种相近但又不同的表述："污染环境"和"破坏生态环境"（参见《民事诉讼法》第 55 条）。除上述吊诡之外，在损害事实发生阶段（事前或事后）的认定方面，2017 年《民事诉讼法》维持固有的规定，未作更多细节性的阐释，《检察公益案件解释》亦是如此。对此，根据《中华人民共和国立法法》的规定，当法律与司法解释存在冲突时，理论上应以法律为据，但司法解释是结合司法实践应运而生，在未被完全推翻的情境下亦具有审判实践上的效力。概言之，环境民事公益诉讼适用范围的最大边界应为损害环境公共利益的任何行为，具体表现为"污染环境、破坏生态或破坏生态环境"三种情形，不仅如此，在救济时段上包括已经损害或存在损害威胁两种形态。

应当承认的是，在众多概念表述当中，损害"社会公共利益"是根本的和唯一的判断内核，但是此概念实是一种泛指，具有抽象、模糊等不确定性。当然,这种规定上的弹性和留白也是立法上不可避免的结果,甚或是有意为之,用以增强其适应力和包容性。但在司法实务当中,具备可量化意义的标准仍取决于损害的实际表现形式,所以需要进一步探析和解释其涵摄的具体内容。当前有关上述"环境""生态""资源"等概念之间的关系究竟为何,莫衷一是。有学者认为,上述这些概念皆是指自然界,外在名称上的差异主要是源于观察角度的不同,"以静态的眼光看,即为'环境';以对人类是否有用的角度,即为'自然资源';从生物的生存条件以及相互关系角度看,即为'生态系统'"❶。所谓"视角"往往源于观察者自身的选择和决定——远近高低,所见所思各有不同。因此,这种界定带有一定的主观成分,或许可以自圆其说,但理论的说服力量并不充足。除一些死角之外,几种视域之间也难免存在相互包含或交叉的关系。暂且不论上述三种视角并非基于同一平面上的三个"瞭望点",纵使处在相同维度上,上述概念也不是可以完全等同和相互通用的关系,彼此间存在一定的客观差异。如"环境"这一概念,若分别从环境科学、生态学、社会学和法学等视角分析,也能得出不一样的认知结果。生态学所称的环境是指某一特定生物体或生物群体以外的空间及影响其生存的一切事物的总和。❷ 而在法学领域,根据《环境保护法》第 2 条❸的规定,环境是指影响人类生存和发展的各种自然因素的总体。经比较会发现,我国立法意义上的"环境"是以人类为中心,而生态学意义

---

❶ 汪劲:《环境法学》,北京大学出版社,2011,第 4 页。
❷ 尚玉昌:《普通生态学》,北京大学出版社,2002,第 7 页。
❸ 《环境保护法》第 2 条规定:"本法所称环境,是指影响人类生存和发展的各种天然的和经过人工改造的自然因素的总体,包括大气、水、海洋、土地、矿藏、森林、草原、湿地、野生生物、自然遗迹、人文遗迹、自然保护区、风景名胜区、城市和乡村等。"

上"环境"则将视域指向"生物",后者外延相对更为宽泛。

第二,狭义上解释。上述这种针对"生态""环境"等术语的阐释是一种静态的视角。为全面获悉该制度的调整空间,尚需回归到《民事诉讼法》指引的三种情形——"污染环境、破坏生态或破坏生态环境"。至于何谓"污染环境"?根据1974年经济合作与发展组织委员会对其作出的解释,可以析出三个基本的构成条件:物质或能量,进入环境和危害人类健康等后果。❶ 而按照我国当下学界主流观点,其指人类向环境中排放的物质或能量超过其自净能力而造成其质量下降等不利后果。结合《刑法》第338条关于"污染环境罪"的教义学分析,其实践形态包括"违法排放、倾倒或者处置有害物质"的行为。而"生态破坏"是指对自然资源索取的速度或开发利用的强度超过其承载力而造成的不利后果。❷ 根据《最高人民法院环境侵权责任纠纷司法解释理解与适用》的释义,其主要包括乱捕滥猎,乱砍滥伐,毁林造田,过度垦荒等情形。比较上述内容可知,关于"污染环境"和"破坏生态"的内涵已基本形成某些相对确定的认知,基本上可从排放和摄取的角度理解这两种现象。但是立法者在传统语境当中又嵌入新的概念——"破坏生态环境"。从汉语构造上看,部分字词的拆分组合无伤大雅,甚至会激发汉语的新活力,但置身于追求安定和准确的法律语境,不仅会打破思维上的惯习,还会催生出其他的智识难题。如"破坏生态环境"与"污染环境"之间应是何种关系。经以上分析,关于其适用范围的问题,我们似乎得到一种答案,一种抽象的"只可意会"的答案。

而根据《试点方案》《改革方案》关于生态环境损害赔偿制度

---

❶ 其是指"被人们利用的物质或者能量直接或者间接地进入环境,危害到自然、人类健康、生命资源和生态系统,以及损害或者妨碍舒适和环境的其他合法用途的现象"。参见汪劲:《环境法学》,北京大学出版社,2011,第155页。

❷ 曹明德:《环境与资源保护法》,中国人民大学出版社,2013,第187页。

适用范围的规定,该制度预设初衷在于通过司法途径实现修复受损的生态环境的目的,最终达到生态文明的理想境地。无论是从制度名称上,抑或从《改革方案》《若干规定》等规范性文件的内容上分析,该制度主要是针对"损害生态环境"的行为。若改称为"自然资源损害赔偿诉讼",则可能是另外一番解释结果。是故,何谓"生态环境损害"?这是了解其调整范围的关键一步。"'生态环境'这一汉语名词最初是在20世纪50年代初期自俄语和英语翻译而来"[1]。自我国1982年《宪法》第26条援用后,一直留存至今。根据《改革方案》第3条的规定,生态环境损害是指由某种行为引起环境要素和生物要素以及由其构成的生态系统的不利变化或功能退化。这里"生态环境损害"一词是由生态和环境构成的组合概念,如此规定似乎既能省去还原式区分两者界限的麻烦,亦能避免遗漏部分应受保护的疆域,达到同时涵括"生态"和"环境"领域的效果。但在句式结构上采用的逻辑连词为"和""以及",而非"或者"一词。按照一般逻辑理论,前者构成联言命题,即若欲使"生态环境损害"的结论为真,某行为需要造成"环境和生物要素同时受损"的后果,借此证明前提条件得以全部满足;后者则为(相容性)选言命题,即只要上述任何一种后果发生,则"生态环境损害"的命题即为真。显然,与选言命题不同,联言命题的限制性极为强烈,这种表述很难实现 $1+1>2$ 的表意效果,甚至会缩小保护范围。当然,这仅仅是一家之言,而且是由非环境科学领域内的中共中央办公厅和国务院办公厅联合牵头制定的成果,在内涵理解上或许存在某些偏差。为此,需寻找更为专业的解释性意见。

《环境损害鉴定评估推荐方法(第Ⅱ版)》是由环境规划院正

---

[1] 王孟本:《"生态环境"概念的起源与内涵》,《生态学报》2003年第9期。

式制定出版,也是专家开展生态环境损害鉴定评估活动常常赖以为凭的重要参照,在专业性上可取得一定保障。根据其第4条关于某些基础术语的定义以及文本安排的结构,可以确定的是,在专家看来,"生态环境损害"(第4.5条)与"环境损害"(第4.1条)之间并非如日常思维中认为的是相似甚或相同的关系,反而转变为两类截然不同至少是并列的事物。其是指某种行为对生态环境造成"可观察的或可测量的不利改变,以及提供生态系统服务能力的破坏或损伤"。与《改革方案》相较,此处集中阐释"损害"的含义和表现形式,而且对其外观作了修饰上的强调——"可观察的,可测量的"。至于主语——何谓"生态环境"反而被明显地忽略。但应当注意的是,该处采用"或"式的表意连词,极大地撑开辨识和认定损害范畴的判断空间。总之,尽管不能为"两诉"的适用范围划出非常精细的边界,但从术语比较和文义解释的角度观察,笔者认为,"(环境)公共利益"一词的涵摄范围和外延更为宽泛,因此,前后"两诉"之间称得上是一种包含与被包含的关系。应警醒的是,这仅是初步从概念表层上分析获悉的结果,而且是种宏观上的断言。为克服推论过于武断之嫌,尚需要结合实际的规范性条文展开更为详细的比对。

2. 实践分析的角度

与这种以文义解释为取向的学理型思维路径不同,下文侧重于观察该制度实践运行状况。经统计整理发现,其中一个显著的变化是调整空间的扩大,即在突发环境事件之外,尚涉及非法排污,非法处置危险废物,非法处置固体废物,破坏林地、草原、耕地,违法采矿等其他情形(详见表1)。在此之前,类似案件一般诉诸环境公益诉讼。若完全以纸面条文为尺度,很显然,这些案件已经超出政策文件和司法解释原初限定的范围。当然,这种权力溢出与兜底条款的存在不无关系。但从另一方面讲，兜底条款至多为其扩张提供了一种现实可能性（实际上，针对这些生态环境损害赔偿案件，无论是法院抑或行政机关均未借助兜底条款进行合理化解释，似乎认为是理所当然），若行政机关自身并无这种扩张意愿，这种异常现象不可能发生。

总之，从中央到地方，从司法解释到政策文件再到实践，针对如何看待和划分这两种诉讼制度适用范围的问题，多表现出向对方扩张、渗透的趋势，因此，彼此重合领域渐趋增大。除此之外，各地在扩充范围时并未表现出某种一以贯之的内在逻辑，或者说缺乏目的理性，整体呈无规则的散射状态。

表1　生态环境损害赔偿制度实践适用范围

规范确立范围			实践发展范围
《最高人民法院关于审理生态环境损害赔偿案件的若干规定（试行）》（2020年修正）	第1条：（一）发生较大、重大、特别重大突发环境事件的；（二）在国家和省级主体功能区规划中划定的重点生态功能区、禁止开发区发生环境污染、生态破坏事件的；（三）发生其他严重影响生态环境后果的	突发环境事件类❶	1. 上海市金山区生态环境局与枫新公司生态环境损害赔偿案；2. 五莲县人民政府与中国人民财产保险股份有限公司东营市分公司生态环境损害赔偿案；3. 日照市生态环境局五莲县分局与东营西郊公铁联运有限公司生态环境损害赔偿案

❶ 分别详见中国裁判文书网（2020）沪0116民特117号，（2021）鲁民终593号，（2019）鲁11民初298号民事裁判文书。

续表

规范确立范围	实践发展范围
非法处置危险废物类❶	1. 重庆市大足区生态环境局与孟仕武生态环境损害赔偿案； 2. 江苏省人民政府与安徽海德化工科技有限公司环境污染赔偿案； 3. 濮阳市人民政府与聊城德丰化工有限公司生态环境损害赔偿案； 4. 五莲县人民政府与吴希庆、李欣仁生态环境损害赔偿案； 5. 烟台市生态环境局与张海波、曹文山、曲志远生态环境损害赔偿案； 6. 重庆市渝北区生态环境局与重庆大脚板汽车清洗服务有限公司生态环境损害赔偿案
违法排放污水类❷	1. 贵阳市生态环境局与贵州省清镇市森伟房地产有限公司等生态环境损害赔偿案； 2. 平度市人民政府与李德雨、王继力生态环境损害赔偿案；

---

❶ 分别详见中国裁判文书网（2020）渝 01 民初 195 号，（2018）苏民终 1316 号，（2020）豫民辖终 35 号，（2020）鲁 11 民初 428 号，（2020）鲁 06 民初 225 号，（2019）渝 01 民初 1171 号民事裁判文书。

❷ 分别详见中国裁判文书网（2021）黔 01 民特 367 号，（2021）鲁 02 民初 139 号，（2019）鲁 02 民初 1579 号（2017）鲁 01 民初 1467 号，（2019）津 02 民初 767 号，（2020）津 02 民初 2036 号，（2019）津 03 民初 248 号，（2020）鲁 0685 民初 3007 号，（2017）渝 01 民初 773 号民事裁判文书。

续表

规范确立范围	实践发展范围
	3. 青岛市李沧区人民政府与刘永进生态环境损害赔偿案； 4. 山东省生态环境厅与山东金诚重油化工有限公司生态环境损害赔偿案； 5. 天津市津南区生态环境局与王连升、王玉华生态环境损害赔偿案； 6. 天津市静海区子牙镇人民政府与刘梦松生态环境损害赔偿案； 7. 天津市宁河区生态环境局与于春恒、于彬生态环境损害赔偿案； 8. 招远市夏甸镇人民政府与刘新辉、吕炳太生态环境损害赔偿案； 9. 重庆市南川区林业局与重庆藏金阁物业管理有限公司生态环境损害赔偿案
非法占用破坏林地、耕地、草原类❶	1. 重庆市南川区林业局与李成冬生态环境损害赔偿案； 2. 重庆市南川区生态环境局与重庆市南川区吹风岭农业发展有限责任公司生态环境损害赔偿案；

---

❶ 分别详见中国裁判文书网（2019）渝 03 民初 17 号（2019）渝 03 民初 2790 号，（2021）湘 1223 民特 28 号，（2019）内 05 民特 4 号，（2021）渝 02 民初 1011 号，（2019）渝 03 民初 2790 号民事裁判文书。

续表

规范确立范围	实践发展范围
	3. 辰溪县林业局与辰溪成金石业有限公司生态环境损害赔偿案； 4. 通辽市人民政府与内蒙古霍林河露天煤业股份有限公司生态环境损害赔偿案； 5. 忠县规划和自然资源局与重庆磐祥环源建材有限公司生态环境损害赔偿案； 6. 重庆市南川区生态环境局与重庆市南川区吹风岭农业发展有限责任公司生态环境损害赔偿案
违法处置固体废物类❶	1. 贵州省生态环境厅与国电织金发电有限公司生态环境损害赔偿案； 2. 河源市生态环境局与东莞市灿燊环保科技有限公司生态环境损害赔偿案； 3. 淄博市生态环境局与博汇集团有限公司生态环境损害赔偿案； 4. 济南市钢城区人民政府与山东兄弟再生资源有限公司生态环境损害赔偿案；

---

❶ 分别详见中国裁判文书网（2019）黔05民初104号（2021）粤1625民特14号，（2019）鲁03民初118号，（2021）鲁01民初1557号，（2019）赣04民初201号，（2021）沪7101民初308号，（2019）鲁03民初156号民事裁判文书。

续表

规范确立范围	实践发展范围
	5. 九江市人民政府与江西正鹏环保科技有限公司生态环境损害赔偿案； 6. 上海市奉贤区海湾镇人民政府与魏成等生态环境损害赔偿案； 7. 淄博市生态环境局与山东博汇集团有限公司生态环境损害赔偿案
违法采矿类❶	1. 龙海市水利局与黄强勇生态环境损害赔偿案； 2. 重庆市大足区规划和自然资源局与周克波、李中兵生态环境损害赔偿案； 3. 辽源市自然资源局与潘洪滨生态环境损害赔偿案
砍伐国家重点保护植物类❷	重庆市南川区林业局与张仁华、张冬毛生态环境损害赔偿案
非法狩猎野生动物类❸	上海市崇明区人民检察院与施磊生态环境损害赔偿案

---

❶ 分别详见中国裁判文书网（2018）闽06民终1109号，（2021）渝民终40号，（2021）吉04民初110号民事裁判文书。
❷ 详见中国裁判文书网（2019）渝03民初16号民事裁判文书。
❸ 详见中国裁判文书网（2021）沪0151民特70号民事裁判文书。

（三）适用后果相同

为明确两种诉讼制度的适用后果，下文拟从法律责任或请求内容方面进行比较分析。基于当事人处分原则，法律责任一般与诉讼请求相对应。请求权与责任是一体双面的关系，请求权竞合即为责任竞合❶。为分析便利，此处暂以诉讼请求为比较向度。一般而言，诉讼请求是指原告根据法律规范对被告提出的权利主张，狭义上讲，是在起诉状上"诉讼请求"一项里叙明的具体内容。尽管诉讼请求是由原告提出，但请求事项和范围源于法律及相关司法解释的赋权性规定，而这些规定是否完整、恰当，直接决定权益救济（恢复）的程度如何。

在环境民事公益诉讼当中，根据《审理公益案件解释》第18❷—22条的相关规定，其为原告提供多种旨在救济环境的请求选项，依据请求内容和目的间的差异，其大致可划分为以下五种类型。

第一，预防性请求。如上所述，最高人民法院将保护范围扩张至"具有重大风险的行为"。当然，"人们提出目的本身并不是目的，而是立志于实现它"❸。鉴于此，该司法解释同时赋予主体预防性救济手段，在立法技术上，两者间表现出一种逻辑上的对称。为将某些可确定的危险扼杀在萌芽之中，原告通过诉请停止侵害、排除妨碍、消除危险等方式至少可以起到防止威胁性行为演变为实际损害，或者减少既有损害持续扩大的积极作用。对此，

---

❶ 傅鼎生：《赔偿责任竞合研究》，《政治与法律》2008年第11期。
❷ 《最高人民法院关于审理环境民事公益诉讼案件适用法律若干问题的解释》第18条规定："对污染环境、破坏生态，已经损害社会公共利益或者具有损害社会公共利益重大风险的行为，原告可以请求被告承担停止侵害、排除妨碍、消除危险、恢复原状、赔偿损失、赔礼道歉等民事责任。"
❸ 夏甄陶：《关于目的的哲学》，中国人民大学出版社，2011，第276页。

甚至有学者建议将"以凸显'环境风险预防与监督'为价值的环境民事公益诉讼改称为'环境风险预防与监督诉讼'"❶。但是根据该司法解释,其适用前提是发现某行为或活动使社会公益正处于重大风险当中。对于污染环境或破坏生态的致害机理、行为后果、因果关系等内在规律以及何谓"重大风险"等概念的界定问题相对复杂,缺少专业知识的普通公众难以凭靠一般常识直接断定,如基因编辑工程等。在制度运行中,如果不能有效解决如何判断、由谁判断等问题,其适用效果可能会大打折扣。

第二,恢复性请求。恢复原状作为民事损害填补原则的具体化,是针对既已造成损害后果的行为赋予的补救办法,也是民事侵权私益诉讼中常见的一种请求类型。但其适用需要符合特定的条件,若客观上根本不具备恢复原状的可能性或者恢复原状的成本显著超过事物固有的价值,则诉请恢复原状并不适当。按照有关司法解释的规定,此处所谓恢复原状是指恢复到环境或生态损害发生前的状态和功能。尽管可以从《民法典》第1234条规定中看出国家注重修复责任的理念❷,但这些遭受污染或破坏的要素究竟是否能够恢复原状主要取决于受害对象本身的特性。有些生态要素,如滥垦滥伐等现象,可以采用复垦补植的方式开展原地修复活动,但有些要素则会丧失复原的可能,如已经消失的濒危物种等,故该救济方式应当合理、有限地予以使用。考虑到无法恢复的现实,法律上亦允许采用替代性修复手段,通常为给付生态环境修复费用。此外,实务中也探索出异地修复、劳务补偿等新

---

❶ 周勇飞:《生态环境损害赔偿诉讼与环境民事公益诉讼的界分——功能主义的视角》,《湖南师范大学社会科学学报》2020年第5期。
❷ 最高人民法院民法典贯彻实施领导小组:《中华人民共和国民法典侵权责任编解与适用》,人民法院出版社,2020,第548—554页。

的方法。

第三，赔偿性请求。虽然赔偿通常表现为金钱给付，但必须明确的是，此处金钱赔偿与上述因被告不能履行修复义务而给付的修复费用不同，后者是被告对自身无法实施修复行为的一种替代。因此，赔偿性请求与给付修复费用请求在性质上并非一致。这里赔偿范围是指"生态环境服务功能的损失"。与私益分立，生态环境自身同样被立法视为一种值得保护的客体，显然是承认其某种独立利益的存在，基于理解方便的需要，不妨暂将生态环境作为与人类相对的"拟制人"进行观察，其中的法律关系会显得更为清晰。以损失阶段划分，修复费用是用以修复实际受损的具体事（人）物，犹如医疗费用；而之所以赔偿服务功能损失费，则是因为该具体事（人）物在修复期间无法发挥其基本功能而产生的附带损失，犹如误工费，实质上是一种间接损害。根据该解释第24条的规定，修复费用和服务功能损失费用皆应用以修复生态环境。

第四，精神性请求。赔礼道歉主要是用于抚慰自然人直接或间接受到的精神打击或精神痛苦，如丧亲之痛，对此，并不是所有相关的人（如亲戚、朋友、同学等人）皆可主张这项请求，一般是与受害人或受损物存在特定关系的主体。根据《关于确定民事侵权精神损害赔偿责任若干问题的解释》第1条的规定，精神损害通常是指一种人格权益，如生命权、名誉权、人格尊严权等权利。在环境民事公益诉讼中，判决被告赔礼道歉的裁判理由一般为"影响公众享有美好生态环境的精神利益"[1]。

第五，其他诉讼请求。原告为实施诉讼已经和将要支付的必

---

[1] 详见郴州市人民检察院与被告武汉创盛环保科技有限公司等环境污染责任纠纷一案民事判决书，中国裁判文书网（2018）湘10民初3号。

要性费用，如鉴定费、调查费、律师费、案件受理费及其他相关的事务性支出。在环境侵权案件中，案情往往较为复杂，且诉讼标的额一般较大，致使诉讼成本普遍高于普通的侵权案件，于原告而言，意味着切实的经济压力。如果这种请求不能得到较好地保障，一些原告可能因此无力起诉，甚至望而却步。

接下来观察生态环境损害赔偿制度。整体而言，关于损害赔偿责任形式的规定并非始终保持不变，中途存在一个重要转折。根据《试点方案》第4条第（1）项的规定，诉讼请求具体包括要求行为人承担修复费用（若无法修复，以货币赔偿）、服务功能（包括永久性）损失以及清除污染、调查、鉴定评估等费用，基本上与上述环境民事公益诉讼制度中恢复性请求、赔偿性请求和其他请求三种类型相符合。如果说存在差异，笔者认为这种不同主要是一种表述形式上的区别。如在承担责任方式上，环境民事公益诉讼当中称为"恢复原状"，而生态环境损害赔偿诉讼中称为"修复生态环境"。鉴于生态环境损害的不可逆性，所谓恢复原状主要是对修复程度的某种强调和理想憧憬，实际上两种责任形式的本质没有区别。《改革方案》延续《试点方案》的相关规定，并无变化，亦是对《试点方案》内容的再次确认。至《若干规定》公布，责任形式则发生较大改变，据其第11条❶的内容，在原有恢复性、赔偿性等诉讼请求类型之外新增预防性和精神性请求，在对新制度的认知上，最高人民法院再一次表现出其独到的理解，而与中共中央办公厅和国务院办公厅的意见呈现出某种分歧，也

---

❶《关于审理生态环境损害赔偿案件的若干规定（试行）》第11条规定："被告违反法律法规污染环境、破坏生态的，人民法院应当根据原告的诉讼请求以及具体案情，合理判决被告承担修复生态环境、赔偿损失、停止侵害、排除妨碍、消除危险、赔礼道歉等民事责任。"

因此导致行政机关可以请求的范围与环境民事公益诉讼近乎完全相同。当然，这种结果的出现与《审理公益诉讼案件解释》《若干规定》两部司法解释均是出自同一制定主体——最高人民法院——或许有一定的关联。

上文分别从诉讼主体、诉讼客体和法律责任三个方面展开详细地比较，可以推断出，实际上，中共办公厅和国务院办公厅在推行生态文明体制改革和构建生态环境损害赔偿制度之初保留了与环境公益诉讼制度区分的意识，成为一种新型的独立诉讼类型，从适用范围和责任形式的建构过程皆能看出其"求异（新）"的心思。但是伴随改革推进，最高人民法院和地方人民政府依托自身的见解，两种诉讼制度反而演变成"趋同（旧）"的事实。在适用范围的具体规定方面，因概念上外延的开放性，《若干规定》《生态环境损害赔偿管理规定》与《民事诉讼法》《审理公益案件解释》《检察公益案件解释》之间存在大量的模糊和交叉区域。换句话说，同一污染或生态破坏的事实可能同时符合两类司法解释规定的构成要件，不仅如此，从诉讼请求内容上观察，两种诉讼的法律效果近乎同一。总之，在这种诉讼结构里面，针对同一被告的同一侵权行为，可以分别由三种适格原告依法提出救济效果相同的两种民事诉讼，当任一修复生态环境的诉讼目的实现时，其意味着后诉将会丧失法律上的意义，其他请求权亦因此而消灭，从而产生一种事实上的竞合效果。

三、生态环境损害赔偿诉讼与环境民事公益诉讼竞合的实质

通常而言，请求权源于实体法上的规定和授权，但我国目前尚未将环境权等实体权利纳入既有法律体系。事实上，无论是生

态环境损害赔偿诉讼抑或环境民事公益诉讼的设立首先肇始于诉讼法,并未在实体权利与诉讼实施权之间形成完美对接。笔者认为,尽管缺乏实体法上的明文规定,但并不妨碍从理论上展开学理分析。有学者将我国《民法典》第1234条❶关于生态环境修复责任的规定作为诉讼请求权的依据。也有学者认为,"《民法典》侵权责任编第七章环境污染和生态破坏责任仅指向私权利受到侵犯的情形"❷。无论如何,诉讼均是实现该请求权的法定方式。如果说在生态环境损害赔偿诉讼当中,赔偿权利人享有生态环境损害赔偿请求权,那么环境公益诉讼当中,则可以暂时称为公益损害赔偿请求权。尽管这两种请求权皆有实现修复生态环境的效用,但在《若干规定》第17条同时使用"生态环境损害赔偿诉讼案件""民事公益诉讼案件"两种不同的表述。这种差异化表达的事实预示着立法者将因同一损害行为引起的侵权问题视为两类不同的案件,而不同的归类应适用与其类型相适应的诉讼程序。按照当下司法解释的规定,笔者认为,可将"两诉"引起的冲突现象视为一种请求权规范之间的竞合冲突,理由如下。

第一,在主体方面,其满足请求权竞合的条件。不可否认的是,请求权竞合的问题通常是发生在相同主体之间的,一般以原告为基准,当然亦只有原告具备提出诉讼请求的资格,如侵权责任和违约责任间的竞合。反之,若是涉及不同主体间的权利义务

---

❶ 《民法典》第1234条规定:违反国家规定造成生态环境损害,生态环境能够修复的,国家规定的机关或者法律规定的组织有权请求侵权人在合理期限内承担修复责任。侵权人在期限内未修复的,国家规定的机关或者法律规定的组织可以自行或者委托他人进行修复,所需费用由侵权人负担。

❷ 代杰、徐建宇:《〈民法典〉环境污染与生态破坏责任:原因行为导向与公私益救济衔接——以206份裁判文书为样本的实证研究》,《法律适用》2020年第23期。

关系，则可以通过共同诉讼制度予以有效解决。如果仅是观察生态环境损害赔偿诉讼与环境民事公益诉讼制度的主体构造，显而易见，行政机关与社会组织、检察院之间似乎并不是同一关系，从而认为其不能满足竞合的适用前提。笔者认为，从表面上看似乎如此，但该结论并不见得完全恰当。众所周知，《民事诉讼法》《环境保护法》等规范性法律文件在确立环境民事公益诉讼主体资格方面并未遵循"先实体，后诉讼"的传统进路，而是采用"诉讼法先行"的迈进逻辑。一般认为，社会组织、检察院仅是诉讼担当人，准确地说，是法定的诉讼担当人，尽管其以自己的名义行使诉讼实施权，但绝非实体上的权利人。至于环境民事公益诉讼的权利主体究竟是谁？其实答案不难知晓。虽然学界对于该制度的其他细节方面尚有争议，尤其是起诉主体范围的问题，但关于其目的——维护社会公共利益——的内容应当是毋庸置疑的。所谓公共利益仅是一种概括性的抽象表达，最终会落实到具体主体身上。环境要素作为"公众共用物"❶，环境污染造成的后果不仅与污染源附近生活的民众息息相关，且因生态链的作用机理，环境质量下降同时亦会威胁到不特定多数人的切身利益。在这种开放性损害的语境下难以确认某一特定的主体，广义上讲，所有人皆可称为受害者。当然，令所有人起诉显然不符合司法现实，故以诉讼法的形式选定相应的代表并赋予其诉讼实施权，如此安排，胜诉利益自会辐射到生存于其中的众人。一言以蔽之，"环境损害本质上乃是公众环境利益的损害"❷。与此相应，环境民事公益诉讼的实质权利人和最终的受益人也应是公众自身，至少是不

---

❶ 蔡守秋：《论公众共用物的法律保护》，《河北法学》2012年第4期。
❷ 徐祥民、巩固：《环境损害中的损害及其防治研究——兼论环境法的特征》，《社会科学战线》2007年第5期。

特定的多数人。

而生态环境损害赔偿诉讼的权利主体同样如此。目前关于其法律属性为何的认知尚未有定论。无论是"国益诉讼说"或者"私益诉讼说"（见下文），上述关于其法律性质的结论通常是建立在自然资源国家所有权基础上，但无论是作为公权意义上的"国家利益"抑或作为私权意义上的"私人（国家）利益"，即使是"私益诉讼"亦是以国家作为民事上的主体为判准的。而基于"国家"概念自身的抽象性，其并不存在一个能够独立承受胜诉利益的确定实体。根据《宪法》第9条的规定，"国家所有，即全民所有"。因此，最后的实际权利人或者说受益人应是指全民，国务院仅是名义上的代表机构，省级、市地级机构等其他主体则是实际上的管理者，诉讼上的担当人。若根据"公益诉讼说"，其主体与自然和环境民事公益诉讼的权利人相同，则更无须赘述。通过以上分析发现，从广义说，两种诉讼制度的权利主体实际上皆指向生活于其中的人类[1]自身，无论是将其称为"公众"或者"全民"，至少是不特定的多数人。被告则为行为人（赔偿义务人）。既然如此，基本符合竞合理论的主体适用条件。

第二，根据既有司法解释的精神，立法上将环境民事公益诉讼与生态环境损害赔偿诉讼视为两种不同类型的诉讼制度。事实上，通过环境民事公益诉讼追究行为人的公共利益损害赔偿责任与通过生态环境损害赔偿诉讼追究义务人的生态环境损害赔偿责任之间在程序规则方面存在较大的差异，如原告地位，举证证明责任等。总之，两者之间既有区别亦有联系，并非完全一致。该立法事实为同一污染事件同时满足两种诉讼程式提供了可能，应

---

[1] William Rodgers Jr, Environmental Law (Sao Paulo: West Academic Publishing, 1994), p. 113.

该说是一种规范的竞合。不仅如此,实际上对于被告而言,无论是承担公共利益损害赔偿责任或者生态环境损害赔偿责任,在功能层面上,因给付目的和内容相同,故两种诉讼之间存在非此即彼的竞争关系。但实际上被告仅需为其损害行为承担一次民事责任即可,而非复数的赔偿责任。是故,笔者认为其应是一种请求权规范的竞合,因为救济的对象只有一个,与此相应,损害赔偿请求权也只能有一个;另外从被告角度而言,赔偿应与损害大小相等,❶即恢复到损害发生前的状况❷,是故,在结果上仅可以请求被告履行一次给付义务,不能令其重复承担修复或赔偿责任。综合而言,因上述两种诉讼制度在适用主体、适用范围、适用后果等方面含糊不清致使产生请求权竞合的法律效果。如此,若不能合理有效地化解该种冲突,势必造成重复诉讼、裁判矛盾等消极的后果。

第四节　本章小结

客观而言,发展经济与保护环境之间是一种既对立又统一的关系。在人类不同的发展阶段各有侧重,早期通常会选择优先发展经济,解决温饱等关涉生存的问题。但在一味追求经济发展过程中,在"人类中心主义"环境伦理观引导下,并伴随生产力进步和科技发展,造成大量的环境污染事件,导致环境质量急剧恶化,自然资源几近枯竭,已经威胁人类生存和生活。为解决环境

---

❶ [德] 塞缪尔·冯·普芬道夫:《自然法与国际法》,罗国强、刘瑛译,北京大学出版社,2012,第29—51页。
❷ 曾世雄:《损害赔偿法原理》,中国政法大学出版社,2001,第16页。

问题，人类积极寻求新的环境伦理观，并向"非人类中心主义"转变，而各国也在加快相关立法和完善相应救济体系，我国也不例外。在进入新时代后，为全面实现保护生态环境的目的，提高人民生活质量，在环境侵权私益诉讼、行政监管措施、刑事诉讼等既有环境救济手段的基础上，以生态环境作为独立受保护客体，我国先后建立环境公益诉讼制度和生态环境损害赔偿诉讼制度。

但是两种诉讼极为相似，具有高度同质性。如果单纯从理论上判断，甚至可以直接将其视为包含与被包含的关系。具体而言，在适用范围方面，"两诉"均以概括的方式指向损害生态环境的行为。除这种抽象式的宏观判断之外，从地方已公布的相关规定上观察，"两诉"彼此呈现出相互扩张和争夺地盘的改革趋势，适用范围上将会出现大面积重合。在诉讼请求上，"两诉"不仅请求类型相同，包括预防性、恢复性、赔偿性、精神性和其他事项。从诉讼结果上皆能达到修复生态环境的救济效果。在责任形式上，被告仅需为其实施的损害行为承担一次修复或赔偿责任即可。通过上述三个方面的比较，不难发现，针对同一环境侵权案件，既可以由行政机关提起生态环境损害赔偿诉讼，也可以由社会组织或检察院提起环境民事公益诉讼。当任一修复生态环境的诉讼目的实现时，其意味着后诉将会丧失法律上的意义，其他请求权亦因此而消灭，从而产生一种事实上的竞合效果。本质上，这是一种请求权规范的竞合，实际的损害赔偿请求权只有一个，也只能请求一次给付。如果不能有效化解这种冲突，任由各主体同时起诉，不仅会增加社会成本，浪费司法资源，造成重复诉讼，而且亦会抵消制度改革的部分效益。

第二章 生态环境损害赔偿诉讼与环境民事公益诉讼竞合的成因

在上文中已经分析出"两诉"竞合的表现及实质，这种竞合现象不仅会引起适用上的冲突，同时会造成功能上的重复，甚至直接令人质疑生态环境损害赔偿制度存在的必要性。但这种现象的产生并非毫无来由，笔者欲结合当下的研究趋势和改革动向，围绕几个争议较大的主题，也是引发当下竞合后果的主要动因，如基础概念、法律性质和立法路径等方面展开较为详细的阐释，试图拨开云雾，从而厘清其中隐伏的因果关系。

第一节 基础概念交互不清

一般来讲，一套完整的制度体系是由各种规则条款以及相应原则等构成要素共同组成，而其中的法律概念不仅反映着该指称事物的本质属性❶，同时是任何法律规则制定和实施的逻辑起点❷，也是区分此规则与彼规则的判断标准。因我国语言应用习惯的丰富性，实践中，在对概念的解读相对复杂、灵活，一词多义、多词同义等现象较为常见，故在专业领域内需要注意避免陷入这种语言陷阱。对于法律适用者来说，概念既是对理解规则的约束，也是为其行动提供一种情境指引。既不能逾越该概念固有的范畴作扩大解释，更不能随意裁剪其原初内容而作狭窄解释。若某一环境法律规范的内容较为抽象，将会阻碍环境损害与获赔的救济效果❸。因此，为保证概念理解的准确性，立法者通常在法律用语和语词结构选择上极为谨慎，但在此两种诉讼制度框架内却充斥着大量极富弹性的，甚至引人误解的概念。换句话说，"两诉"之间的关系定位混乱不清与其基础概念相互交织和相互混淆紧密相连。立足于诉的构成要素，下文拟从主、客体两个维度予以一一说明。

一、"主体式"概念检视

在阐释生态环境损害赔偿诉讼的主体范围之前，首先需要澄清一个关于效力的问题。如果仅着眼于《若干规定》的内容，赔偿权利人的范围似乎明晰、确定，应无争议。然事实却并非如此。众所周知，《若干规定》作为试行的司法解释，自身充斥着某种不确定性，且其法律效力相对有限。实质上，其是最高人民法院对于改革成果的阶段性总结，以暂缓审判无法可依的窘境，而且在

---

❶ 陆征麟：《概念》，河北人民出版社，1960，第6页。
❷ 《中国大百科全书（哲学卷）》，中国大百科全书出版社，1987，第830页。
❸ 王树义、刘静：《美国自然资源损害赔偿制度探析》，《法学评论》2009年第1期。

内容上几乎是对《改革方案》的全盘复述。因此可以认为，对于该制度未来改革发展趋势而言，《改革方案》在一定程度上能起到提纲挈领的作用。是故，下文将结合《若干规定》《改革方案》等相关规范性文件的内容进行阐述，而并非完全以更为正式的司法解释为限。

欲准确地了解"两诉"主体范围为何的问题，不妨首先从文义上进行解读。一方面，根据《若干规定》第1条规定的内容，赔偿权利人仅限于两类，市地级以上政府及其指定的部门、机构和受国务院委托的部门。与之不同，在该制度初始改革规划当中尚存在另外一重含义，也可以视其为未来的改革趋向。据《改革方案》第4条第5项规定，赔偿权利人除行政机关之外，尚且"鼓励法定的机关和符合条件的社会组织依法开展"该种诉讼活动。若从字面上解读，改革的原初旨意并非单独授予行政机关提起损害赔偿的起诉权，除该方案明确既定的行政机关之外，也为其他主体提起生态环境损害赔偿诉讼保留了一定空间。这一点，我们不应忽视。至于该处"其他法定机关和社会组织"究竟是否意指检察院、环保组织等主体则不甚明了。如果是一种肯定的答案，那么行政机关与其他法定机关和社会组织之间应当是何种关系，或者说"两诉"之间应如何定位，不无疑问。因为学界通常以自然资源国家所有权为立法上赋予行政机关索赔权提供理论支撑，在这种制度语境下，根本没有办法以此来解释其他机关和社会组织的诉权渊源。这种内容上的矛盾为我们理解"两诉"问题添加了阻碍。

另一方面，虽然根据《环境保护法》《审理公益案件解释》《检察公益案件解释》等规范性法律文件的解释，目前环境民事公益诉讼的适格主体仅为社会组织和检察院。这种理解仅限于当前的司法解释,准确地讲,环境公益诉讼的适格主体应为"法律规定的机关或有关组织"(参见《民事诉讼法》第55条的规定)。在我国,社会组织和检察院的诉权皆来源于"法律规定",可称为法定诉讼担当,而并未因循先实体权后诉讼实施权的传统立法路径。在这一点上与美国公民诉讼存在较大差别。在美国,虽然并非所有公民皆可以起诉,但这种诉讼限制是考虑到诉讼效益、司法空间有限等因素而作出的权宜之计,在权利设计上仍秉持着逻辑上的一致性和可预见性:环境权——环境救济请求权。而按照我国既有的法律规定,不妨这样理解,即由立法机关控制着诉权"通道",而"开关"的实际掌握者为某些享有立法权的机关,除人民代表大会及其常务委员会之外,最高人民检察院和最高人民法院亦有一定的启动可能。换言之,未来是否尚存在其他的"机关和组织"并不明晓。这种等待立法机关赋权和选择的途径充斥弹性,而且犹如空中楼阁,欠缺基础法理的充实和积淀,结构和结果上皆有某种程度的不确定性,亦为将来纳入其他主体留下一道豁口。实际上,公益诉讼可以追溯至古罗马。在古罗马,原告可以代表社会集体利益[1],"凡罗马市民皆可提起公益诉讼"[2]。当然亦有学者主张参考美国公民诉讼的经验,任何人都可以提出诉讼[3],赋予公民诉讼实施权,对此,尚存在一定争议,但不无可能。

通过比较上述两种诉讼制度的立法路径,不难发现,除明确指定某些主体之外,同时又保留了兜底条款,这种开放式结构并没有形成完整的闭环,反而在外延上充满弹性。不可否认,采用这种灵活的表达句式,固然能够祛除立法机械僵硬的弊端,在一

---

[1] 周枏、吴文翰、谢邦宇:《罗马法》,群众出版社,1983,第354页。
[2] 周枏:《罗马法原论》,商务印书馆,2001,第958页。
[3] 王曦:《美国环境法概论》,武汉大学出版社,1992,第147页。

定程度上可以适应未来的变化，防止规范滞后于现实。但是，亦成了两种诉讼彼此包含和纠缠的症结：于环境公益诉讼而言，行政机关可被视为其中的某一"法定的机关"；于生态环境损害赔偿诉讼而言，社会组织和检察院亦能被纳入"法定的机关和组织"。正如最高人民法院环境资源审判庭庭长王旭光所言，"两诉"之间并无确定的界限，若从广义上解释，两者可以相互包含，即广义的损害赔偿诉讼涵括狭义的公益诉讼，或者广义的公益诉讼涵括狭义的损害赔偿诉讼❶。尽管两种诉讼已经在诉讼请求、诉讼原因等多个方面相似，使两种诉讼难分难解，但主体规定上的这种"活扣"留下诸多理解可能和想象空间，成为阻挡外界认清两种诉讼制度真实面目的一重烟雾。总之，"两诉"之间究竟是何关系，令人捉摸不透。

此外，《民法典》的实施又为上述这种理解结果增加了一些变数。根据《民法典》第1234条的规定，可以诉诸司法请求侵权人修复生态环境的主体包括"国家规定的机关或者法律规定的组织"。众所周知，《民法典》是一部综合性的基础法，相对注重调适的普遍性和包容性。因此，较专门法而言，在概念使用上更为抽象。尽管其与以详细调整某种法律关系的单行立法有所不同，但本质上确为一般与具体的关系，故在界定此处主体概念的含义上，须回归到有关制度诞生与成长的原始情境当中。经与《若干规定》第4条，《民事诉讼法》第55条比较发现，虽然《民法典》在主语指称上仍然涵括"机关和组织"，但在诉权来源上存在非常显著的变化，《民法典》将其分为"国家规定的"和"法律规定的"两部分。究竟应该如何理解这两者之间的关系，以及其与上

---

❶ 王旭光：《论生态环境损害赔偿诉讼的若干基本关系》，《法律适用》2019年第21期。

文"法律规定的机关或组织"有何区别，暂无定论。如果仅从"机关"和"组织"的概念观察，表面上恰好可以与既有的规则对应起来。"国家规定的机关"并不是可以任意解释的概念，一般是指检察机关和其他具有管理职责的机关。❶ 实质上，目前也仅有上述三类主体具备这种诉讼资格。当然，这种解释是立足于当下所有具备"请求修复生态环境"的适格主体而来，在这种扩大性解释（包括检察院、国家机关和社会组织）前提下，其能够将"两诉"同时涵括进去。若结合"国家规定的"的突出语境来看，也可以这样认为，其指称生态环境损害赔偿制度。毕竟该制度成立的基础是源于国家公布的政策性文件，而不是由立法机关正式制定的法律。但在这种解释进路下，应当如何说明检察机关公益诉讼起诉人的地位值得反思。无论采用哪种理解路径，可以确定的是，在编撰《民法典》过程中，编撰者选用并列结构——"机关和组织"描述两种诉讼类型之间的关系。从语法结构上讲，这种并列式表述意味着前后主语间为一种平等关系。可进一步认为，"两诉"共同作为实现修复生态环境目的的手段，在地位上并无实质上的区别。整体看来，从《民法典》条文当中似乎释放出一种信息，即"两诉"应当相互整合。这种相互靠拢融合的价值观既为未来衔接"两诉"提供了法律上依据，将衔接理念局限于单一路径之上，同时也会彻底改变学界对两种诉讼制度诉权正当性的认知。

二、"客体式"概念检视

"两诉"除在上述主体方面的联结关系之外，客体上的关联性

---

❶ 王利明：《〈民法典〉中环境污染和生态破坏责任的亮点》，《广东社会科学》2021 年第 1 期。

同样显著。通常而言，行为主体是否应当承担责任以及承担什么类型的责任，其取决于该种行为应受哪种法律规范调整，以此类推，调整范围具有构成意义上的决定性作用。而某一行为是否符合某一规范的调整范围，应首先判断其是否符合相关的构成要件。故明晰其适用范围的前提是准确解构相关概念。

（1）制度主干的维度。从外观上观察，新制度被冠以"生态环境损害赔偿诉讼"之名，该名称不仅仅是一种外在的标识，同时凝聚着未来制度改革和体系建设的意旨。不同于日常生活用语，在司法语境中，任何法律概念并非任意拼凑而来，皆有特定的内涵，是立法者经对事物共性的抽象概括而形成，反映着立法者的认知、目标和意志。与此相应，外界广大受众可以直接通过该概念名称以了解事物的核心印象。事实上，该名称在句式结构上可以进一步解构为"生态环境"+"损害"+"赔偿"+"诉讼"四个部分。具体而言，每组单位皆代表着不同的法律意义："生态环境"一词对应为保护客体；"损害"一词对应为行为或者结果，"赔偿"则对应为责任类型，"诉讼"对应为救济方式，四组词语共同形成相对完整的逻辑结构。简言之，其名称可以简单理解为：损害生态环境应当承担赔偿责任，与"损害担责"的改革理念完全契合。与此相应，"环境公益诉讼"具体包括"环境"+"公益"+"诉讼"三组要素，其中"环境"一词则为该制度保护的客体，"公益"则与私益相对，表明该诉讼"为公"的性质。经比较分析制度的主干和内核发现，存在"生态环境"与"环境"两组相似的概念，而且均是外延非常宽泛的表述。实质上，在我国法律体系当中适用这两组近似不分的概念并非贸然所致，其源头可以追溯到我国《宪法》和《环境保护法》当中。而对于"生态""环境"与"生态环境"这些概念之间的关系，则众说纷纭。有学者认为，

"生态"和"环境"可以相互替代或互换互用❶;也有认为"生态保护是包含在'生态环境'保护之中的,环境污染问题也是一个生态问题"❷。以上观点主要是从静态上加以界定,而在动态上,生态破坏问题和环境污染问题可以相互转化,做到循环解释。整体看来,两组概念范畴之间或许有些微妙的区分,但若将这种区分通过可观察的形式完全展示出来并获得普遍认可,实非易事,甚至徒劳无功。也可能正因如此,环境法领域或法学领域的学者倾向于在广义上交叉使用,甚至混同使用这些概念。总之,如果在这种意义上来辨析两种诉讼制度各自的调整范围,只会推导出上文中"异中有同,且同大于异"的结论。

(2)制度枝干的维度。为便于实务理解,且确保实践可操作性,《改革方案》《若干规定》皆通过列举的方式对于调整范围的问题进行补充性解释,以充分说明哪些行为应当承担"损害赔偿"的责任。在以列举方式解释上述概念时,其中明确包含较大级别以上的突发环境事件以及在特定地区发生的"污染环境"或"破坏生态"事件。除上述两种明文列举的特定情形外,不无意外地秉承了使用兜底条款的习惯,即其他对生态环境造成"严重影响"的行为。这种惯常的立法技术既是保持制度灵活性而不可或缺的手段,但同时亦埋下不确定性的隐患,甚至可以就此认为,正因为存在这样一种口袋条款致使"两诉"关系愈发复杂。试想一下,如果没有该兜底条款的存在,则生态环境损害赔偿制度仅能极其有限地调整已有的两种情形。如此,尽管适用范围较为狭窄,但胜在清晰与稳定,也杜绝了其与周边制度相互混淆的可能。而兜

---

❶ 张林波、舒俭民、王维:《"生态环境"一词的合理性与科学性辨析》,《生态学杂志》2006年第10期。

❷ 沈国舫:《关于"生态保护和建设"的概念探讨》,《林业经济》2014年第3期。

底条款则为该制度打开一道向外扩张的口子，从而伸入到其他制度的调整范围，引起双方摩擦和重叠。

而与之相对，在具体阐释环境公益的内涵当中，尽管相关法律和司法解释的表述存在较大差异，但主题意思基本上保持了一致。在调整范围的确立上，2012年《民事诉讼法》第55条将其限定为"污染环境"这一类行为；2017年《民事诉讼法》将其扩张为"污染环境"和"破坏生态环境"两种类型；而《审理公益案件解释》中则进一步简化为"污染环境"和"破坏生态"的行为。即使细节上存有差别，但总体上没有逃出"环境"和"生态"的领域。一般来说，由于社会学科的特性，概念上的模糊不可避免，但是"模糊"不等于"不分"，在准确识别的基础上才能做到恰当的应用，该处仅会作一种表层的简单辨析。经与生态环境损害赔偿制度比较，或许在内在含义确认方面尚有争议的空间，但外在表述形式上的雷同却毋庸置疑，而为维护法律体系内部的一致，通常的理解方法是同词同义，如环境与生态环境。

以上分别从主体和客体两个方面对"两诉"进行比较发现，无论是在制度名称上，或者是条文内容里，"两诉"当中不仅存在诸多相似的语言表述，而且使用一些难以量化的专业概念，如环境污染和生态环境损害等术语。在对这些概念缺乏统一定义的语境下，贸然使用这些比较灵活的概念，容易引起众人理解上的歧义。除此之外，为保持某项制度的适应力，立法者一般会采用兜底条款作为应对社会未来变化的备用武器，这是一种常态化的立法技术。但是在两种本来就极为近似且均无确定边界（或者说边界存在争议）的制度里面使用这种开放式立法路径，不仅在解释结果上延伸出诸多可能，使"两诉"整体上呈现出"你中有我，我中有你"且彼此交融的关系形态，同时也导致原本复杂的问题越发复杂。结合《民法典》观察,"两诉"逐渐呈现出趋同发展的形势,或者也可认为,最高人民法院、立法者等掌握立法权力的机关或组织正在有意识地尝试推动这种改革大势,至于未来具体的吸纳融合路径尚未呈现明显端倪。不少学者也许正是因为已经预测到此种变革,故排他适用模式(详见下文)应运而生,毕竟完全没有必要再多配一副钥匙去开一把已经打开的锁。总之,在"两诉"成立之初,这种基础概念之间交叉混同的立法进路为此后清晰界分两种诉讼制度埋下了一个重大隐患,也是产生请求权竞合现象的一个关键原因。

第二节 法律属性界定不明

造成"两诉"竞合的原因,除概念彼此交织之外,另一个重要因素是两种制度的法律属性不明。法律性质不仅决定某项制度内容和程序规则的建构方向,同时也是其与其他制度区分的根本特征。更进一步说,"各诉"的性质定位直接关涉未来其角色功能及其与关联制度的合作形态。如果作为核心基础的性质内容不够牢固,附着于该事实上的其他理论建树也必然不会稳当。如公益诉讼和私益诉讼在诉讼目的和请求范围上的差异,基本上排除产生竞合的可能。正是因为"两诉"关系定位不清,致使在构建具体程序规则过程中逐渐趋同,从而引起适用上的竞合。目前,有关环境民事公益诉讼的法律性质应当争议不大,可谓一目了然,所以接下来确定生态环境损害赔偿诉讼的法律属性则自然成为关键的一环,也是一道比较复杂的研究难题。当下关于生态环境损害赔偿制度的法律属性和权利渊源的问题,学界争议颇多,代表性观点主要有以下几种,且分别立足于不同的理论基础。为利于横向的比较认识,下文试采用类型化的方式进行逐一阐释。

一、自然资源国家所有权

美国大法官霍姆斯曾在《责任的早期形式》一文中言道,只有知道它过去是什么,我们才能知道它现在是什么以及未来将会是什么[1]。生态环境损害赔偿制度最初来源于《试点方案》,而《改革方案》《若干规定》在内容上与其一脉相承,并逐步针对该制度进行修正和完善。某种程度上可以认为,《试点方案》等规范性文件既是该项新制度出生的母体,也可称得上是其长成的原初情境。客观来讲,欲对某一事物进行评论,除"是与否"的一般态度之外,尚有一个合理性判断和接受的过程,而这常常需要历经从初识到深读等逐步递进的连续阶段,从而做到认知上由表及里的升华。具体到本制度自身来说,在判断生态环境损害赔偿制度的法律属性之际,或者说在实现其正当化(也可说为其正名)的目标当中,观察者往往首先会抓取对辨识该事物性质具备决定性作用的关键词(如赔偿权利人)以及其他可能藏有改革深意的规范性内容,并通过语词应用以及语法结构进行顺藤摸瓜、以点带面,最终梳理或选择一条自认为合理的脉络,这也是一种常规的认知方式。在这种思维方法作用下,有学者依据《改革方案》中关于"赔偿权利人"的(国务院)授权性规定以及身份特定化的特殊限制等事实,并结合"国务院直接行使全民所有自然资源资产所有权"等类似的表述内容,最终取得这样一种解读结果,即国务院应为生态环境损害诉讼的当然权利主体,而省级政府等

---

[1] [美]霍姆斯:《法律的生命在于经验:霍姆斯文集》,明辉译,清华大学出版社,2007,第82页。

机构仅作为被授权人。沿着该种逻辑，既然国务院被顺利推上权利人的宝座，其自然也成为有关理论能否获得突破的关键隘口。为此，部分学者以"国务院（或国家）权利"为连接点，立足于我国《宪法》第9条关于"自然资源属于国家所有"的规定以及原《物权法》第45条关于"国有财产由国务院代表国家行使所有权"的规定，并以此作为预设结论的理由支撑，且成功地与既有法律体系融为一体。除此之外，根据《关于充分发挥审判职能作用为推进生态文明建设与绿色发展提供司法服务和保障的意见》（下文简称《审判职能保障意见》）第19条有关"基于国家自然资源所有权提起损害赔偿诉讼"等规定，进一步肯定了国家自然资源所有权的理论地位。总之，通过这种来自传统法律资源上的支持从而形成一条相对完整的逻辑链，至少在权利外观上达至较为圆满的说理状态。归根结底，实质上是依赖自然资源所有权的实体法地位，并将其作为实体权利与诉讼权利之间的联结和过渡。从形式上说，这种以法律语言为分析线索而界定新制度法律性质的方式存在某种现实可取性。即使在理论基础上达成一致，并从法律上确认国家乃是全民利益的代表者，但国家在行使自然资源所有权过程中，"尚可以划分为民法上的所有权权能和公法性的对自然资源立法、管理、监督等权能"❶。众学者聚焦于不同的权利视域——宪法层面和物权法层面上的意义，围绕自然资源所有权阐发出"国益诉讼""私益诉讼"及"混合诉讼"等多种截然有别的学说。

（一）国益诉讼说

国益诉讼说，顾名思义，即为保护国家利益而提起的诉讼。

---

❶ 王涌：《自然资源国家所有权三层结构说》，《法学研究》2013年第4期。

环境规划院副院长何军等人认为，由政府请求赔偿的行为"从逻辑上讲属于国家对自身权利受损的索赔，是国家利益诉讼"❶。肖建国教授认为，国家利益在环境诉讼中"通常表征为政府以国家名义要求恢复所有权圆满状态"❷。这种观点因循这样一种分析逻辑：环境诉讼不仅旨在保护所有权，而且"国家"乃是所有权人，而这种假定关系是"国益诉讼说"成立的绝对前提。加上《宪法》当中有关所有权配置的规定，"国家"仅能为自然资源（而不是生态环境）的所有权人，并与集体所有制相区分。换言之，该学说将"生态环境损害赔偿诉讼"中的构成符号——"生态环境"直接转化为"自然资源"，并进而将其嵌入"国家利益"的行列之中。尽管这种由国家所有权迈进的逻辑或有瑕疵，尤其是在"生态环境"与"自然资源"概念转换这一环节，但结论上亦非全无道理。按照当前立法规定，自然资源为国家所有，且必须为国家所垄断，这是出于多种现实因素考量（如国家安全、利用效益、资源稀缺、利己主义、公地悲剧等缘由）的必然结果。同时，应当承认的是，矿藏、河流等资源皆有重要的战略价值，关乎国家发展和国计民生，以及生态文明建设的国家任务。在这种公法秩序的意义层面上，将其视为国益诉讼应无不当。除此之外，在授权内容上，国家和人民同为自然资源的所有权人（来自"国家所有，即为全民所有"的宪法性规定），并将"国家"与"全民"视为等同关系。国家作为一种抽象概念，并无"物化"的实体，相反，国务院作为管理国家一般事务和执行人民普遍意志的常设

---

❶ 何军、刘倩、齐霁：《论生态环境损害政府索赔机制的构建》，《环境保护》2018年第5期。
❷ 肖建国：《利益交错中的环境公益诉讼原理》，《中国人民大学学报》2016年第2期。

机关，由其作为国家的代表人行使诉讼实施权具备理论和实践上的可操作性。这种进路实质上是以行政机关为理论演绎的中心，为行政机关行使索赔权寻找一种法理上的根据，即以自然资源国家所有权这种特殊的权利内容去适应行政机关这种特殊身份，以实现削履适足。虽然表面上看似乎合理，但若尝试以逆向思维的形式开展验证，则存在一个根本上无法自圆其说的推论漏洞，即为什么一开始不直接冠之以"自然资源损害赔偿诉讼"的名称？这种做法不仅可以使制度名称与内容保持一致，也能使该制度定位清晰、功能明确，同时能够省掉来自各方立场的争议。但事实是，这种可预见的好处并未令改革者产生任何动摇，对此，不妨这样推论，此种理解可能并不完全符合改革者的初衷——旨在推进生态文明建设而非单纯地保护自然资源。如果不能圆满地解决这种名（"生态环境"）实（"自然资源"）不符的现象，较难对"国益诉讼说"取得共识。

若单从形式上看，国务院取得诉权的演进脉络似乎与公共信托理论一致，但实际上存在本质的差别。公共信托理论可以追溯到罗马法时期，其初衷是对某些自然要素设立公共权利。根据布莱克法律词典的理解，公共信托原则是指通航水域要受到保护以供公众使用，同时国家要为保护公众的使用权利负责的原则。美国约瑟夫·萨克斯教授在《自然资源的公共信托原则：有效的司法干预》一文中深入阐释了环境资源的公共信托原理。他明确承认，野生动植物等资源实为全民共同共有，而政府仅作为全民选择的受托人来实际管理和处分环境资源，并负有善意保护受托财产经济价值和生态价值的信托责任。如此在两者间形成一种事实上的财产信托关系。如果政府违反相应的义务从而损害委托人（公民）的环境资源利益，公民有权依法诉诸司法请求政府或者第三人承担相应责任❶。因该诉讼的利益具有公共性,故而该诉讼亦被称为公益诉讼。公共信托理论采用"法律拟制"的手段❷,将国家视为环境的"监护人"和托管者❸,为普遍地解决环境问题提供了工具基础❹,也成为美国公民诉讼的理论渊源❺。不难发现,该理论主要站在"全民"的立场,政府仅是信托人,并以"全(公)民"为制度建设的出发点,最终结出的制度果实则为环境公益诉讼,也可称为公民诉讼❻。而国益诉讼理论更多是立足于"国家"的立场。笔者认为,尽管"国益"概念貌似与"公益"概念不同,但因我国宪法性规定的存在使制度在发展源头上已然形成全等关系——"前者为国或者后者为民,但为国也是为民",这种混同关系为后续构建和区分两种诉讼制造了一定的困难。质言之,若将生态环境损害赔偿诉讼认定为国益诉讼,其与公益诉讼之间应当形成明确的界限,只有如此才可以起到避免竞合的效用。但结果上并未做到这一点。

(二)私益诉讼说

与公益诉讼具有维护不特定多数人利益的特征不同,也与国益诉讼着眼于维护国家利益的战略高度有别,所谓私益诉讼,其

---

❶ 王灵波:《美国自然资源公共信托原则研究》,博士学位论文,苏州大学,2015,第Ⅰ页。

❷ 李冰强:《公共信托批判》,法律出版社,2017,第66页。

❸ [德]克雷斯蒂安·冯·巴尔:《欧洲比较侵权行为法》,张新宝、焦美华译,法律出版社,2004,第468页。

❹ Joseph L. Sax,"The Public Trust Doctrine in Natural Resources Law: Effective Judicial Intervention,"Michigan Law Review 68, no. 3(January. 1970):470–565.

❺ David P. Gionfriddo, "Sealing Pandora's Box: Judicial Doctrines Restricting Public Trust Citizen Environmental Suits,"Boston College Environmental Affairs Law Review13, no. 5 (May. 1986):439–486.

❻ 罗珊:《中美环境公益诉讼比较研究》,博士学位论文,湘潭大学,2017,第Ⅱ页。

出发点在于保护个人的人身、财产等合法利益,尽管同样遵循实体权利——诉讼实施权的一般逻辑和诉讼路径,但本质上可将该诉讼活动视为私法秩序自愈的一种表现。除《宪法》之外,当下我国立法也将国家所有自然资源一并纳入具有民事属性的《民法典》调整范围之内,该理念是将自然资源国家所有权视为私权,基于此基础之上的生态环境损害赔偿诉讼应为特殊的私益诉讼❶。而且理论上亦有观点认为,在现代"国家和任何其他法人一样,具有私法所规定的任何权利和义务"❷。此处有意忽视国家的政治(公权力)属性,而将其纳入私法调整范围之内。若纯粹从法律上看待国家这一主体在法律秩序里面的地位,实则与其他企业法人等民事主体并无区别。当主体的所有权遭受损害时,根据原《侵权责任法》第 2 条的规定,作为法定主体——国家自然获得诉讼实施权,同时作为权利主体,委托其他机构代为实际实施诉讼符合基础法律理论,也与《关于统筹推进自然资源资产产权制度改革的指导意见》(下文简称《自然资源产权改革意见》)第 4 条 "探索建立委托省级和市(地)级政府代理行使自然资源资产所有权的资源清单和监督管理制度" 的精神相一致。如果说国益诉讼理论倾向于以宪法秩序为据,且以利害事实为取向;则私益诉讼理论显然更为注重民法体系中贯通的平等精神,实质是以法律关系为取向。整体上,两种理论的视域有着较大差异。

随着研究持续深入,理论随之愈发精细。在"私益诉讼说"

---

❶ 王树义、李华琪:《论我国生态环境损害赔偿诉讼》,《学习与实践》2018 年第 11 期。
❷ 凯尔森:《法与国家的一般理论》,沈宗灵译,中国大百科全书出版社,1996,第 227 页。

基础上进一步分化出"普通民事诉讼"和"特殊的私益诉讼"两种类型。"国家在所有权的维度里应当回归私法意义上的民事主体身份"❶，与其他主体一道共同接受民法及民事诉讼法的统一调整。该处明显淡化了国家这一强大政治主体的特殊性，无论是依据理论层面还是规范层面，将其引入私权空间并无不可。在此之外，也应考虑到其特殊身份会对现有规则体系（主要是程序规则方面）造成一定冲击的可能后果。因此，有其他学者提出，尽管政府的索赔权来源于自然资源国家所有权，但在主体、程序及内容方面均呈现出公权性、程序性及救济性，表明其是我国一项特殊的私益诉讼❷。不难发现，特殊之处更多聚焦于主体的双重身份上，既是公权力机关，也是自然资源的法定所有人。不管如何划分，只要在私益诉讼的认知定位下，并坚持以国家自然资源所有权为立基点，最终的演绎后果基本相同。在同一污染或破坏事件当中，应当坚持"私益优先"和"私权自治"的原则，而"政府因自身利益受损而起诉，是诉讼的直接利害关系人"❸，应由其作为首要的或者主要索赔人，在其不能或不愿索赔的前提下，与环境无"直接利害关系"的社会组织或者检察院为补充起诉人，以抵御公权肆意干涉的风险。这种迈进逻辑符合传统私法体系秉承的精神，实质上，这也是西方市民社会长期以来奉行的理念——私权领域不可侵犯。在这种理解进路下，应当优先提起生态环境损害赔偿诉讼，而且在私权处分原则约束下可以排除公益诉讼的适用可能，

---

❶ 郭海蓝、陈德敏：《省级政府提起生态环境损害赔偿诉讼的制度困境与规范路径》，《中国人口·资源与环境》2018 年第 3 期。
❷ 王树义、李华琪：《论我国生态环境损害赔偿诉讼》，《学习与实践》2018 年第 11 期。
❸ 何军、刘倩、齐霁：《论生态环境损害政府索赔机制的构建》，《环境保护》2018 年第 5 期。

某种程度上也可以避免"两诉"竞合的冲突。

（三）混合诉讼说

除上述颇具特色的单一属性学说之外，也产生出具有混合色彩的其他观点。从定义上看，私人利益、公共利益和国家利益等各概念之间并非泾渭分明。实际上，彼此内在联系极为紧密，甚或相互重叠。如果强制地将其划分开来，反而殊为不智。故有学者采用混合理解的方式展开阐述。具体表现为：①公益与私益混合。"在理解自然资源的生态价值和经济价值时，不应将其刻意分开，而需整体观之"❶。基于此，该观点采用"二分法"展开阐释，其认为，损害其生态价值的部分应称为生态环境损害赔偿诉讼，因生态价值的非排他性、共用性，是一种关涉社会公共利益的诉讼；而损害其经济价值的部分称为自然资源损害赔偿诉讼，由国家作为其所有权人依法诉诸司法救济，是一种私权上的诉讼❷。②国益与公益混合。"生态环境损害诉讼包含作为公共利益的生态功能的损害和公共领域的资源损害的救济，也包括作为国家所有权客体的自然资源的损害的救济"❸。不难看出，上述两种混合方式的由来并非任意性的。前者首先将自然资源直接视为生态环境损害赔偿诉讼制度的保护客体，随后进一步确认其具有双重（经济和生态）价值的客观事实，依托于此，本质上是特定物内部不同（公和私）属性间混合的一种形态。若考虑到这种不可分割的物理现象，附着于该事实上的"两诉"同样不可分开，因此具有公益

---

❶ 吴惟予：《生态环境损害赔偿中的利益代表机制研究——以社会公共利益与国家利益为分析工具》，《河北法学》2019年第3期。

❷ 竺效、梁晓敏：《论检察机关在涉海"公益维护"诉讼中的主体地位》，《浙江工商大学学报》2018年第5期。

❸ 江必新：《依法开展生态环境损害赔偿审判工作　以最严密法治保护生态环境》，《人民法院报》2019年6月27日，第5版。

和私益双重属性。后者则认为"生态环境"的范围不仅包括国家所有的自然资源,尚含有属于其他公共领域的要素,如大气等物质,其在构成要素这一意义上形成某种区分,从而满足全面地涵盖该制度特质的认知要求,可视其为种类物之间的外部混合。在此种混合形态前提下,对于如何适用"两诉"的问题,有学者建议分别起诉,将财产损害视为国家利益损害,应由行政机关行使索赔权;将生态功能损害视为公益损害,通过环境民事公益诉讼进行救济❶。但是该观点本身也存在一个难以克服的逻辑漏洞:哪些事物属于公共利益领域,哪些事物属于国家利益领域?以及环境要素与生态功能可否完全分割开来?对此,基本上不可能存在某一清晰的边界。反过来说,绝不能认为,国家所有自然资源损害的事实仅仅关涉到国家利益而与公共利益无关,这两者间应是一种统一关系。基于环境民事公益诉讼固有的公益属性,若按照"混合诉讼说"的迈进逻辑,在公共利益这一区间内,"两诉"之间存在某部分的重合,而这一重合部分则为相互竞合提供了理论上的可能。

二、国家环境保护义务或职责

在确立或解释生态环境损害赔偿制度的法律性质应当为何的问题上,上述迈进逻辑基本上遵循从权利出发的传统路径,这也是制度常规的建构方式。以下观点则是从义务的角度出发,其是另外一种形式的正当化论证,也可以看作是对权利进路观点的反驳。政府行使索赔权"是国家履行环境保护义务的基本方式"❷,

---

❶ 刘卫先:《论我国生态环境损害索赔主体的整合》,《中州学刊》2020年第8期。

❷ 戴建华:《生态环境损害赔偿诉讼的制度定位与规则重构》,《求索》2020年第6期。

其"理论基础为宪法上的国家环境保护义务"❶。具体来说,"其请求权基础在于我国《宪法》(2018年)第9条、第26条规定的(环境保护义务)"❷。如其所述,该种思路的唯一核心是来自宪法上的环保义务。也有学者认为,赋予行政机关生态环境损害索赔权的正当性基础是其履行环境保护的职责,而不是其自然资源国家所有者的身份❸。尽管披着民事诉讼"外衣"的样式,但生态环境损害赔偿诉讼"实质上仍然是行政执法的延伸"❹。此处监管职责是法定义务在公法领域的一种体现,也是行政机关履行法定义务的基本方式。因此下文主要从义务论的角度进行探讨。如若深入我国宪法秩序之内而查悉,这种"义务论"不无一定道理。

《宪法》作为我国的根本大法,其拥有的法律效力毋庸置疑。我国《宪法》第9条、第26条分别制定了"禁止破坏自然资源"以及"国家保护生态环境"的义务性规范。为充分贯彻宪法的精神与旨意,我国《环境保护法》第6条施与地方政府保护其行政区域内环境质量的责任。在理解以上这些显见的带有强制蕴意的条文过程中,非常自然地会推导出这样一种结论:保护生态环境是国家应当履行的宪法性义务。这也是上述"义务论"由来的原点。不仅如此,历经多年孕育,至2018年3月,我国第十三届全国人民代表大会表决通过《宪法修正案》,第一次正式地将"生态文明建设"写入我国《宪法》的"序言"当中,并同时划入国务

---

❶ 彭中遥:《生态环境损害赔偿诉讼的性质认定与制度完善》,《内蒙古社会科学》2019年第1期。

❷ 彭中遥:《行政机关提起生态环境损害赔偿诉讼的理论争点及其合理解脱》,《环境保护》2019年第5期。

❸ 史玉成:《生态环境损害赔偿制度的学理反思与法律建构》,《中州学刊》2019年第10期。

❹ 张宝:《生态环境损害政府索赔权与监管权的适用关系辨析》,《法学论坛》2017年第3期。

院职权范围之列（参见《宪法》第 89 条第（6）项）。总而言之，"生态文明入宪"是新时代背景下众望所归的必然结果，此举具有极为重要的政治和经济意义，在生态文明建设理念指导下，我国需要调整政治追求目标和转变经济发展方式。当然，就法律层面上而言，这种宪法层面上发生的立法变动，不仅仅是一种政治理念的宣示，而且已经通过宪法形式上升为至高的国家意志。同时因序言在宪法文本结构中居于前沿位置，以及序言当中其他内容（政治文明、精神文明、社会文明等理念）所发挥的统率作用，足以体现出"生态文明建设"对于宪法正文具有提纲挈领的立法意义。不仅如此，因宪法本身根本大法的地位，未来其他相关环境治理或保护制度的建设和立法活动也应当以"生态文明"为皈依。反过来讲，上述《宪法》《环境保护法》及其他法律设定的义务性规范，可以视为对"生态文明"理念的一种注解或者是"生态文明"理念约束力的一种体现。实质上，与授权方式带来的任意性相较，以义务形式规制主体的行为活动反而可能更为适合建设生态文明这种需要国家合力完成的任务。而生态环境损害赔偿制度恰是为实现生态文明而改革的成果之一，在这个时机上，适合充当完成任务的角色。

言归正传，即使抛开"生态文明"理念中包含的精义不谈，仅基于现有的义务性规范，就足以迫使立法、司法和行政等各机关部门依法履行保护生态环境的公法义务。行政机关可采取法律授予的包括诉讼、处罚、强制等在内的各种手段，这既是履行义务的外在表现，也是法律强制的当然结果。按照"义务论"学说，一旦发现生态环境遭受破坏，行政机关受义务驱使而应依法起诉，否则，可能会承担相应的法律责任。这种解释也与《改革方案》的原初规定——"应当及时提起诉讼"的表述相互契合。正如某些学者所言,"政府索赔并不基于自然资源国家所有权引申的私法赔偿,而是政府的一项法定职责"❶。在这种情境下,不仅无须区分该诉讼活动究竟是出于私益更为正当,抑或公益、国益更为适合,而且省却了其中(自然资源所有权等)贯通实体权利——诉讼实施权脉络的烦琐过程。就像没有人会去追问行政处罚到底是保护国益还是公益的问题一样,因为行政机关提起赔偿诉讼仅仅是一种分内之事而已。尽管"义务论"的解释进路能够在一定程度上说明赋予行政机关索赔权的某种动因——保护生态环境是其固有的法定义务,诉诸司法仅是其履行义务的一种手段。但是该理论并非毫无争议。现今,最高人民法院已经借助《若干规定》第 1 条将"应当诉讼"的初始指令改称为"可以诉讼",这种改变意味着行政机关对于决定是否提起诉讼享有一定的自由裁量空间,与义务的强制性要求不符,可能会动摇这种理解进路的基础。

目前,在环境民事公益诉讼当中,根据《民事诉讼法》的相关规定,是否提起环境民事公益诉讼仅是一种权利处分性行为,至少该类主体没有受到施加责任的强制约束。但若按照义务论的进路,对于是否提起(公益或损害赔偿)诉讼,行政机关、社会组织等各主体的动力、意志和态度等方面会受到来自法律压力的直接影响。同时,为符合这种"义务论"设定的社会语境,在"两诉"适用关系设计当中,行政机关势必处于不可缺席的地位:或为共同原告,或为单一原告。不仅如此,既然是以保护生态环境为自身职责,生态环境损害赔偿诉讼制度的适用范围会得到极大的扩展,不应仅局限于《若干规定》中确立的两种情形,这也是"义务论"的本质所决定的后果。总之,若以"义务论"为生

---

❶ 张宝:《生态环境损害政府索赔权与监管权的适用关系辨析》,《法学论坛》2017 年第 3 期。

态环境损害赔偿制度建设的基点,整个主体框架部分势必会受到这种反射作用的影响。

三、诉讼目的

除上述权利论、义务论之外,也有学者主张目的论。通俗地说,所谓诉讼目的是指国家设立某项制度欲追求和达到的一种结果,在制度构建过程中起着引导作用。目前,有关传统民事诉讼的诉讼目的研究成果中,主要存在权利保护说、法律秩序维护说、纠纷解决说、程序保障说和利益保障说等学说。尽管各学说的内容相异,且互有侧重,但其理论的出发点相对一致,即在私益诉讼框架内以处理当事人间的私权纠纷为基础。若从诉讼类型上划分,"两诉"皆应当属于民事诉讼一列,对此,争议不大。尽管如此,将依托于普通民事诉讼特质而生成的目的学说直接照搬至"两诉"身上,这种解释方式及其结果不无疑问,故有学者另辟蹊径。如果说上述"自然资源所有权""国家义务"是探析诉权的源头,那么"诉讼目的"论则聚焦诉讼的终点,主要包括"公益诉讼说"和"特殊的环境民事公益诉讼说"两种。具体而言,"公共利益说"认为,不能仅从诉讼主体和诉权来源来看待某一事物,如果该制度是用以维护公共利益,则该制度即为公益诉讼。根据事件发生学的角度分析,某一污染环境或者破坏生态的行为,在波及范围上绝不会仅致使生态要素或环境要素受损,由这些要素构成的生态系统也会在同一时间内随之遭到轻重不一的影响。对此,在《改革方案》《若干规定》《民法典》里有关诉讼请求内容(如请求赔偿服务功能的损失)的规定当中均已得到肯定性的说明。生态环境的服务功能和生态价值皆是一损俱损,而该部分均与公共利益紧密相连,因此其为典型的公益诉讼❶。

通过上述比较分析，该结论与上述基于自然资源所有权演绎而来的"公益诉讼说"不谋而合，但在论证路径上却是截然不同的一番景象。前者看重目的与工具理论的包容性，或者说容错性；后者注重实体权利与诉讼权利间的融贯性。当然，基于新事物的某些特征，也有学者主张，其为"特殊的环境民事公益诉讼"❷，以方便与当下的环境公益诉讼制度区分。广义上说，"目的论学说"犹如万金油一般，可以普遍适用于各个学科领域，且几无显著的违和感。但这种研究方法往往会忽视制度自身丰满的"血肉"，仅着眼于"骨干"，或者干脆将"整体"作为工具使用。不仅如此，在"目的内容"建设以及正当性辩护的问题上，有赖于观察者或参与者的主观解释。总之，在大写的目的遮掩下，说理过程相对简约、粗糙。按照该主张，当提取诉讼目的作为唯一判断的前景下，两种诉讼制度皆体现出维护公共利益的功能效果，故应当共同视为服务于目的的工具，似左手与右手一般，只有分工之别，而无先后轻重之分。作为两种不同的救济手段理应相互配合，以促进实现目的作为调整诉讼活动的核心。在该种价值观指引下，"两诉"同为公益诉讼，在建设过程中理应相互靠拢，如此，这两种诉讼之间的区分度显著地下降，而相似度得到极大的提升，大幅度地增加了"两诉"彼此竞合的可能。

综上所述，从不同的观察视角出发，最终所取得的理论成果互有不同。若单纯从形式上说，不管是权利论、义务论或者是目

---

❶ 梅宏、胡勇：《论行政机关提起生态环境损害赔偿诉讼的正当性与可行性》，《重庆大学学报（社会科学版）》2017年第5期。

❷ 李浩：《生态环境损害赔偿诉讼的本质及相关问题研究——以环境民事公益诉讼为视角的分析》，《行政法学研究》2019年第4期。

的论本身都是一种常见的解析方法，难以简单地用优或劣进行单向度的衡量。实际上，真正决定某一理论妥当与否的主要因素仍是其中的理由部分。确切地说，或许各种逻辑迈进的路线存有差异，但有关生态环境损害赔偿制度法律性质的任意一种解释皆有可接受的可能。当然，除理论自身的理性程度以外，社会环境、国家政策等现实因素亦有一定的影响。根据上述三种视角分析，关于生态环境损害赔偿制度的法律属性存在"公益诉讼说""国益诉讼说""义务（职责）说""特殊的公益诉讼说""私益诉讼说"等多种观点。若与环境民事公益诉讼相较，其中"公益诉讼说""国益诉讼说"明显与前者同质，这种性质上的内在同一性为"两诉"之间发生竞合冲突提供了法理上的正当性条件。总而言之，这种竞合局面的形成，很大程度上与新制度自身性质不明有关，正所谓"基础不牢，地动山摇"。

第三节　制度设置路径异化

尽管最高人民法院已经以司法解释的形式正式公布《若干规定》，赋予相关规则法律上的强制力，但考虑到试行阶段的容错可能以及程序规则粗糙的现实，显然，该生态环境损害赔偿诉讼制度尚未完全定型，留有进一步完善的空间。在缺失许多程序细节和赔偿规则的情境下，贸然对其展开或好或坏的评价，结论上难免会失之偏颇。但也应当承认，即使处于试行阶段，其中的核心理念和形式结构已然具备构成上的意义，为维护当下法律秩序的稳定，对行为方式形成的期待以及改革成本，轻易不会允许再次对该制度框架进行了"大刀阔斧"式的改革，因此这也为实现管中窥豹提供某种可能。仅是从制度主干上观察，其与环境公益诉讼制度之间的暧昧关系就已昭然若揭。对此，笔者认为，引起两种制度彼此竞合的一个重要因素在于制定主体的分化以及立法路径的异化，而且造就出法律与政策间相互竞争的事实。即使根据一般经验也能确定，在对不同事物整合上，相较于"一个声音"全盘考量，多主体各自为政的模式更难使规范之间实现科学、统一❶。总之，在缺乏系统性的情境下，更容易滋生摩擦和冲突。

一、环境公益诉讼：移植片面化

环境公益诉讼制度并非我国首创，尽管我国已经以立法形式正式确立了环境公益诉讼制度，但在实际建设过程当中因缺乏某些关键的配套措施，致使该制度本身并不够完整、周延，也为与其他相关制度衔接制造了难题。

（一）制度成立常规路径的阐释

为人所知的是，在2012年8月修订《民事诉讼法》之际，通过第55条增设公益诉讼制度。建立公益诉讼制度既非一时心血来潮，也非加速适应政治生态，其背后具有深刻的历史和现实背景。1982年，我国尚处于计划经济向市场经济转型的早期阶段，彼时，社会关系相较简单，在具体规则建设上难免带有时代色彩。总体来说，民事诉讼法规则尚能与当时的经济体制和生活环境相融，立法重心集中在如何更好地调整私人关系和保护个人私权上。然而时过境迁，随着生产技术的快速发展，人类之间形成愈发紧密的依赖关系，社会化程度随之提高，大量公害事件相继出现，如

---

❶ 李义松、刘永丽：《我国环境公益诉讼制度现状检视及路径优化》，《南京社会科学》2021年第1期。

食品安全、环境污染等安全事故,这类事件所造成的损害后果不再限于特定的某个人,而是不特定的多数人。囿于修订前的民事诉讼法对于起诉主体资格的限制——"与本案有直接利害关系",在公共领域利益保护上显得捉襟见肘。实践当中,部分国家机关、公益组织主动诉请保护公共利益而常常被依法驳回或不予受理。自 2007 年始,受到政策和全国人大代表、政协委员的部分支持,少数法院开始逐步受理部分公益诉讼案件。同时,2010 年,最高人民法院在《为加快经济发展方式转变提供司法保障和服务的若干意见》指出要"提高环境保护司法水平",但仍旧不能摆脱民事诉讼法的严重制约,即使鼓励地方探索与创新,亦会遭受合法性质疑。对此,众多学者纷纷主张学习域外经验,增设公益诉讼制度。

总之,实践强烈需求与法律滞后规定之间的冲突已经达到不容忽视的地步。受此现实驱动,部分全国人大代表多次倡议建立公益诉讼制度,历经多年,相关立法问题也被逐渐提上议事日程。为解决如何在既有框架内构建公益诉讼制度的问题,2010 年 12 月,全国人大常委会法工委民法室组织召开《民事诉讼法》修改座谈会,最高人民法院和最高人民检察院、原环保部等多个部门在会上就某些事项基本达成共识,即优先解决主体资格和受案范围等审判实务亟须解决的问题,待实践经验和相关理论成熟之后,分阶段、有步骤逐步完善其他相关程序细则。在该意见指导下,并经多次深入调研论证,最终形成第一次建议稿。2011 年 5 月,最高人民法院在海口召开座谈会,针对公益诉讼条款所占篇幅和位置等立法技术上的问题进行研讨,如该条款是嵌入"当事人"部分,还是另设专章专节?从而保证体系的融洽。经比较多方意见,倾向于人大法工委的观点,并形成二次建议稿,报由全国人大最后决定。紧跟《民事诉讼法》之后,最高人民法院、最高人民检察院相继公布有关的司法解释。纵观公益诉讼制度创建的整个过程,至该制度完成之前,前后历经实践需求—学界推动—人大倡议—研讨论证—制度建议—审议通过等多个相连的阶段。此举既是贯彻立法程序的必然要求,同时也体现出建立一种制度的慎重。

(二) 调节机制缺失

为防治日益严重的污染问题,保护和改善公众的生活环境,可以说,设立环境公益诉讼制度是大势所趋,亦受到立法界的充分肯定。然而任何制度皆非凭空而来,需承认的是,"他山之石,可以攻玉",在美国已经发展相对成熟的公民诉讼制度(不排除其他国家的制度资源,但在外观上与美国公民诉讼制度极为相似,且后者常为学界所热议,故以其为主要比较对象)对我国具有重要的借鉴意义。理论上,制度移植乃属一种常规的立法方式,也是很多国家法律趋同化的原因[1],纵然这种方法本身并无"对或错"的印记,但附着于该办法上的利与弊的后果确实客观存在。按照一般经验,尽管他人为我们过河铺上了石头,但毕竟是隔着水面摸石头,过河的风险始终存在。回归到前面的议题,当结合美国法律文化和制度体系来观察其确立的公民诉讼制度,不难发现,我国在移植当中仅勉强达到形似,却丢失了内在的"神韵"。事实上,在美国,除公民诉讼之外,尚有危险物质反应费用追偿诉讼和自然资源损害赔偿诉讼,尽管诉讼目的相似(在这一点上,与我国"两诉"构造相近),但各自承担的功能相互有别,且彼此

---

[1] R. Daniel Kelemen and Eirc C. Sibbitt, The Globalization of American Law (Cambridge: Cambridge University Press, 2004), p.106.

互补,从而确保达到泾渭分明的状态,而该种格局恰恰是我国当前亟待追求的理想境地。换句话说,一项制度与其成长的环境密不可分,抛开制度周边环境不顾而纯粹地移植该项制度极易造成水土不服的窘境。因此,笔者认为,"两诉"适用模式混乱的格局与两者关系定位不清的事实相勾连,再进一步往下延伸,亦与环境公益诉讼(或者损害赔偿制度)制度功能配置紊乱脱不开关系。对于这种异常现象,除法律文化、立法习惯等因素差异之外,亦与我国当初实行片面式移植相关。是故,以美国公民诉讼为蓝本清查其中存在的偏离之处比较合理。

(1) 缺失调节诉讼顺序的机制。根据公民诉讼制度,被告包括违法企业,以及不作为或乱作为的政府❶。原则上利害关系人乃至任何人均可以对违反相应义务的污染源提起民事诉讼以及对疏于行使其法定职权、执行其法定义务的环保局局长提起行政诉讼❷。这里值得一提的是,美国没有严格的民事和行政诉讼之分。从主体上看,在制度建设初期对起诉主体范围并无严格的限制,符合"公共信托"理论的内涵,充分凸显出公民的权利主体地位。此后美国联邦最高法院在"塞拉俱乐部诉莫顿"一案中对"适格当事人"作出新的理解,"公民"应是某一利益受到或即将受到严重影响的人,故环保团体不能仅简单地以关心环境事物为由诉诸司法。但此处所谓"损害"是一种广义上的理解,包括经济和非经济上的损害❸。尽管与起初的诉讼旨意相较,主体资格上有所限制,但未动摇其基础法理,如环境权和私人检察总长等广为人知的理论。

---

❶ Will Reisinger, Trent A. Dougherty, Nolan Moser, "Environmental Enforcement and the Limits of Cooperative Federalism: Will Courts Allow Citizen Suits to pick up the Slack?" Duke Environmental Law & Policy Forum 20, no.1 (February. 2010): 1–61.

❷ 汪劲、严厚福:《环境正义:丧钟为谁而鸣》,北京大学出版社,2006,第52页。

❸ 王岚:《环境权益救济困境之突破》,《南京大学学报》2015年第5期。

所谓私人检察总长理论源于1943年美国纽约州工业联合会诉伊克斯一案,根据该理论,为保护公共利益,国会可以授权一个公共官吏或任何人对违法环境行政行为提起诉讼❶。此外,为避免多个主体同时起诉从而引起诉讼秩序混乱,在起诉前,私人原告至少应提前60天通知联邦政府,相关州政府以及被指控违规的企业,给予其自我纠错的机会❷。若行政部门已依法采取相应的管理措施,则美国公民丧失继续诉讼的必要意义。这种架构可谓是"两套人马,一个目标",尽管或许存有"主力"和"替补"的划分,但当任何一组人员率先完成目标之际,保护公共利益的事业即视为取得成功。

经比较发现,我国的环境公益诉讼制度中漏掉了一个尤为关键的"卡扣":前置安排。这种程序规定向我们传达出非常清楚的立法意图,可以有效地避免理解上的分歧:相较于行政执法,公民诉讼居于补充地位,在政府不能或不愿遵守法律时,可以弥补法律实施的盲点❸;相较于行政机关,公民居于补充地位,彼此间的法律关系定位十分清晰,而对法院和当事人等相关主体而言,恰好能够起到稳定行为期待的积极作用。或许有人会反驳,我国也设立有检察院诉前公告、磋商前置等程序机制,但其仅指涉同一制度内部调和的事项,针对不同制度间如何衔接的问题,尚属规则空白。按照我国当下的立法布局,面对污染环境或破坏生态的行为人,甚至形成"五位一体"的追责结构:行政处罚,私益

---

❶ 张锋:《环保社会组织环境公益诉讼起诉资格的"扬"与"抑"》,《中国人口·资源与环境》2015年第3期。
❷ 陈冬:《美国环境公民诉讼研究》,中国人民大学出版社,2014,第33页。
❸ Susan George, William J. Snape, Rina Rodriguez, "The Public in Action: Using State Citizen Suit Statutes to Protect Biodiversity," Journal of Environmental 6, no. 6 (December. 1997): 1 – 45.

诉讼，公益诉讼，损害赔偿诉讼和刑事诉讼。除"先刑后民"的实务惯例之外，从法律条文中基本找不到"孰前孰后"的明文规定。因此，在诉讼行为稳定性方面明显不如明确设有前置程序的规则体系。

（2）缺失有关诉讼性质的界定。除在起诉主体资格上存有一定限制之外，美国公民诉讼制度里面尚有另外一重特殊设置。根据美国多数环境法的规定，在公民诉讼中，"没有直接赋予民众作为索赔主体要求被告承担损害赔偿责任"❶等私法上常用的请求权，而主要是通过禁止性、预防性等禁令的方式寻求救济。质言之，即使公民依法参与环境诉讼，也主要以维护公共利益为落脚点，这一点可以从上述救济形式设置上清晰地反映出来。虽然称为公民诉讼，但绝没有因公民"私"的身份而改变诉讼"公"的本质❷，毋庸说是以"私"的身份监督和参与"公益事业"，而且为了促进保护公共利益，还设立了"赏金猎人"制度❸。所以无论是由公民抑或行政机关主动提起该诉，至少不会因身份的差异而造成诉讼结果上的区别。总之，一切诉讼活动的进行皆以恢复受到行为人破坏的公法秩序为依归，在诉讼请求设置这一点上体现得尤为明显，其中几乎不见任何典型私法救济原理——损害赔偿——的痕迹。在美国，与保护环境相关的司法救济手段，除公民诉讼之外，尚有反应费用追偿诉讼和自然资源损害赔偿诉讼等类型，

---

❶ 胡中华：《论美国环境公益诉讼中的环境损害救济方式及保障制度》，《武汉大学学报》2010 年第 6 期。

❷ Nathan A. Steimel, "Congress Should Act to Define 'Prevailing Party' to Ensure Citizen Suits Remain Effective in Environmental Regulation," Journal of Environmental and Sustainability law 11, no. 3(2004):283–293.

❸ Martin H. Redish, "Class Action and The Democratic Difficulty: Rethinking the Intersection of Private Litigation And Public Goals," University of Chicago Legal Forum 4, no. 1(2003):71–139.

而且在这两种诉讼模式当中，原告皆被赋予请求赔偿的权利。反应费用追偿诉讼可进一步分为反应费用追偿诉讼和反应费用分摊诉讼两种。根据《美国综合环境、反应、赔偿和责任法》第107条（a）款规定，反应费用追偿请求权是行为人向潜在责任人追偿因实施反应行动耗费的费用，反应费用分摊诉讼是责任人之间就各自应承担的责任份额如何进行分摊提起的诉讼。

与美国另设他诉不同的是，在我国，因原告"采取合理、预防措施发生的（应急处置）费用"（参见《审理公益案件解释》第19条、《若干规定》第14条）可以分别通过民事公益诉讼或损害赔偿诉讼一并提出，与修复生态环境等公法请求糅合在一起，表现出公私混杂的特色。另一方面，在公民诉讼之外，美国仍设有自然资源损害赔偿诉讼制度。该处"自然资源"是指为联邦政府、州政府或印第安部落所用或托管的土地、空气、水以及环境中的一切活的生物。根据《美国超级基金法》第107条（f）款关于"自然资源责任"的规定，由联邦政府、自然资源所在地或管理地、控制地的州政府等作为自然资源的信托人，代表公众利益向责任人追索恢复受损自然资源、审美价值损失等其他费用[1]。原告以信托人的身份代为请求赔偿损失，完全符合私法侵权救济[2]的一般运转逻辑，从而在一定程度上有别于旨在维护公法秩序的公民诉讼。此处是以调节诉讼请求的形式来界分两种相似的诉讼种类。如果站在更为抽象的层面，暂时忽略掉因文化传统造成的词语表述差异，从制度名称、用语结构、运行方式和诉讼目的等方面观察，面对诸多巧合的事实，很难说我国生态环境损害赔偿诉

---

[1] 贾锋：《美国超级基金法研究》，中国环境出版社，2015，第60—61页。
[2] Holly Doremus, Albert C. Lin and Ronald H. Rosenberg, Environmental Policy Law: Problems, Cases, and Reading (New York: Foundation Press Thomson, 2012), p.40.

讼制度与其无任何现实关联，至少在赋予行政机关索赔权这一点上是彼此相通的，若结合上述"自然资源所有权"的正当性建构路径，甚至可以认为两者是同源相承。无独有偶，围绕环境这种介质，出现在美国的两种诉讼制度，恰与我国"两诉"形成某种对应，或者说两个国家同为多种诉讼模式并行的救济格局，但在美国，公民诉讼与自然资源损害赔偿诉讼之间存在较为清晰的界限，称得上"公（与）私分明"，不似我国"两诉"近乎趋向重合的结局，在这一点上值得我国反思。通过以上分析不妨作出这样一种推测，假如我国在制度建设之初能够全面完整地考察学习域外立法经验，特别是程序前置、诉请分立等足以区分公益和私益诉讼的显见标志，或许就可能避免产生"两诉"竞合等问题。

二、生态环境损害赔偿诉讼：政策法律化

我国在具体构建环境公益诉讼过程当中，域外经验起了较大作用，甚至可以将其视为一种移植而来的制度，而损害赔偿诉讼则是因循另一条路径而来，不妨认为是本土内生的制度。尽管是土生土长的产品，但实际发展过程与常规的立法路径并不一致。因为知识背景、信息储备、理解程度等方面的差异，这种由不同主体塑造的制度彼此之间不可避免地存在某些隔阂，甚或冲突，从而增加了适用上的难度。

（一）制度设立路径异化

如果说公益诉讼制度的创建路径是守法的模范，那么损害赔偿制度的创建则像是一个"异数"。根据《关于司法解释工作的规定》（法发〔2007〕12号）第6条的内容，目前我国司法解释的形式共分为"解释""规定""批复"和"决定"四种。因此，凡是冠之以"若干规定"的名称，其不仅仅是一种识别司法解释的

标识，更重要的是，其代表着某种独特的法律意义。因为在不同的名目式样下，依附着不同的且与之相配的运行逻辑和适用情境。具体而言：其一，"解释"产生于具体应用的需求，如针对某类案件，应该如何应用某法律或某司法解释，实质上是对现有规定的精细化阐释和统一性指引。其二，若在审判工作中需要某些规范、意见等司法解释，并根据立法精神予以制定，称为"规定"。实质上是对审判实践需求的一种反馈，可以简约为"自下而上"的回应性改革。其三，针对具体审判工作中产生的请示问题，高级人民法院往往以"批复"的形式进行回应。其四，"决定"是指修改或者废止等事项。结合以上各项的构成条件来观察，以《若干规定》为例，正常的发展路径应当是"从审判中来，到审判中去"，即一般先由审判实务工作者发现或提出疑难问题，后由高级人民法院或最高人民法院选择适当的形式供给解决办法，实现对症下药。而纵观生态环境损害赔偿诉讼制度的成长历程发现，事实却非如此。

2013 年 11 月 12 日，我国通过《深化改革决定》。该决定提出"建立生态文明制度体系，实行损害赔偿制度"等总的纲领。不难发现，"生态文明"与"损害赔偿"在此结下不解之缘。或许关于生态文明的理念早已萌芽，如 2005 年 8 月，习近平总书记既已表达出"绿水青山就是金山银山"的发展观。且经党的十八届第三次全体全会通过，并以文件的形式正式向全社会公开，具备普遍的约束力。因此，该决定可以算作是推动后来损害赔偿制度成立的一个极为重要的诱因，或者说是其一个关键的出发点。其既是对国家未来发展规划的一种提前部署，也可以说是面向全国布置的改革任务，需要各部门积极地做好配合工作。但须明确的是，这种源自自上而下的约束力是附着于行政科层体系的媒介，其与法律上的普遍强制力截然不同。2014年4月24日，我国修订《环境保护法》，其将"生态文明建设"正式纳入法律规范当中，进而从一种治国理念成为环境法治的目标。2015年12月3日开始实施《试点方案》，并在其第1条开宗明义，构建这种损害赔偿制度旨在推进生态文明建设，而后续《改革方案》《若干规定》则是对《试点方案》的进一步完善。若仔细观察生态环境损害赔偿制度的成立时间，实际上距离党的十八届三次会议召开时间仅有两年。客观而言，在如此短的时间内从无到有地完成这样一项复杂的、庞大的改革任务，资料文献收集、合理性论证等立法准备工作难免会有些仓促，诸多事项（包括既有法律制度的衔接等问题）考虑不周，不失为造成当下适用困局的一个因素。

严格来讲，除最后一步借用司法解释的形式向外界公开之外，从启动、草创、试点、修正至成立等各阶段，主要的推动和建设力量来自行政系统，包括地方政府。如该制度的发起者，中共中央办公厅属于中共中央直属机构，前身是中共中央秘书厅，主要负责文秘、会务等工作，而国务院办公厅则属于国务院日常工作的执行机构，前身是国务院秘书厅，主要负责协助国务院领导同志开展工作。纵观生态环境损害赔偿诉讼制度的发展脉络，不妨这样认为，其是在党的领导下，由中共中央和国务院牵头发起改革的成果之一，并以司法解释的形式取得合法地位。理论上，从政策文件直接向司法解释横向过渡并非绝对禁止的事项，但这种蜕变方法实际是一条非正常的法律化捷径。几乎确定的是，其成长路径迥异于《关于司法解释工作的规定》明文确立的"从审判中来"的规则。尽管最终以《若干规定》的形式取得法律地位，实质上却有名无实。笔者认为，也正因为该项制度早期是经行政系统培育成熟，在融入既有法律体系的过程中，一些排斥、对立等适应性问题相继而生，间接增加彼此整合融贯的难度。事实上在我国，这种政策与法律相互转换的事例并不罕见，且对于这种转换过程业已发展出一套特定的前提条件和评价标准。

（二）政策法律化的基本条件

有关政策法律化的问题，如果在审判实务上确实存在某种刚性需求，如可以起到引导法律规则建设或弥补体系漏洞等积极作用，来自实践的这种外在的客观压力既不能全然地置之不理，也不能一味地逢求必应。狭义上看，政策与法律分属行政和法律两种不同类型的系统，而且大多数法律共同体内的成员都会自觉生成一种捍卫法律系统独立的情结，从学界持久呼吁司法独立性改革的高涨热情可见一斑。在某种程度上这是意识形态长期遭受西方文化和程序正义理念熏染的必然结果。也因如此，即使实践中存在法律化的需求，往往也会采取一种相对折中的转化方式，即必须遵循相应的程序规则和形式要求。当下，所谓"政策的法律化是指将有些成熟、稳定的政策上升为法律的过程，也称为政策立法"❶。此处法律化是一种广义上的称谓，而立法并非仅限于由全国人大及其常委会制定的法律，其在形式上可表现为法律、行政法规、部门规章、司法解释等各种类型的法律渊源。如上所述，在实际完成转化之前，至少应当符合政策成熟和适用稳定这两项重要的基础条件。通俗地说，政策是由行政机关针对某些相关具体事项依法作出的一般性决定，基于行政效率的优先地位，或许在原初制定程序上不如立法严谨慎重，但经过一番实践和时间的检验，其中一部分政策足以达到内容全面、体系合理、适用稳定的程度。如此，在效力和效果这两个层面上，就社会秩序而言，

---

❶ 宁骚：《公共政策学》，高等教育出版社，2011，第331页。

与法律实施结果相较也不遑多让。因此,赋予这些政策以法律上的地位,从而使其获取法律上的普通约束力和强制执行力,对于法律承受者来说,并不是一种完全预见不到的意外结果,如生态文明等政策,而且对实际利益损益亦不大可能造成十分严重的影响。

除上述实体上的必要性之外,程序上的合法性同样至为关键。理论上,法律规范并不是因为它出现在法律文本上就一定能获得令众人信服的效力,而主要是因为"它是根据特定的规则而被创造出来的"❶。换言之,如果离开法律形式的加成,该如何谈论法律效力的问题。而按照一般规定,根据《关于司法解释工作的规定》的要求,一部司法解释的制定须经过立项、起草与报送、讨论、发布、施行、修改等法定步骤,充分给予其合理性审查、论证和修订的机会,这也是法律与政策间的一个重要区别。结合上述两项条件来观察生态环境损害赔偿制度的法律化过程,无论是在成熟度或者是规范化方面,其是否已经达到法律化的前提,有待商榷。

不仅如此,政策与法律之间在语言应用和专业程度上存有一定差异,这是一种客观事实。法律语言要求相对严谨,一般有特定的内涵和确定的指称,或宽于或窄于生活语言、政治语言的意义范畴,而且极为注重文本结构和上下逻辑。因此法律法规等法律性文件的起草和制定需要很强的专业性,通常"属于哪方面的事项就由哪方面的主管部门负责起草"❷。这种专业性不仅体现在

---

❶ 凯尔森:《法与国家的一般理论》,沈宗灵译,中国大百科全书出版社,1996,第128页。

❷ 苗连营:《立法程序论》,中国检察出版社,2000,第175页。

技术对口方面，立法经验方面同样不可忽视。客观地讲，从无到有地创建一种全新的制度，这是一项非常复杂的改革任务（参见上述公益制度建设历程），而单一行政部门在人力资源、统筹能力等方面必然不如专职从事立法工作的机关或部门。一项规则，除用语考究之外，更为注重连贯性，除实现"某一法律文本之内前后融贯，也要求整个法律体系融贯"❶。在创建某些新的制度之前必须立基于既有的规则体系以论证其必要性和适当性，这种事前准备作业的重要意义或许只有长期从事立法任务的有关机关方能够真正体会明白。但遗憾的是，最高人民法院并非新制度的"原创者"，更像是处于配合地位。可以推论，若从一开始即将建立该制度的任务交由最高人民法院（这里暂时忽略其他可能出现的结果，如在同一时期建设两种非常相似，甚或可以相互替代的制度的可能性极低），但至少在与环境民事公益诉讼间关系定位这个问题上，制度建设早期就应当会有充足的考量，而不是待"米已成炊"后再反向寻找规范上的依据，缝合制度之间的裂痕。

因此，笔者认为，之所以产生关系定位不明和适用竞合的问题，与"两诉"各自成长路径异化的事实有关。环境公益诉讼作为一种舶来品，在移植过程当中丢失了某些重要的程序调节装置，而生态环境损害赔偿诉讼制度看似是本土特产，但实际上是"政治生态化"的附带结果，主要在于贯彻党的环境保护理念和意志❷，而并非审判实践自主催生的现实需求。不仅两种诉讼制度的创设动机与成立路径大相径庭，而且是由两个不同性质的部门分

---

❶ 汪全军：《合法性视角下的立法程序及其完善》，《湖南大学学报（社会科学版）》2016年第2期。
❷ 王启梁、张丽：《理解环境司法的三重逻辑》，《吉林大学社会科学学报》2020年第6期。

别主持设立,与由同一立法主体统一筹建的方案相较,在信息、沟通、默契等方面自然会有差距。如果将环境公益诉讼的成立路径归纳为理论导向、实践先行、立法确认,与这种立法常态相异,生态环境损害赔偿诉讼则是政策导向、理论跟进、立法探索❶。我们应当正视这个事实,在后者成立过程中,政策占据主导地位,理论和立法处于服务地位。在这种情境下试图将其融入同一救济体系当中,相互交叉碰撞不可避免,极易产生功能重复、衔接冲突等诸多弊端,或者说,这种弊端存在的事实也可证实上述理由的某种合理性。

第四节 本章小结

在形式上,根据"二分法","两诉"应是两套不同的救济制度,但在实体内容和程序规则建立上,"两诉"之间近乎完全相同,甚至一度有学者认为,不必再设立生态环境损害赔偿之诉❷。经分析,之所以产生"两诉"竞合的冲突离不开以下三个因素的影响。

第一,基础概念交互不清。在环境民事公益诉讼在先成立的基础上,为维持制度系统的协调性和一致性,在后成立的制度——生态环境损害赔偿诉讼应主动避免与前者重合或背离。但事实并非如此。概念是认知和逻辑的起点。经比较,"两诉"在制度目

---

❶ 陈伟:《环境污染和生态破坏责任的二元耦合结构——基于〈民法典·侵权责任编〉(草案)的考察》,《吉首大学学报(社会科学版)》2020年第3期。

❷ 薄晓波:《环境民事公益诉讼救济客体之厘清》,《中国地质大学学报(社会科学版)》2019年第3期。

的、保护客体和适用对象等方面选用的术语呈现出互有交叉、彼此相通的样态，如"生态环境"与"环境公共利益"及其他一般表述。从概念解析上，两者都缺乏一种可清晰识别的特征。

第二，法律属性定位不明。法律属性直接决定后续具体程序建构的方向和形态，常见的分类方式有"公"与"私"二分法。环境民事公益诉讼的法律性质为何？答案不言而喻，可谓路人皆知，但是关于损害赔偿诉讼究竟应当如何定性的问题，则众说纷纭、争持不下。基于不同的观察角度，存在"公益诉讼说""私益诉讼说""混合诉讼说""行政机关职责说""目的说""国益诉讼说"等各种见解。这种结论上的分歧令人无所适从。与私法体系里面侵权之诉和违约之诉的竞合不同，现今生态环境损害赔偿诉讼尚处于建设的早期阶段，准确地讲，位于试行阶段。截至目前，该种诉讼仅具有一定的结构雏形，而非已经完全定型的完成品。尽管如此，这种性质上的模糊导致在对其进行实际塑造和改革过程中存在多种发展与解读的可能，而竞合仅是其中的一种结果。

第三，制定主体的分化以及立法路径的异化。实际上，在具体制定过程当中，"两诉"分别出自不同之手。即使根据一般经验也能确定，在对不同事物整合上，相较于"一个声音"全盘考量，多主体各自为政的立法结构更难使所作规范实现完全有机的统一，反而更容易滋生摩擦和冲突。质言之，如果在改革初期，从制度名称上将新制度直接命名为"自然资源损害赔偿诉讼""自然资源国家所有权诉讼"[1]或者"自然资源生态损害"[2]，抑或从性质上

---

[1] 李兴宇：《生态环境损害赔偿诉讼的类型重塑——以所有权与监管权的区分为视角》，《行政法学研究》2021年第2期。
[2] 张梓太、王岚：《我国自然资源生态损害私法救济的不足及对策》，《法学杂志》2012年第2期。

将新制度定性为私益诉讼、国益诉讼，或者在制度创新早期就交由立法机关通盘考虑。上述任一途径皆能起到有效避免该种诉讼类型与环境民事公益诉讼竞合的作用。但事与愿违。无论是从制度名称，性质认知或者发展路径方面，"两诉"之间都充斥着诸多交叉和重叠之处，在这些因素共同作用下导致适用上的竞合冲突。

CHAPTER 03 >> 第三章

解决两种诉讼制度竞合冲突的既成模式与不足

在改革大势不可逆转的现实背景下，如何建设和完善生态环境损害赔偿制度是目前紧要的共同主题。但不能否认的是，新制度的形成势必涉及与旧制度之间的冲突和协调等问题。当未来该制度全面铺开之后，出于政绩考核的压力，地方人民政府很可能会积极地扩充案源。从而会与环境公益诉讼制度之间形成更为紧张的关系。从法理上讲，只要某一污染事件符合规范的适用前提，就可以依照该规范提起诉讼，但若数个规范救济效果相同时，"只能适用其中一个规范，重叠适用则形成不当得利"❶。在适用范围和诉讼请求皆有交叉，甚至相互混同的情形下，究竟应当如何适用这两种制度，或者说如何处理"两诉"之间的关系，学界已贡献出自己的

---

❶ 周江洪：《惩罚性赔偿责任的竞合及其适用——〈侵权责任法〉第 47 条与〈食品安全法〉第 96 条第 2 款之适用关系》，《法学》2010 年第 4 期。

智慧，然似乎并未被采纳，反而两种制度发展愈发相似。无论如何，若使被告因同一破坏生态环境的案件承担双重修复和赔偿的民事责任，诉累不可避免，也违背"一事不再理"原则。

目前，对有关上述"两诉"面临的问题，立法界、学界和实务界各有立场，莫衷一是。但是在对待如何有效地避免"两诉"继续发生碰撞的问题上，基本上保持了一致。实际上，在"两诉"竞合冲突发生之前，环境公、私益诉讼之间曾经面临过相同问题，关于如何协调公、私益诉讼间的冲突，主要形成"序位说"和"合并说"两种观点。针对"两诉"问题，学界常以"衔接"为研究的主题。"衔接"一词源于《改革方案》第4条第5项的规定，即"诉讼之间衔接等问题"。而根据《当代汉语词典》《新华汉语词典》提供的语义解释，"衔接"是指"事物之间的连接"，如上下、前后间的相互连接。在这种理解前提下，多套解决方案应运而生，而其中遵循的核心观念乃是调整诉讼序位。虽然在诉讼顺序排列和具体安排方式上，不同的人青睐不同的调整方式，准确地说，实际的着眼点或者说侧重点上存在较大差异，但基本的迈进逻辑——主要用以解决孰先孰后的问题——分享着某种共通性，可称为"序位说"。为下文进行分类提供了理论上的可能性。

在既有规定、观点和经验的基础上，经笔者整理、归纳，目前适用（衔接）方式大致可以分为三种类型。具体来说：宏观层面，强调生态环境损害赔偿诉讼、行政执法措施、环境公益诉讼等各制度种类之间的差别，主张从中"择一而用"，实质上是如何取舍的问题；中观层面，注重各制度内部组成单元固有的独立效用，如损害赔偿制度内部存在磋商或诉讼之分，环境公益诉讼内部存有行政和民事之别，以及诉前公告、检察建议等相关配套措施，倾向"择优而用"，实质上是前与后排列组合的问题；微观层面，侧重（省、市地级等）行政机关、社会组织、检察院等各主体自身的权利，主张"同时并用"，本质是主与次的配置问题。实际上，这种分类方式更多是一种视角上的区分，各层面之间并无本质上的隔阂，例如，从宏观至微观层面，依次分为生态环境损害赔偿制度—赔偿磋商（或诉讼）—（省、市地级等）行政机关。反过来讲，谈及行政机关自然会联想到损害赔偿制度，而不是环境公益诉讼制度。这种附着于主体身份上的对应关系极其明显，识别起来相较容易。但不能因此认为，这种类型化认知方法毫无意义。因为不同层面之间仍旧存在部分细节上的差异，而且这种调整并非任意而来，其至少需要保证诉讼序位调整结果的有效性以及理由上的正当性。因此，不同的衔接安排在配置理由选取、判断和确定等方面各有偏重。同时，这种划分也是理论界精细化研究后产生的必然结果。当然，也可以以时间为标准建立另一套分类体系，如诉前阶段调整、立案阶段调整和审判阶段调整。因文本重在强调冲突本身以及处理冲突的一般策略，而无论是诉前预防或者诉后应对实质上是这种应激思维的外在表现和技术选择，故本书沿用前述分类体系。

　　此处需要注意的是，在探究"两诉"关系时，学界常以"衔接"为论述主题。本书并未沿用"衔接机制"这种学界形成的一般表述，转而采用"适用"的概念，主要是出于以下理由：其一，"衔接"一词自身定义的局限性。衔接通常意指相互连接，且多用于形容前后连接的形态，与本书最终的核心旨意不相符合。其二，"适用"一词，重在解决如何适用的问题，在视野上相对广泛一些，而且更能凸显出"两诉"之间冲突的立法事实和以实践应用为取向的研究旨趣。经笔者进一步梳理整合，在各层面涵括下，大致又可进一步细分为六种适用模式，即优先适用模式、排他适用模式、限制适用模式、任意适用模式、交叉适用模式和并举适用模式。

第一节 择一而用：制度种类之间的适用安排

所谓择一而用，是指当不同主体针对同一生态环境损害事实分别提起诉讼时，从"两诉"当中仅选择一种作为实际的救济手段，从而避免不同救济制度之间功能重复。在具体选择的问题上，围绕如何对待生态环境损害赔偿这一诉讼制度，学界呈现出不同的意见：既有支持公益诉讼而直接否定其价值的观点，也有主张优先适用该诉讼的观点，还有提出不设固定起诉顺序的观点。针对这种分歧，进一步分为排他适用、优先适用等模式。

一、排他适用模式

在损害赔偿制度成立之初，学界已经围绕其构建的现实意义展开论证，或赞成或反对，不一而足。所谓排他适用模式是指否定另行建立生态环境损害赔偿制度的法律意义，既有人认为该制度"与环境行政执法是两套功能重叠的法律机制"[1]，也有人认为在已有公益诉讼制度的基础上，"不必再出台政策文件规定由人民政府提起生态环境损害赔偿之诉"[2]。因此，可以充分改进和发挥现有救济制度的功能优势，解决实务中遗漏的问题，无须另建新的制度。那么该理论是否具备相应的可行性须一一辨明。

---

[1] 邓少旭：《生态环境损害赔偿诉讼：定义与定位矫正》，《中国环境管理》2020年第3期。

[2] 薄晓波：《环境民事公益诉讼救济客体之厘清》，《中国地质大学学报（社会科学版）》2019年第3期。

（一）排他适用模式的迈进逻辑

1. 强化行政救济方式

在传统环境侵害救济体系当中，行政监管措施始终发挥着重要作用，而且根据《环境保护法》第 6 条，应当由政府负责各行政区域内的环境质量。若环境保护监督管理部门存在包庇、不作为、篡改监测数据等违法行为，轻者，应当追究相关责任人员的行政责任；重者，应当追究相关责任人员的刑事责任。如果谈及利害关系紧密程度，除污染源附近的公众外，环境问题与行政机关自身的政治利益（涉及政绩考核，当地经济发展等其他事项）同样存在密切联系。为确保环境监管行为有法可依，立法上先后公布《环境保护法》《水污染防治法》等各种法律法规以及相关司法解释，其中以限制性或禁止性规范的形式确立具体可行的行为标准，如实施环境影响评价、制定环境质量标准、符合排污许可标准等其他强制性义务。此外，通过《行政处罚法》《行政强制法》等规范性法律文件赋予行政机关包括警告、罚款、限期治理、责令停产整顿、行政拘留等手段在内的行政处罚权和行政强制权，用以惩罚违法者和威慑潜在的行为人。整体而言，立法体系上相对完整，基本上实现行政责任和行政权力的一致。尽管如此，在最终治理结果上仍旧差强人意，致使行政执法能力令人生疑，犹如雾霾一样挥之不去。

所谓生态环境损害赔偿制度，若从权力外观上观察，即在既有权力架构基础上另行赋予行政机关损害索赔权，自此，行政权力攫取到进入司法空间内部的资格，引起了一些学者的警惕。不可否认，这种局势的出现是由诸多原因合力推进的结果，如生态文明体制改革的压力，自上而下的政策推动，过度追求自然资源经济价值而忽视其生态价值的执法缺陷等因素。须承认的是，这仅是一种对宏观情境的粗略概述，当回归到制度现实，其中一个实际原因仍在于传统行政救济手段的不足，如行政处罚力度偏低，修复责任执行不彻底等弊病。通常而言，受制于行政措施的局限性，无论是罚款、没收违法所得抑或其他强制措施，对于已经造成的损害事实仅能起到"止损"的作用，即使罚款亦是依法上缴国库，而不能直接用以修复受损的环境。而且行政机关不仅需要对环境负责，而且需要考虑政治、经济、社会等多种需求，往往顾此失彼，长此以往反而形成"企业污染，政府买单"的恶性循环，导致政府财政负担日益增重，与"谁污染，谁负责"的基础理念相悖。为改变这种不利局面，新制度应运而生。

以上种种分析皆是建立在对生态环境损害赔偿制度补救功能的定位上。若果真如此，当能够通过行政监管等措施实现与司法修复同等的救济效果时，则完全没有必要重新另行构建生态环境损害赔偿制度。因此，针对上述这些问题，"首要的解决措施是应当通过加强行政执法以及行政法上的制度创新实现规则之治"❶。反之，即使不能通过行政措施实现预期效果，亦非必须赋予其索赔权，毕竟尚有环境公益诉讼制度在一旁压阵兜底。因此，功能上的某些优势并不能绝对成为新制度立足的正当性根据，更遑论其自身劣势的抵消作用。假若行政机关仅因为在处罚力度和执行力度方面存在不足就能够理所当然地取得索赔权，这种解释过于牵强。因为这种制度设计和思维逻辑"会迫使法院承担原本应由行政机关承担的监管职责"❷，从而"割裂了行政权与司法权的职

---

❶ 王明远：《论我国环境公益诉讼的发展方向：基于行政权与司法权关系理论的分析》，《中国法学》2016 年第 1 期。
❷ 张宝：《生态环境损害政府索赔权与监管权的适用关系辨析》，《法学论坛》2017 年第 3 期。

能配置"❶。而且相较于行政机关的强势地位，法院处于相对弱势，现在由其接手来解决原本应有前者负责处理的问题，行政机关难免有推卸职责之嫌，结果上也可能无法更好地救济公共利益❷。所以，"环境资源作为公共物品的治理需以政府为主导"❸。根据行政法理论，行政机关往往被看作公共利益的代表，承担保护国家利益、公共利益和实现国家任务的重任。在部分学者看来，此前环境问题日益严重并不能完全归因于行政救济制度供给的不足，主要问题仍在于执法力度的疲软，或是选择性执法所致。而该结果的形成既有主观原因，也有客观因素的影响，不能因结果的某种失利就全盘否定该制度本身的合理性及其未来的可塑性。

  一般认为，成立生态环境损害赔偿制度的另一个基本动因是可以通过司法判决的形式"令赔偿义务人承担修复和治理的责任"。这种逻辑默认的一项前提是行政机制缺失此项功能，不仅如此，更独断地否认未来立法上赋予行政机关该种手段的可能性。然事实并非如此。除行政处罚之外，在其他一些法律规范当中尚注重运用恢复性救济措施，如《中华人民共和国森林法》（以下简称《森林法》）第 34 条规定，林业主管部门对于违法行为可以采取责令其赔偿损失，补种树木等措施。《风景名胜区条例》第 40 条规定，风景名胜区管理机构对于违反该条例规定的行为，有权责令其停止违法行为、恢复原状等。因此有学者认为，为了收拾企业污染形成的"烂摊子"，完全可以继续坚持"行政救济的主导

---

❶ 康京涛：《生态环境损害政府民事索赔的困境及出路——基于政策文本与案例实践的考察》，《法治论坛》2019 年第 2 期。

❷ 谢玲：《再辩"怠于行政职责说"——就环境公益诉讼原告资格与曹树青先生商榷》，《河北法学》2015 年第 5 期。

❸ 於方、刘倩、牛坤玉：《浅议生态环境损害赔偿的理论基础与实施保障》，《中国环境管理》2016 年第 1 期。

模式，强化责任改正型行政责任，发挥恢复原状、消除妨碍等补救性行政责任的作用"❶。这种方案主张仅对旧有制度的不足之处进行些许修正，用一个"小手术"即可换取相同的改革效果，而确实不必重新构建另一种制度，这种改革"大手术"往往耗时耗力，而且结果难料。

仅就行政法领域而言，为保证行政修复和治理的可操作性，未来至少有两种方法可以实施：第一，立足于固有的立法资源，采用"行政命令+代履行"相结合的方式。若赔偿义务人逾期不自主履行修复或赔偿义务，行政机关可以独立实施修复行动，或者委托具有相应资质的第三人代为履行。因实施修复活动而耗费的合理费用由赔偿义务人承担，如果其拒不给付，行政机关可直接向法院申请强制执行；如若双方对给付事由和数额存在争议，可先诉诸法院。第二，对于我国而言，国家职能和环境保护的性质决定了政府行政机关在环境保护中始终处于主导地位❷。当发生生态环境损害时，政府有责任采取各种补救措施修复生态环境，甚至是改善环境质量，而责令相对人实施生态环境修复是政府可以利用的重要手段❸。因此，可以将"责令修复生态环境"这一命令方式纳入行政监管措施体系当中，"直接通过行政命令强制违法者履行法定义务救济生态环境损害"❹。尽管这种增设"生态环境修复行政命令"的观念尚未掀起热潮，但其中透露的理念恰好可以抵消或取代生态环境赔偿制度的价值。除此之外，为了矫正执法过程中可能产生的权力寻租、徇私舞弊等违法乱纪现象，必须

---

❶ 王岚：《论生态环境损害救济机制》，《社会科学》2018 年第 6 期。
❷ 夏光：《论环境保护的国家意志》，《环境保护》2007 年第 7 期。
❸ 李挚萍：《论以环境质量改善为核心的环境法制转型》，《重庆大学学报（社会科学版）》2017 年第 2 期。
❹ 李挚萍：《行政命令型生态环境修复机制研究》，《法学评论》2020 年第 3 期。

强化和发挥环境行政公益诉讼的监督效能。

总而言之，单纯从"救济生态环境"这一目标层面分析，这种排除生态环境损害赔偿诉讼，转而扩大行政机关既有职权的解决进路不失为一条改革出路，如此，不仅能够提升救济效益，节省立法资源，同时可以避免新制度适用冲突，具备一定的理论可行性。

2. 优化环境公益诉讼制度

如果说上述方案主要是站在制度功能的角度进行排他式的演绎，下文则以"两诉"间的实际关系为判断准据，前者更为注重改革的效益，后者相对侧重分工的理性。有学者认为，生态环境损害赔偿诉讼与环境民事公益诉讼"在适用范围上表现为一种包含与被包含的关系"❶。亦有学者提出"可将生态环境损害囊括进环境民事公益诉讼的救济范围之中"❷。在这种结论背后明显蕴含着一种对新制度排斥的态度，或者说是反对这种样式——名异实同——的改革（参见上文关于"两诉"适用范围趋同的分析，此处不再赘述），而绝不能简单将其归结为"保守派"或"顽固派"。从认识论上解释，这种观念实为新制度贸然成立后催生的"果"。新制度公开以前，大多数学者缺乏沟通交流和反复论证的机会和通道，处于集体失声状态，而非为阻碍制度后续建设发展的"因"。根据该种逻辑延伸，应当将新制度拟调整的情形全部纳入环境（民事）公益诉讼制度适用范围当中，与其"一分为二"，不如"合二为一"。这种洞见，从根本上说，其乃是不赞成这种毫无

---

❶ 刘莉、胡攀：《生态环境损害赔偿诉讼的公益诉讼解释论》，《西安财经学院学报》2019 年第 3 期。

❷ 林莉红、邓嘉咏：《论生态环境损害赔偿诉讼与环境民事公益诉讼之关系定位》，《南京工业大学学报（社会科学版）》2020 年第 1 期。

理由地将某些情形单独划拨到新制度名下的改革行径和理念，至少没有必要以这种有名无实的形式将保护环境的任务"分割"为两家。如此，继续建设生态环境损害赔偿诉讼的法律意义自当不复存在，反而可以尝试通过进一步完善环境公益诉讼制度来实现相同的目标，从而省却大费周章另起炉灶的功夫。

笔者认为，上述观点确有一定道理。理论上，环境公益诉讼能够发挥双重功效：对于污染环境或破坏生态等造成损害的行为，可以由适格主体通过环境民事公益诉讼的形式请求其停止侵害、恢复原状、赔偿损失等；或者由检察院提起环境行政公益诉讼，督促相关部门依法实施强制措施，间接救济生态或环境，实现环境公益诉讼与行政管理机制的联动。在实务当中，环境公益诉讼越演越烈，而生态环境损害赔偿诉讼则反响平平，甚或无足轻重。2018年3月9日，时任最高人民检察院检察长曹建明在工作报告中指出，在过去五年，检察院办理生态环境领域公益诉讼1.3万件，索赔治理环境、修复生态等费用4.7亿元。2023年3月7日，最高人民检察院检察长张军在工作报告中指出，全年共立案办理生态环境和资源保护领域的公益案件39.5万件。上述成绩尚未涵括社会组织提起公益诉讼的情形。而与之相对，自2015年12月——2019年6月，在大约三年半的时间内，生态环境损害赔偿案件共受理30件，审结25件[1]。截至2020年6月，赔偿案件也不过增加到945件[2]。在巨大差异事实的背后印证着新制度的适用功效不佳，

---

[1] 2019年7月30日最高人民法院在环境资源审判庭成立五周年发布会上公布的报告，http://www.court.gov.cn/zixun-xiangqing-173942.html，访问日期：2021年4月9日。

[2] 2020年6月30日生态环境部法规与标准司司长别涛在例行新闻发布会上的发言，http://www.ce.cn/cysc/newmain/yc/jsxw/202006/30/t20200630_35224311.shtml，访问日期：2021年4月9日。

几乎沦为"一纸空文",按照此发展趋势推论,对于实践而言,即使该制度被取缔也不会造成显著的负面影响。总之,若按照实践效果来说,重新另建一种诉讼制度的理论和实践意义也不突出。

(二) 排他适用:造成制度浪费

总的来说,所谓排他适用理论,其是在一定程度上否定生态环境损害赔偿诉讼制度的积极意义,认为无新建该制度的现实必要,或认为构建结果也可能弊大于利,尽管如此,也不见得全然肯定行政管理措施和环境公益诉讼在环境救济方面的唯一正确性。笔者认为,任何制度皆有不足之处,不可能圆满无缺,且历史经验已经证明改革是必然的途径,且这种理论早已深入人心。因此,与其说上述学者是单纯地反对制度改革,不如说是对新制度当下定位不清和走势不明的发展现状感到失望,故产生排他适用的想法,受"两害相权取其轻"支配,希冀通过快刀斩乱麻的方式恢复原有的秩序格局。但是我们不应当忽视的是,为顺利构建生态环境损害赔偿诉讼制度,从 2015 年提出改革计划,至今已历经多年,投入大量的人力、物力、时间等成本,贸然废除不仅会造成一种更大的制度浪费,同时也会影响行政机关的公信力。

除此之外,我们需要肯定生态环境损害赔偿诉讼制度的积极价值。有学者认为,既然民事诉讼法及其相关司法解释已经针对环境公益诉讼的原告作出明确的限定,"没有必要在此之外再规定由人民政府作为求偿主体"[1]。这是基于对环境公益诉讼制度"万能"的信念所致,也有出于"行政职权民事化、审判职权行政化"[2]

---

[1] 薄晓波:《环境民事公益诉讼救济客体之厘清》,《中国地质大学学报(社会科学版)》2019 年第 3 期。

[2] 张宝:《生态环境损害政府索赔权与监管权的适用关系辨析》,《法学论坛》2017 年第 3 期。

的担忧而否认赋予行政机关损害索赔权的积极价值。与这种否定性观点相反，另一派持赞成观点的人认为，赋予行政机关索赔权可以弥补行政救济手段上的不足，从而破解"企业污染，政府买单"的局面。该观念所依赖的潜在背景是修复生态环境或恢复原状的责任形式属于民事请求，而行政机关仅能使用行政强制、行政处罚等公法上赋予的手段，不能跨界直接责令行为人承担修复生态环境的责任，故需另行赋予其民事上的索赔请求权，以达到完善救济方式和实现权利体系融通的目的。实际上，上述两种主张皆有欠妥当。第一种观点乃是排他适用模式的外在表现，前文亦有阐述，此处不再赘述。而后一种观点则陷入了一个重要的认知误区。实质上，在我国既有的环境法体系（主要包括污染防治类和资源保护类这两类法律规范）当中已明确肯定直接责令行为人修复生态环境这一行政行为的合法性。如我国《环境保护法》第 61 条规定，"可以责令恢复原状"；《森林法》第 76 条有关"责令限期在原地或异地补种树木"的规定；《海洋环境保护法》第 82 条关于"责令恢复原状"的规定及其他涉及修复生态环境行政命令的法律条款。因此，有学者认为最好的救济路径应是通过责令赔偿的方式救济。❶ 更深入地讲，类似的行政命令可以分为"纠正生态环境违法行为"和"消除生态环境危害后果"❷ 两种类型。前者主要是针对违反行政法规定（作为或不作为）义务的行为而言，因适用对象的差异，在责任形式上略有不同，如"停止建设""责令改正""限制生产"等诸多表现；后者既可用以惩治违法行为，

---

❶ 况文婷、梅凤乔：《生态环境损害行政责任方式探讨》，《人民论坛》2016 年第 14 期。

❷ 胡静：《我国环境行政命令体系探究》，《华中科技大学学报（社会科学版）》2017 年第 6 期。

也可适用于合法行为。一般包括"恢复原状""消除污染""限期清除"等责任形式。很明显，即使依赖相关单行法自身也能实现修复生态环境的目的，并非必须另行赋予行政机关索赔权。而且与另起炉灶构建损害赔偿制度相较，立足于原有环境法体系进行修缮的这种进路显然更为简洁、省事，同时也不存在上述观点认为的那种行政责任与民事责任绝对隔离的障碍。

综合来看，笔者认为，在针对增设生态环境损害赔偿制度这一改革事实的认知上，绝不能仅仅止步于丰富救济手段这种工具层面上的意义，如此则很容易滋生出多此一举的困惑。本质上讲，从行政救济向司法救济跨度，最重要的改变并不是结果意义上的不同，而是取得这种结果的程序规则上的差异。当行政机关以民事索赔的形式进入司法领域，在权力运用方式方面发生了重大转变，即一种从权力（决定机关）到权利（法定原告）的质变。在诉讼空间里面，行政机关作为原告，其必须依照相关的程序规则行事，如会受到提出主张、收集证据、与被告质证、论辩等系列程序规则的约束。当进入司法场域，不仅使得行政机关执法过程公开化、透明化和规范化，同时"在司法机关的监督和参与下，能够保证行政机关权力行使的谨慎性"❶。除此之外，在披上司法的外衣之后，可以增强最终结果的合理性和权威度。总之，将行政机关纳入生态环境损害赔偿制度之内不仅可以在一定程度上赋予其自我纠错的机会，缓和社会矛盾，更为重要的意义在于实现修复或赔偿的程序本身，由于行政机关与污染企业往往存在利害关系，通过这种诉讼程序的过滤，既能增强结果的公信力，在一

---

❶ 王树义、李华琪：《论我国生态环境损害赔偿诉讼》，《学习与实践》2018 年第 11 期。

定程度上也可以起到保护行政机关的作用。

二、优先适用模式

（一）优先适用模式的内容释义

当两种事物相互冲突时，即使普通民众依据一般日常生活经验也能产生一种朴素的秩序观，但至少须令其中一方退让方能暂且打破这种胶着的局面，而治本的办法在于知悉冲突的缘由。由此及彼，解决"两诉"竞合的问题亦需如此。根据《若干规定》第 16 条、第 17 条❶的相关规定，针对同一损害事实，如果已由行政机关在先提起损害赔偿诉讼，在审理过程中又被其他主体提起环境民事公益诉讼，由同一审判组织继续审理。但如果是由社会组织等主体在先提起环境民事公益诉讼，在审理过程中同时被行政机关提起损害赔偿诉讼，此时在处理方式上与前一种情形存在明显差异——中止审理公益诉讼案件，转回头去适用损害赔偿诉讼的程序，重新审理。这两种截然有别的安排方案共同传达出同一旨意，即无论由谁先起诉，在审理过程中皆应当优先保障行政机关的索赔权。这既是第一次以司法解释（试行）的形式确立适用关系，同时也正面承认行政机关索赔权的优先性。

在《若干规定》实施之前，关于优先适用生态环境损害赔偿诉讼的主张已有部分拥趸。支持者一般认为，"其本质属于民事私

---

❶ 《最高人民法院关于审理生态环境损害赔偿案件的若干规定（试行）》第 16 条规定："在生态环境损害赔偿诉讼案件审理过程中，同一损害生态环境行为又被提起民事公益诉讼，符合起诉条件的，应当由受理生态环境损害赔偿诉讼案件的人民法院受理并由同一审判组织审理。"第 17 条："人民法院受理因同一损害生态环境行为提起的生态环境损害赔偿诉讼案件和民事公益诉讼案件，应先中止民事公益诉讼案件的审理，待生态环境损害赔偿诉讼案件审理完毕后，就民事公益诉讼案件未被涵盖的诉讼请求依法作出裁判。"

益诉讼。只有在赔偿权利人不作为时,环保组织才可提起诉讼"❶。或者主张建立双层递进结构:政府优先——公民、法人、其他组织次之❷。与《若干规定》强调优先审判思维稍有不同,该观点注重于优先起诉。笔者认为,这种对于优先性的共同强调实质上皆体现出尊重和保障私权自治的原则(此处暂且不谈有关"私益诉讼"的定性问题)。在这种进路指导下,生态环境损害赔偿诉讼的法律地位得到极大重视,在诉讼序位安排上可见一斑。这种适用模式不仅仅是一种停留在理论层面上的空谈,在损害赔偿制度探索初期,部分地区直接将该种模式纳入正式的政策文件当中,一跃而成为当地实践改革的纲领。如广西改革实施方案❸不但明确赋予行政机关优先起诉的地位,同时肯定检察院代替行政机关提起生态环境损害赔偿诉讼的适格性。遗憾的是,这仅是一种地方性知识,没有普遍的代表意义。即使上升到中央层面,依旧如此。因为《试点方案》《改革方案》本质上乃是中共中央办公厅、国务院办公厅主导制定的政策性文件,基于央地行政关系,即使具备指引全国改革方向的约束力,但缺少法律法规固有的确定力,比较灵活、易变。而《若干规定》是经最高人民法院公开颁行的司法解释,尽管处于试行阶段,但不妨碍其作为司法解释所享有的权威性、稳定性和强制性,亦是未来将要构筑制度的基本雏形,故以其为分析靶标。根据其第 17 条关于"应当中止民事公益诉

---

❶ 汪劲:《论生态环境损害赔偿诉讼与关联诉讼衔接规则的建立——以德司达公司案和生态环境损害赔偿相关判例为鉴》,《环境保护》2018 年第 5 期。
❷ 王金南、刘倩、齐霁、於方:《加快建立生态环境损害赔偿制度体系》,《环境保护》2016 年第 2 期。
❸ 《广西壮族自治区生态环境损害赔偿制度改革实施方案》第 5 条第 7 项规定:"对于符合生态环境损害赔偿情形的行为,行政机关不起诉的,检察院可以依法向法院提起民事公益诉讼,追究赔偿义务人的民事责任。"

讼"的规定，从该条文上可以读出这种结论，即使该环境民事公益诉讼案件即将开庭审理或者审理结束，而生态环境损害赔偿案件刚刚步入立案受理阶段，若经确认涉诉案件是因同一损害行为而引起，亦须中止前诉继续审理。这种比较或许稍有夸张的成分，但目的正是在于放大其中的细节。

不难发现，与学界构想的某些理想图景不同，在环境民事公益诉讼已经发展更为成熟的情境下，生态环境损害赔偿诉讼（此处并未包括磋商制度）反而最终取得立法上支持，占据救济体系的优位。从结果上观察，这种排序似乎为免于重复审理提供了一条相对安全的解决路径。但事实并非如此，这种笼统的安排并不意味着争端完全结束，更有可能是"一波未平，一波又起"。因为结合整体诉讼结构观察，这种解决方案充斥诸多矛盾之处，令人费解。总之，这种反常的立法设计，既像是一种未雨绸缪的预防，也可能是对后续改革前景的预示，无论是哪种可能，问题的实质不会有所变化。

（二）无差别的优先适用：理论基础正当性阙如

目前，因"两诉"在预设目的、保护客体、实践效用、诉讼请求等方面极为相似而致使两者存在一定的重合关系，为避免因同时起诉造成矛盾裁判等问题，设置合理的调整模式至关重要，然《若干规定》中设计的样态并未使内在运行机理达至圆通融洽的地步，反而引发出一系列新的争议。在不同法律性质的理解和限制下，其与环境民事公益诉讼间的适用关系随之产生变化，如在私权自治理念指引下，自然资源所有权人享有优先的诉讼实施权，由来自担当人——社会组织或检察院提起的公益诉讼应当居于后位。如果两者同为公益诉讼，则强制中止环境民事公益诉讼的优先适用模式可能难以自圆其说。

就宏观上观察，《若干规定》没有沿用以立案顺序为确认前、后两诉的基准，而是以司法解释的形式将时间上在后立案，且程序规则未至成熟的生态环境损害赔偿诉讼生硬地挪到可能已经处于正在审理阶段的环境公益诉讼之前。该种调整办法出乎众人意料，却为实务中化解诉讼冲突的问题暂时提供了一种法律上的依据，然纸面上实存的法律规则并不等于法理上应然如此。简单地说，规则与规则自身的正当性是两个性质不同但同样重要的问题。深入观察，为实现中止环境公益诉讼继续审理的目的，《若干规定》在设计具体配置方案时一并利用重复诉讼与中止审理两种截然有别的技术理念，如此适用是否符合传统法理的要求，以及这种打破以立案先后为前后诉令判断基准的安排，其理据为何，无不令人生疑。为判断上述《若干规定》中设定衔接模式的理性程度，欲追本溯源，探寻原初语境下相关制度的立法目的。

1. 关于重复诉讼规则的应用问题

根据《若干规定》第17条的旨意，在满足"损害行为同一"的基础上，应中止民事公益诉讼案件继续审理，待生态环境损害赔偿诉讼结束之后，若发现前者遗漏某些诉讼请求，可以依法请求同一法院继续审判。依此安排，环境公益诉讼制度似乎沦为一种查缺补漏的手段。若其诉讼请求被前者完全覆盖，则环境民事公益诉讼因失去法律意义而终止。结合《若干规定》第18条的规定，在裁判生效后，若有前案"未发现的损害"，此时其他主体方能继续提起公益诉讼。依据普通诉讼的经验，前诉遗漏某些诉讼请求或未发现的损害，原诉当事人可以此为由另行提起诉讼即可。但换在此处则略有变化。遇有上述情形，除生态环境损害赔偿案件的原告之外，同时允许形式上不完全相同的"公益诉讼（的原告）"去直接续接"损害赔偿诉讼"。至少在最高人民法院看来，虽名为"两诉",但实为一种诉讼,无论是行政机关,或是社会组织、检察院皆是同一案件的适格主体,只有如此才可以解释上述事实。换言之,既然立法上同意以未参加前诉的社会组织或检察院代替行政机关补续后者遗漏的某些问题,实际上即已默认两者在身份和功能上不分彼此。对此,我们也可以作出这样一种推测,最高人民法院在制定司法解释之初,对于由同一损害行为引起的环境侵权案件,尽管"两诉"在适用顺序上有先后之分,但无内在实质之别,正因如此,前者方可以直接替代后者。笔者认为,在某种程度上,这种态度既是对赔偿制度建构事实的呼应,同时也蕴含着最高人民法院真切的异议,但实质上是一种忽视"两诉"内在运行机理差异的断言,主观成分居多。

进一步而言,按照最高人民法院的处理逻辑,既然起诉主体可以不分彼此,若各主体同时起诉,自会构成重复诉讼。但是依据《民事诉讼法解释》第247条的规定,若重复起诉应不予受理。反观《若干规定》的论证逻辑,不仅可以同时"受理因同一损害生态环境行为"提起的两种诉讼,且突破既有的诉讼规则——按照起诉时间先后决定审理顺序,直接中止正在审理当中的环境公益诉讼,掉过头转用损害赔偿诉讼程序重新审理该案,待其审理结束后再行驳回陷入"中止"状态的公益之诉。立法上这种反常的调整和安排,有违一般的诉讼机理,令人生疑。不仅如此,依据《若干规定》第16条和第17条的内容,其仅是在审判阶段赋予行政机关优先审判权,但此举忽视了民事诉讼法确立的不得重复立案❶的规则。与其如此

---

❶《最高人民法院关于适用〈中华人民共和国民事诉讼法〉的解释》第36条规定:"人民法院在立案前发现其他有管辖权的人民法院已先立案的,不得重复立案;立案后发现其他有管辖权的人民法院已先立案的,裁定将案件移送给先立案的人民法院。"

大费周章地中止正在进行的审理过程，完全可以直接在诉前阶段通过立案规则予以驳回。众所周知，准备一项诉讼活动需要耗费大量的人力、物力、时间等成本，若在审理过程中被强制性中止，不仅会造成资源浪费，同时于社会组织、检察院等适格主体而言，无异于是对其参与环保热情的一次重大打击。对此，笔者认为，不应在既有规范的有效性尚未被完全否认和摒弃的情况下贸然创设新的分析工具，如此，难以达成有说服力的共识。总之，若完全适用优先适用模式，缺乏独立自主地位的环境民事公益诉讼，其未来的实践意义何在？这会引起一场身份认同上的危机。

2. 不符合中止审理的一般事由

所谓中止审理，其并非法院毫无来由地送出一道命令即可达到这般效果。一般而言，案件自受理之后应持续不间断地进行审理以至审结，这是实现诉讼效益和节省司法资源的应有之义。不仅如此，于当事人而言，纠纷越快解决越好，如此可以尽早地恢复正常的生活秩序，而中止审理程序有违当事人的期望，故其仅能作为例外的调节机制。为此，实务中须谨慎有限地予以适用，而且应满足法定条件，通常是某案因事实和法律因素阻却致使该案无法继续进行审判而被迫或必须停止。根据《民事诉讼法》第150条❶的规定，除兜底条款之外，现仅有五种已经确定的中止事由，经比较分析后，其中能够拿来作为强制中止环境公益诉讼的辩护理由应属第（5）种情形，即本案需要根据另一案的审理结果

---

❶ 《民事诉讼法》第150条规定："有下列情形之一的，中止诉讼：（一）一方当事人死亡，需要等待继承人表明是否参加诉讼的；（二）一方当事人丧失诉讼行为能力，尚未确定法定代理人的；（三）作为一方当事人的法人或者其他组织终止，尚未确定权利义务承受人的；（四）一方当事人因不可抗拒的事由，不能参加诉讼的；（五）本案必须以另一案的审理结果为依据，而另一案尚未审结的；（六）其他应当中止诉讼的情形。"

进行审判,而该案尚在审理当中。但是这种特殊规则仅运用于存在先决关系的案件审理情境中。先决关系通常是指"前后两案应当存在条件与结果或者相互排斥的关系"❶。如请求履行房屋买卖合同的纠纷,而围绕房屋所有权的问题尚有争议,且在另案审判当中;或者是两种异质的诉讼程序,如先刑后民等惯常模式。此刻选择中止后诉,"不仅是国家法律实施体系化的要求,也是对当事人合法权益的维护,避免出现多种结果,防止进一步损害当事人利益。"❷ 从上述描述中至少可以归纳出以下三个特征:第一,在性质上,存在某种法律上牵连的两案,但前后两诉的诉讼标的一般是相互独立的;若诉讼标的相同或者为同一种类,应作为共同诉讼来合并审理;第二,在程序上,待前案审结之后,已中止的后案恢复正常的审理;第三,在结果上,为防止发生矛盾裁判,前诉的裁判主文可以作为后诉抗辩和认定的前提条件,但并不是直接作为后诉的裁判结果。以此为据,我们可以观察中止公益诉讼的处理机理是否符合上述几个要素。

具体而言:其一,如上所述,"两诉"通常在被告、诉讼请求、责任内容等方面近乎相同,甚或可以相互覆盖。如果双方确实不约而同地盯上同一侵权案件,最终形成的是"一个案子、两套人马"的临时办公结构,而非诉讼标的相互独立的"两案",实质上仅有一事一案,因此在适用前提上已有瑕疵。不仅如此,在关系层面上,尽管"两诉"之间也存在一种排斥关系,但其是基于防止重复审理的考量,也可称为"一事不二理"。与上述先决关系中所说的排斥并非完全一模一样,其主要是用以避免矛盾裁判,是一种结果意义上的排斥,故以此为理由中止正在进行的审判过

---

❶ 王福华:《民事诉讼程序停止机理研究》,《法商研究》2004 年第 2 期。
❷ 江必新:《新民事诉讼法理解适用与实务指南》,法律出版社,2012,第 570 页。

程缺乏法理上的说服力，这种异常操作方式反而可能起到破坏既有诉讼法理的负面效果。其二，退一步讲，即使依法强制环境公益诉讼案件中止审理，但至少应当保证中止事由消失后，恢复其照常审判的可能。但是依据当下《若干规定》的规则设置，仅在其遇有"剩余诉讼请求"的基础上方可请求法院继续裁判，偶然性因素占据主导地位。据《审理公益案件解释》第18条与《若干规定》第11条分别关于诉讼请求的规定，除前者"恢复原状"与后者"修复生态环境"概念上的差异（可以说恢复原状是修复生态环境的强化版）之外，其余的诉讼请求类型完全一致，实质上几乎没有续审的可能，或者说是个概率很小的事件。而且以新诉的形式继续审理未竟的诉讼请求显然不如一开始即采用合并审理来得有效率。经抽丝剥茧后发现，这种中止仅是外壳上的形似，或者说是分享着同一名称，内在机理方面却毫不相干。这种反差事实不禁令人这样猜测——最高人民法院究竟是为了图个便利，还是有其他考量？不得而知。总之，为避免"两诉"碰撞，《若干规定》企图利用中止审理机制化解该种冲突，但因与一般运行机理的排斥，其构筑的理想图景并非为当下最优的解决方案，其无适当理据的强制调整行为反而弱化了环境民事公益诉讼的制度效能。

综上所述，《若干规定》以这种生硬的方式直接确立生态环境损害赔偿诉讼的优先审判地位，仅仅是时间和空间上前后序位的调整，是为法院暂且化解重复诉讼的尴尬境遇提供的一种技术上指引，即在双方"面对面"交锋之际，强令一方退避。尽管如此，依旧未能解决生态环境损害赔偿制度自身面临的正当性弱化的问题。实践中，社会组织自身掌握的资源有限，在决定是否提起公益诉讼时，必然会考虑到成本、专业及其他问题，因此通常会

"选择较有把握胜诉的案件并集中力量攻克"❶。这种无理由的强制中止机制势必会挫伤社会组织提起公益诉讼的积极性，甚至形成一种歧视。此外，该种适用模式极大地破坏了环境民事公益诉讼制度应当具备的独立性和自主性，几乎沦为从属地位。究竟强行中止环境民事公益诉讼的原因为何？生态环境损害赔偿制度应当如何定位自己的角色？如何确立各自适用范围，从而与环境公益诉讼制度间形成合理分工而非"挤占"其适用空间？如果不能有效解决上述"为什么"的问题，生态环境损害赔偿制度在未来建设过程中仍会面临多重难题。

三、限制适用模式

（一）限制适用模式的内涵

如果说上述优先适用模式是激励适用生态环境损害赔偿诉讼的一个极端，则排他适用模式可视为抑制其适用的另一极端，而限制适用模式更像是一种折中。为避免同时提起"两诉"，有学者认为，"基于环境保护职责，政府及其授权部门应当成为第一顺位的主体"❷，这一点与优先适用模式相同，但与此同时，"当省级政府在一定时间内怠于行使赔偿权利时，环保公益组织可以提起诉讼"❸。与优先适用模式相较，尽管社会组织和检察院仍可以提起环境民事公益诉讼，但在起诉条件上受到一定的限制，需要行政机关以行为或语言表明态度后方才能够确定自己是否可以起诉。

---

❶ 浙江省湖州市中级人民法院与中国人民大学法学院联合课题组、李艳芳：《生态环境损害赔偿诉讼的目的、比较优势与立法需求》，《法律适用》2020 年第 4 期。
❷ 史玉成：《生态环境损害赔偿制度的学理反思与法律建构》，《中州学刊》2019 年第 10 期。
❸ 程雨燕：《生态环境损害赔偿制度的理念转变与发展方向——兼与美国自然资源损害制度比较》，《社会科学辑刊》2018 年第 3 期。

若纯粹地从诉讼序位和调整结果上观察，限制适用模式与优先适用模式保持一致，即优先保证行政机关的诉讼实施权，但在处理方式方面，《若干规定》采用一种相对"生硬"的调整方式，而限制适用模式在具体衔接机制设计上更为灵活科学。即使受到某些限制，当在满足一定的条件要求后，社会组织等主体即能够无阻碍地提起环境民事公益诉讼。这种进路可以将未来发生冲突的可能直接消弭在起诉前阶段，且不用担心中途突然遭到强制中止的裁定，造成人力和物力等资源的大量浪费。

尽管这种模式肯定行政机关优先索赔的正当性，但同时也需要预防其懈怠或失职，为此，需以公益诉讼制度进行配合救济。虽然社会组织等主体不能第一时间施展保护环境公共利益的抱负，但并不会因此阻碍其在后面发挥督促行政机关及时行使索赔权的社会作用。而这种督促和补充起诉的作用不会出现在优先适用模式当中。试想一下，当社会组织等主体正鼓足干劲提起公益诉讼时，却在审理中受到强制中止，于原告而言，恐难以再保持参与公益诉讼的热情。尽管在诉讼序位这一点上，与优先适用模式并无本质上的区别——皆是行政机关占据首位，但操作上存在"命令式"和"协商式"的重大差异。而且在关系定位上，"两诉"之间形成一种协调合力的互补关系，而非上述优先适用模式当中设定的互斥关系。如此，社会组织等主体不仅可以在某一事件上获得实在的参与感，而且在地位上具有法定性和确定性。

（二）限制适用的前提：完善的配套措施

为最大限度提高该种适用模式的实践性能和合理程度，"两诉"之间不仅要实现无缝对接，且须考虑诉讼的效益问题，以避免久拖不决。在这种要求下，衔接关键随即落在具体的限制条件的设定上:在形式层面,需满足规则之间的连续以及局部与整体间的融通;在内容层面,至少应在以下三个方面形成共识。其一,信息共享机制。有关环境污染或生态破坏的事件,行政机关和社会组织、检察院皆有各自熟悉的发现渠道,偶有交叉但不完全重合。案件信息既是前位主体确定提起诉讼的现实前提,也是后位主体判断何去何从的基础依据。目前,在环境公益诉讼制度内部架构中,设有诉前或审前通报与公告等制度,作为衔接的一环,"两诉"之间应当打通壁垒,建立一套稳定的由三方共享的信息通报机制,以实现互通有无。其二,沟通协调机制。在限制适用模式预设里面,社会组织等主体是在行政机关怠于或放弃诉讼的基础上开展环境公益诉讼活动。为此,确定行政机关的诉讼态度成为首先要解决的事情。为保证能够做到信息反馈及时、准确,可以配以相应的时限制度,如行政机关自收到质询书之日起,须在15日内予以答复,并说明理由;逾期回复,视为放弃。其三,专业支持机制。相对活跃于民间的社会组织,行政机关长期身处执法前线,在各种资源方面占据诸多的先天优势。为践行损害赔偿制度,其应当为社会组织预先提供相关的法律建议、证据资料、技术意见及其他支持,便于其准备后续诉讼事宜以及选择最佳的解决方案,如调解、和解等非讼机制。以上程序规则皆是围绕衔接主题延伸而来,也是必要的配套制度。除此之外,尚需要其他的具体规则予以辅助,从体系上使"两诉"达到较为和谐统一的状态。

总之,虽然与上述优先适用模式和排他适用模式相较,这种折中的适用办法较为注重结构上的平衡问题。不仅如此,这种模式在某种程度上确能起到兼顾各方利益的作用。整体而言,不失为一种稳妥全面的解决进路。但是,归根结底,这仍是一种治标的应急之策，不能从根本上化解"两诉"之间潜在的冲突，这是制度上的一种间隙。无论衔接规则看上去有多圆满，在一条通道上维持出入秩序，即使能够防止发生占道、抢道、插道等无序现象，促使有序通行，但仍旧不能改变通道本身狭隘的事实。受限于此，这种调整难免存在失当之处，如耗费时间成本、协调成本等现实问题。此外，自最高人民法院以《若干规定》改变行政机关法律地位以来，由《改革方案》强制加在赔偿权利人身上的诉讼负担得以卸下，从"应当及时起诉"转变为"可以起诉"，附着于这种表述的变化，新的问题随之而来。当行政机关取得一定裁量空间之际，这也成为社会组织（检察院）实现补充起诉的契机。如果《若干规定》继续沿用"应当"的规则，所谓限制适用模式将可能变得毫无意义。行政机关决定是否行使赔偿权利的裁量标准为何？既可能是"怠于行使权利"，也可能是"无力行使权利"。若是前者，环境行政公益诉讼应当如何自处：以不作为为由直接提出检察建议或提起诉讼；抑或干脆置之不理，将其直接推到社会组织、检察院等主体的身上。凡此等等，从而衍生出更为广泛的法律关系协调问题。

四、任意适用模式

通过以上分析发现，当双方因同一损害事件而同时提起诉讼时，针对如何从中取舍的问题，前述几种适用模式所持立场并非完全一致，可以说互有利弊。但从各方态度的整体趋势上观察，实则倾向于优先尊重和保障行政机关的索赔请求权，并致力于为其提供一个相对有利的环境条件，如中止公益诉讼。但无论是理论学说抑或具体规定皆属于主观层面的内容，其中蕴含部分学者的理想愿景。但反观制度实践，适用环境公益诉讼的案件显著多于前者。据此推定，与前者相比，环境公益诉讼制度受到更为广泛的欢迎。这种来自社会实践反馈的选择结果，虽然不能就此完全推翻上述已确立的适用模式，但也不能否认其产生的警醒作用。此外，在理由方面，当然也不排除决策者或设计者有意挽回"两诉"发展规模严重失衡的格局，但这种推论逻辑不见于书面语词，因此缺少相应的理据支撑。实质上，上述几种适用模式主要是一种源自基础法理上的演绎，如私权优先于公权等一般理念。总之，环境民事公益诉讼制度的实践意义和社会效果较为显著，扬其所长方能最大限度地增长其预设价值，这种实在的利益应当成为选择适用模式的一个重要现实考量因素。然归根到底，这也仅是出于经济学上直观衡量后的结果，在说理充分程度方面难免稍显不足。2016 年 5 月，我国发布了《审判职能保障意见》，其第 17 条规定，为促进社会组织提起诉讼，应积极构建相应程序。依据该内容的指示，在建设生态文明任务中，环境公益诉讼制度应被视为一项重要的工具机制。从"积极"的语态描述当中直接反映出支持（社会组织）公益诉讼制度健康发展的改革意志。在这种背景下，自然会随之产生其他类型的适用模式。

（一）任意适用模式的内涵

与上述优先适用模式中秉承的理念均不相同，程多威博士、王灿发教授认为，"暂不予设置起诉顺位，谁率先立案就适用谁所属的诉讼制度"❶。李浩教授亦认为，在行政机关和社会组织起诉问题上，"不设先后顺序应该是一个合理的选择"❷。除这些理论上

---

❶ 程多威、王灿发：《生态环境损害赔偿制度的体系定位与完善路径》，《国家行政学院学报》2016 年第 5 期。

❷ 李浩：《生态环境损害赔偿诉讼的本质及相关问题研究——以环境民事公益诉讼为视角的分析》，《行政法学研究》2019 年第 4 期。

的阐释之外，亦有相应的实务经验支持。如湖南省磋商管理办法❶规定，赔偿权利人"可商请检察机关、法律规定的组织提起公益诉讼"。这种表述或许没有学者表达得直白，但并不妨碍理解上的准确性。首先，此处没有明显刚性的规定，在这一点上显著不同于上述优先适用模式和限制适用模式。其次，这里赔偿权利人可以采用"商请"的方式决定由谁起诉以及如何诉讼等后续相关活动。除衔接形式较为灵活之外，也为实施具体选择方面增加一些转圜余地，彰显出地方政府对于"两诉"不分彼此的态度。为方便下文继续分析，故将符合以下特征的这种适用办法统一概括为"任意适用模式"。

所谓任意适用理论实际为一种不预先设定诉讼序位和设置限制条件的适用方式，而是以起诉时间前后作为适用基准。该种模式既带有一种放任的意味，也似一场为结束无尽争执而临时达成的妥协之策，同时也能因起诉时间的客观性而确保各地适用上的统一。与前述强调顺序意义的几类适用模式不同，其认为两种诉讼在法律地位上至少是平等关系，从法理上讲，并不存在绝对的孰前孰后、孰主孰次的法律关系，而是依据立案时间先后的事实决定后续诉讼程序如何操作——合并审理或驳回后诉。在表面上看来，这种模式不仅在具体规则设计上极为简化，同时也保留着民事诉讼法的传统旨意，而且符合公平的外在形式表征。不仅如此，对于双方而言，在不分先后和"先到先得"情境下，潜在的竞争压力能够起到刺激对手和防止懈怠的作用。

（二）任意适用：忽视适用效果的差异

通过上文分析，"两诉"在适用范围和诉讼请求等方面逐渐趋

---

❶《湖南省生态环境损害赔偿磋商管理办法（试行）》第 17 条规定："生态环境损害赔偿磋商程序终止，赔偿权利人可依法提起生态环境损害赔偿诉讼，也可商请检察机关、法律规定的组织提起生态环境和资源损害公益诉讼。"

同,是否意味着适用任何一种诉讼方式皆无关紧要,而且诉讼效果也会完全相同?答案显然是否定的。目前,尽管"两诉"在管辖范围、请求事项、证明内容等程序规则方面大同小异,没有明显的分化,但在规则之外,制度实践之内,因诸多现实因素的制约,如主体地位差异、举证证明能力、抗风险能力、主体经济实力及其他关联事项,在诉讼效益和诉讼动力上,"两诉"之间表现出非常显著的事实差距。因此,即使最终裁判结果一致,但在具体实现方式和手段选取方面,不同诉讼模式则会引起不一样的诉讼效果,毕竟"纸面上的法"与"行动中的法"并非总是一致,这也为下文研究如何适用"两诉"提供了实在的背景。

具体来讲,"两诉"除了同一性之外,尚有差异性。于被告而言,进入不同的诉讼类型将会面临不同的诉讼对手和案件审理方式,必然会给涉诉被告的利益造成程度不一的影响。在环境民事公益诉讼当中,法定的适格原告仅有两类:符合条件的社会组织和检察院。而生态环境损害赔偿诉讼的起诉主体为省、市级政府及其他有权机构或部门。除社会组织之外,以检察院和行政机关作为原告突破普通民事诉讼的制度框架。尽管根据法律的精神,原告在诉讼中的法律地位与各诉中的被告平等,但无论是在形式上还是身份地位上检察院和行政机关皆不同于普通的民事主体(自然人、社会组织等)。实质上,这种差异不仅体现在司法空间之内,司法空间之外的差距更为显著。如"政府与被告是管理者与被管理者的关系,这种关系不会因为诉讼的启动而中止或终结"[1]。尽管立法上为极力淡化其行政主体身份而将其锁定为"赔偿权利人",但其固有的公权印记令法庭内外的任何人都无法忽

---

[1] 邓少旭:《生态环境损害赔偿诉讼:定义与定位矫正》,《中国环境管理》2020年第3期。

视,而且其背后代表的地位和势力亦会随之渗透到诉讼空间内部,极易影响到案件的判决结果。

一般来说,虽然通过诉讼能够保障当事人最大限度地接近正义,但因诉讼程序烦琐和司法资源有限的现实,亦会产生耗时、耗力、诉累等负效益,与及时修复受损生态环境的改革宗旨不符。在具体的纠纷解决机制设置方面,"两诉"表现出较大差异。在环境民事公益诉讼当中,根据《审理公益案件解释》第 25 条的规定,在诉讼之外,双方可以达成调解或和解协议,辅以公告程序即可。而在生态环境损害赔偿制度中则另设磋商制度,企图采用这种灵活、简易和便利的方式提升纠纷解决的效率,如果磋商成功,即可避免诉讼过程而直接跨入执行阶段。在本质上,调解、和解和磋商机制皆是诉讼外纠纷解决机制,为什么会另起炉灶新建"磋商"制度,而不是续用常规的调解或和解机制?缘由不明。从文义上解释,所谓磋商应是谈判双方自主交涉和相互商量的过程,从概念上如此理解并无过错,但在结合谈判双方身份这个变数时,结果令人担忧。部分学者担心,"政府会利用其监管职权与赔偿义务人开展'强制磋商','胁迫'对方接受相关赔偿条件"❶。同时为防止发生久拖不决的情形,部分地方在制定《改革方案》时对于磋商次数和磋商期间有程度不一的限制,如北京改革方案第 4 条第(6)项明确为"两轮或六个月",《若干意见》第 6 条规定不超过 90 日。双方经赔偿磋商达成赔偿协议后,可以向人民法院申请司法确认,从而使赔偿协议获得强制执行的法律效力。但事实上,民事诉讼中的司法确认制度的适用前提为经调解达成的协议,现直接将其与赔偿磋商制度对接,理论上的正当性

---

❶ 王腾:《我国生态环境损害赔偿磋商制度的功能、问题与对策》,《环境保护》2018 年第 13 期。

如何，颇受诟病。此外，尚且涉及赔偿权利人的行政层级与确认法院管辖级别之间的协调难题，若市级政府机关向基层法院，或者省级政府向中级人民法院申请司法确认，这种权力格局上下失衡的局面必然会影响到司法确认结果的公信力问题。不难看出，各界针对磋商前置的程序设定争议不大，令人生疑的是磋商制度本身的合理性及其与传统制度框架间的调和问题。毕竟磋商制度是我国传统救济法体系里面新增添的一项事物。

除此之外，磋商也不同于我国环境民事公益诉讼中设置的调解或和解制度。在实际进行磋商过程中，被告除受到赔偿权利人行政身份的影响之外，在谈判意志上尚且会受到来自后续刑罚压力的强制。根据贵州❶、山东❷和湖南❸等省市已经公布的磋商管理办法，其均赞成将赔偿义务人的磋商表现情况作为后续刑事量刑和行政处罚的参考依据。通常来讲，磋商是双方主体基于平等、独立原则进行的谈判协商活动，现将其与刑罚和行政处罚相连，即使会对磋商进程起到促进作用，但却是以牺牲磋商的内在精神为代价，而且各省政府间不约而同的改革行径表明这种决定不是一种偶发现象。这种异化发展态势必与和解、调解制度渐行渐远：

---

❶ 《贵州省生态环境损害赔偿磋商办法（试行）》第23条规定："赔偿权利人可以将赔偿磋商和赔偿协议履行情况提供给司法机关作为量罚参考，或者提供给行政管理部门作为行政处罚裁量参考。"

❷ 《山东省生态环境损害赔偿磋商工作办法》第20条规定："赔偿义务人承担生态环境损害赔偿责任不能免除法律、法规规定的造成生态环境损害违法行为应当承担的行政、刑事法律责任。对积极参与生态环境损害赔偿磋商和积极履行赔偿协议的赔偿义务人，赔偿权利人可以将履行情况提供给人民法院作为定罪量刑参考，提供给行政管理部门作为行政处罚裁量参考。"

❸ 《湖南省生态环境损害赔偿磋商管理办法（试行）》第23条规定："对积极参与生态环境损害赔偿磋商并积极履行生态环境损害赔偿协议的当事人，赔偿权利人或调委会可以将协议履行情况提供给司法机关作为量罚参考或依法在做出行政处罚时予以考量。"

前者对赔偿义务人的自主意志形成某种"强制";后者则尽量尊重双方的协商自愿。

整体来说,尽管"两诉"在适用范围、诉讼请求、责任方式等方面基本相同,但绝不能就此认为:既然任何一种诉讼皆能实现修复生态环境的目的,因此如何选择根本无关紧要。我们可以在保护环境公益的诉讼道路上奋力前行,但不能就此完全罔顾被告的利益,这是司法公正的内在要求。于被告而言,面临不同的诉讼类型,将给涉诉主体的利益造成轻重不一的影响,如难易程度、资源投入、诉讼风险等皆有差异。相较于社会组织,检察院长期从事司法工作,其在证据调查、法律知识、诉讼技巧等方面占据优势,而行政机关作为公权力机关,在行政执法过程中直面实际实施污染的企业、组织和个人,在证据获得、物力资源等方面得天独厚,并全面地掌握着第一手材料。换言之,这种司法空间之外的差距并非因为"平等"的宣示而变得无足轻重。于被告而言,当面对不同的对手——社会组织、检察院和行政机关之时,这种身份及其衍生的其他差距愈发清晰,从而会对被告利益甚至诉讼走向起到关键作用。由此观之,即使"两诉"皆能够达到相同的目标,但由不同的主体作为原告,在一定程度上可以直接影响目标实现的质量,所以如何选择诉讼将成为关键的一环。

总而言之,这种任意适用模式同样因循"单行道"的调整方式,究竟能够在多大程度上发挥"两诉"的聚合效应,从而实现诉讼效益的最大化?笔者认为,前景不容乐观。实质上,这种模式并未从根本上解决如何适用"两诉"的问题,而是消极地将皮球踢回到原处,由当事人自主决定,"先到先得"。尽管此举可以避免划分适用范围的困难,同时保证"两诉"地位相对公平，但也可能会带来一波新的难题。如在正式立案前，若一方主体在不知对方已经着手实施诉讼的情形下继续准备诉讼材料，可能会浪费双倍资源；或者各自分别向不同的法院起诉，涉及案件移送等协调成本。另外，如上文所述，"两诉"除在功能上相似之外，在具体适用过程中存有显著的区分，如诉讼风险等事项，而该种适用模式带有一定的偶然性和不确定性，可能导致被告失去对于诉讼结果的可靠判断和稳定预期，陷入无所适从的不安境地。

第二节　择优而用：子制度之间的适用安排

为什么主张"择一而用"？其潜在前提是认为"两诉"之间乃是非此即彼的对立关系，因此仅需做到从中选择"一个"即可。在此基础上，"择优而用"观念更进一步，其不仅仅满足于"一个"，同时希冀在每一个阶段均选用"最优的那一个"。如在面临如何抉择之际，若经比较后确认"政府在专业人员和专门性手段上具有优势"[1]，则适用该制度即为一种合理的、正确的选择。因此，不妨认为，"择一而用"是从功能重复的角度而言，"择优而用"则是站在如何最大化发挥功能的角度，两者的立足点并非一致。

一、交叉适用模式的界定

上述"择一而用"模式是以整体思维的方式调整"两诉"之

---

[1] 黄虞、张梓太：《生态环境损害赔偿之诉与环境公益诉讼》，《中华环境》2018年第6期。

间的冲突,其是在保持"两诉"各自完整的前提下展开的宏观衔接,从形式上看,两种诉讼制度仍旧保持独立的运行轨迹。实际上这是一种功能主义或工具主义视域下的合作形式。与之不同,交叉适用模式则更注重由表及里的推进工作,是从"两诉"制度内部发生的交集关系。往细处讲,生态环境损害赔偿制度具体包括磋商和诉讼两项子制度,环境民事公益诉讼根据起诉主体的不同可划分为社会组织提起的公益诉讼和检察院提起的公益诉讼。按照一般逻辑,为避免双方同时起诉而引发冲突,围绕该目的,通常采取的手段为调整前后起诉与审理顺序的办法。但在多元主体共治的格局下,部分学者看到另一种适用办法,即"组合型"适用。其认为,两种制度可以彼此交替穿插进行,而并非完全泾渭分明的关系。因此,可以尝试转换传统的逻辑思维,"从效率原则和效益原则出发:磋商优先;社会组织优先;相对于政府部门,检察机关优先。"❶ 根据该观点,其中蕴含三层意思:第一种情形,当生态环境损害赔偿磋商与环境民事公益诉讼碰撞时,磋商优于诉讼制度;第二种情形,当磋商不成,检察院与行政机关同时起诉时,应优先适用环境民事公益诉讼;第三种情形,当磋商不成,行政机关拟提起诉讼前,应通报社会组织和检察院,并保障社会组织的优先起诉权。按照后两种情形表现的逻辑来看,具体实施路径如下:赔偿磋商(行政机关)—公益诉讼(社会组织、检察机关)—赔偿诉讼(行政机关)。这种安排实质上是将生态环境损害赔偿制度拆分为两部分并分别安置在首尾两端,中间则插入环境公益民事诉讼。这种方案并没有就此止步,其根据社会组织和检察院的身份差异,进一步将环境民事公益诉讼制度

---

❶ 贺震:《构建生态环境损害赔偿磋商与诉讼衔接机制》,《环境经济》2017 年第 10 期。

视为两种意义不同的子制度。考虑到这种特点，本书将其概括为"交叉适用模式"。且不论可操作性如何，这终究是一种观念上的突破。总而言之，若想恰当地形容或描述交叉适用模式的基本特征，以一个比喻为例可能更为直观，即上述优先适用模式是源自各流水线的"成品兜售"，本质上是非此即彼的竞争关系；后者则是对制度构成配件的重新组装，从而形成彼此交融的事实关系。

二、交叉适用模式的理论意义

至于为什么会选择交叉适用模式？主要是从各具体机制拥有的比较优势这一层面来考量。其一，众所周知，诉讼具有耗时耗力等弊端，从立案受理、一审至二审结束，周期相对较长，如果该环境事件符合刑事犯罪标准，尚会提前经历一轮刑事诉讼。这样计算下来，一个完整的诉讼周期颇为费时。而与之不同，环境损害具有扩散性、累积性等特征，拖延越久则损害后果越加严重，后期修复成本和难度亦会随之相应增加。这种客观特征决定了应当保证生态环境修复的及时性。而相较于诉讼，赔偿磋商具有快捷、灵活和便利等实在优势。从理论上讲，赔偿磋商耗费的时间、物力、精力等成本相对较少，可以利用较短的时间来实现修复生态环境的制度目的，在一定程度上避免烦琐冗长的诉累。因此，整体效益要高于诉讼制度。其二，检察院作为司法机关，因其固有的职业属性，在法律知识和诉讼技能上要优于行政机关，当两者针对同一环境侵权案件提起诉讼时，检察机关显然更有优势。其三，我国《环境保护法》第 53 条明确赋予公民、法人和其他组织环境保护参与权。此外，《生态文明体制改革总体方案》第 3 条也强调应发挥社会组织的效用。很显然，促使社组织参与公益诉讼既是政策的要求，也能起到落实和保障环境参与权的积极作用。至于上述衔接方案是否合理，除理论上的正当性之外，是否具备现实可行性也是重要的评价因素。而该方案面临的最大障碍恰恰是社会组织优先起诉的必要性。事实上，自 2015 年 1 月《环境保护法》肯定社会组织的起诉资格以来，至 2019 年 6 月，社会组织提起环境公益诉讼案件 298 件，审结 119 件，与之相对，检察院提起环境公益诉讼案件 3964 件，审结 2796 件❶。在起诉案件数量上，两者存在明显差距。不难发现，社会组织参与公益诉讼的程度远远不及检察院。事实上，与检察院和行政机关相较，在现实地位或资源占有等方面，社会组织反而成为弱势单位。在这种情境下，仍赋予社会组织优先起诉地位是否合理？笔者认为，既然立法上已经赋予其优先起诉的法定地位，自然也应为其提供发挥能力的现实机会，为此，亟须设立相应的激励机制。

在交叉适用模式当中尚存在另一个问题需要解决。多数观点认为，当磋商不成时，应由行政机关直接提起赔偿诉讼，而不必在磋商环节和诉讼环节之间插入环境公益诉讼。这种反常现象是否合理？一般来说，生态环境损害赔偿案件具有复杂、专业等特性，而行政机关拥有相应的监测技术和设备，在行政执法过程中可以直接形成和获得检查、勘验记录，鉴证报告，排污信息等相关材料，并可直接作为证据材料使用❷，由此认为其举证能力强于社会组织（检察院），能够"更好地落实生态环境损害的填补与

---

❶ 2019 年 7 月 30 日最高人民法院在环境资源审判庭成立五周年发布会上公布的报告，http://www.court.gov.cn/zixun - xiangqing - 173942.html，访问日期：2021 年 4 月 9 日。

❷ 郑朋树：《论我国环境公益诉讼原告资格的构建》，《广西社会科学》2010 年第 7 期。

救济工作"❶，也正因如此，表面上看，由行政机关在赔偿磋商不成后直接提起诉讼似乎更为便利。但事实并非如此，我国存在行政信息公开原则，行政机关掌握的证据资料，社会组织（检察院）依法同样可以共享。此外，鉴定评估报告等证据材料是由专业的技术鉴定机构形成，而非行政机关自身独立制作而成，社会组织（检察院）也可以通过委托鉴定的形式获悉，在这种前提下，行政机关并无绝对优势。而且一旦进入司法领域，在诉讼技能上行政机关反而不如检察院。尽管交叉适用可能会因为索赔主体中途转移和交接造成不便，但其不仅能够起到维护社会组织参与环保的荣誉感，符合民主法治的基本要求❷，而且从磋商转入行政机关以外的社会组织或检察院手中也不存在难以克服的障碍。一言以蔽之，其立足点在于最大限度地节省时间、资金、司法和行政资源等成本以及充分保障公民参与环境保护的权利和积极性。尽管如此，也不能因此否认和忽视其本身的不足。在交叉过程当中，必然会涉及资料转手、移交、分享等环节，徒增程序上的烦琐。

第三节　同时并用：诉讼主体之间的适用安排

如上所述，两种诉讼类型的社会功能极为相似，为避免诉讼重复、浪费资源，在适用过程中通常会从"两诉"当中择一而用或者择优而用，期冀通过调整诉讼序位防止两诉碰撞，具体包

---

❶ 竺效：《生态损害公益索赔主体机制的构建》，《法学》2016年第3期。
❷ 马彩华、游奎：《环境管理的公众参与：途径与机制保障》，中国海洋大学出版社，2009，第10—11页。

括排他适用、优先适用、任意适用等多种不同的模式。但亦有学者另辟蹊径，推崇同时并用的方式。所谓同时并用，其并非完全专业的法学概念，而是一种经凝练概括后的观察结论，也是相对于上述两种思维路径而来。顾名思义，其在调整原则上不分先后主次，而是转向对"两诉"进行内部整合，企图将关联之诉和利害关系人统一聚集到一起，从而最终达成一次性解决纠纷的目的。其本质上是为充分保障后诉主体的诉讼参与权而适用的诉讼策略，而不是如上述几种适用模式一样过度注重"两诉"之间的排斥性。该理论实是立足于既有民事诉讼审判机理，如共同诉讼、支持起诉、第三人参加之诉等传统制度资源。通过该种方式，既可以直接省却设置衔接规则的功夫，实现程序上化繁为简；同时亦可以与现有诉讼框架保持一致，尊重其他主体依法享有的参与环境保护的权利。实际上，无论是实务经验，或者是地方改革方案、学界思想和司法意见，对于同时并用的理解和操作并非一模一样，但出于分析便利和直观比较的考量，特将这些来自各方析出的具体进路统一汇聚到该主题模式之下。为此，以运行条件和处理方式为基准，可以将其进一步划分为以下几种情形。

一、并举适用模式

当同一侵权事实同时涉及不同的利益主体，且这些主体或已经起诉或即将起诉。为实现一并解决的目的，依据民事诉讼法的一般规定，通常采用合并审理或者第三人参加之诉这两种处理机制。前者是从诉的角度出发，解决存在多个之诉的问题，后者是从主体的角度出发，解决存在其他利害关系人的问题。

（一）合并审理的功能优势

除上述提起单一之诉的路径之外，有学者借助传统法律资源主张合并审理。"在一方起诉后另一方跟进起诉或两方同时以各自的请求权基础分别起诉的，可以合并审理"❶，或者"待一方起诉立案后由另一方适格主体在一定期限内提出申请，作为共同原告参加诉讼"❷。除上述学界设想之外，最高人民法院环境资源审判庭庭长王旭光亦认为，尽管目前没有明确的法律规定，但"从落实诉讼经济和效率原则考量，如果符合诉的合并条件，可以合并审理"❸。实质上，关于"两诉"能否合并审理以及如何合并的问题，《若干规定》第 16 条❹也作出过一些规定，即"可以由同一组织受理并审理"。从文义上理解，并不能完全排除分开审理的可能，如果从诉讼效益的角度衡量，将"两诉"合并审理应是最佳选择。但是在具体施行路径上，其与上述某些学者的理解以及民事诉讼法的原旨存在显著的区别。具体而言，《若干规定》在合并审理适用过程中增加了一项限制性条件，即必须优先审理生态环境损害赔偿案件。如果先审理的是环境民事公益诉讼案件，应当以"中止审理"的形式进行调节。在共同诉讼中，为什么会一违常理地制造这种逆差，最高人民法院并未给出一个充足的解释，实际上这

---

❶ 郭海蓝、陈德敏：《省级政府提起生态环境损害赔偿诉讼的制度困境与规范路径》，《中国人口·资源与环境》2018 年第 3 期。

❷ 程雨燕：《生态环境损害赔偿制度的理念转变与发展方向——兼与美国自然资源损害制度比较》，《社会科学辑刊》2018 年第 3 期。

❸ 王旭光：《论生态环境损害赔偿诉讼的若干基本关系》，《法律适用》2019 年第 21 期。

❹ 《最高人民法院关于审理生态环境损害赔偿案件的若干规定（试行）》第 16 条规定："在生态环境损害赔偿诉讼案件审理过程中，同一损害生态环境行为又被提起环境民事公益诉讼，符合起诉条件的，应当由受理生态环境损害赔偿诉讼案件的人民法院受理并由同一审判组织审理。"

种审理顺序上的要求会间接缩小合并审理的案件范围。除《若干规定》之外，地方上亦有类似规定。根据上海市《关于审理政府提起生态环境损害赔偿民事案件的若干意见（试行）》第 8 条❶的规定，针对同一事件，若同时起诉，优先受理生态环境损害赔偿诉讼，这一点与《若干规定》中确立的优先适用原则不同，后者采用的是优先审理原则。不仅如此，在法院已经受理任何一诉后，如果后诉中的诉讼请求未被前诉完全涵盖，应当受理后诉。不难推出，因案件事实彼此牵连的关系，倾向合并审理反而是制度常规，而非按照《若干规定》的设想运作，直接中止审理环境民事公益诉讼案件。以上这些观点和规定或许尚不能完全证明合并审理的正当性、必然性，但至少能够代表某种趋向性。严格来讲，这是与《若干规定》提供的衔接方案相反的另一种解决路径，后者近似直接剥夺社会组织（检察院）参与诉讼的机会。

所谓合并审理是将两个（包括两个）以上的案件合并进行审理。一般而言，合并审理是建立在共同诉讼的基础之上，而不是毫无限制地适用于任何复数的诉。据《民事诉讼法》第 52 条❷关于共同诉讼的规定，依据诉讼标的间的紧密程度，在我国，共同诉讼分为必要共同和普通共同两种诉讼形态。在必要共同诉讼当

---

❶ 《上海市关于审理政府提起生态环境损害赔偿民事案件的若干意见（试行）》第 8 条规定："对同一生态环境损害，已经受理环境民事公益诉讼，生态环境损害赔偿权利人或者其指定的部门、机构又提起生态环境损害赔偿民事诉讼且诉讼请求未被前诉涵盖的，人民法院应予受理。已经受理生态环境损害赔偿民事诉讼，有关机关或组织又提起环境民事公益诉讼且诉讼请求未被前诉涵盖的，人民法院应予受理。同时提起生态环境损害赔偿民事诉讼和环境民事公益诉讼的，优先受理生态环境损害赔偿民事诉讼。"

❷ 《民事诉讼法》第 52 条规定："当事人一方或者双方为二人以上，其诉讼标的是共同的，或者诉讼标的是同一种类、人民法院认为可以合并审理并经当事人同意的，为共同诉讼"。

中，相同一方之间的诉讼标的为同一法律关系，分享共同的权利和义务，为不可分之诉，故必须合并审理。在某一当事人未参加该诉时，人民法院应当通知其参加。反之，在普通共同诉讼中，相同一方之间的诉讼标的为同一种类关系，为可分之诉，经当事人和法院同意可以合并审理，但应分别裁判。根据民事诉讼法的上述规定，欲要将"两诉"进行合并审理，其必须面临的前提是"两诉"为两类不同且相互独立的诉。而在上述其他（优先、限制等）适用模式当中，实质上是将其作为"一事"予以对待的。这既是并举适用模式与上述适用模式之间的最大差异，亦是出现该种结果的原因。相对于分别审理，共同诉讼除具有避免裁判矛盾的法律意义之外，尚有节省资源、便利、效率等经济意义上的优势，该做法在实务中得到践行。如重庆市人民政府与重庆藏金阁物业管理有限公司环境污染责任一案，尽管重庆市人民政府和重庆两江志愿服务发展中心分别向法院提起诉讼，但因涉及同一损害事实，经各方当事人同意，法院依法将两案进行合并审理❶。在该案中，法院将其视为一种普通共同诉讼予以处理。换句话说，至少在重庆市人民法院看来，两种诉讼的诉讼标的具有某种相似性，即旨在保护生态环境利益，至少满足诉讼标的的种类相同的要件，且在被告、争议事实等方面存在一致性，符合共同诉讼的一般要求。若按照这种理解进路，采用合并审理的方式应无较大争议，但该结论存在一个关键前提，即"两诉"究竟是否构成共同诉讼，这取决于如何看待两种诉讼的诉讼标的，有待下文商榷。

（二）合并审理的难题：诉讼标的的界定和识别

根据《民事诉讼法》第52条的规定，共同诉讼的前提为诉讼

---

❶ 详见重庆市人民政府与重庆藏金阁物业管理有限公司环境污染责任一案民事判决书，中国裁判文书网（2017）渝01民初773号。

标的为共同关系或者同一种类：如果是共同关系，则应当按照必要共同诉讼的程序规则操作，从而直接排除法院的裁量空间；反之，若为同一种类，则可以适用普通共同诉讼制度确立的规则。如果种类亦不相同，需按照另外一套操作方法予以处理，如另行起诉等方式。显然，此处诉讼标的的确认问题成为最终适用办法选择的一个关键。不仅如此，诉讼标的尚且关涉到判断"两诉"是否构成重复起诉，当事人是否适格，既判力范围的大小等一系列相关的问题。换句话说，也正因为作为两种诉讼制度各自建构基础之诉讼标的理论不明，才造成上述多种适用模式共存的不利后果，至少是其中的一个重要影响因素。通常而言，诉讼标的作为诉的构成要素之一，其指当事人争议的内容和法院审判的对象，直接决定某诉是否继续进行以及如何进行等程序性活动安排。实践中，诉讼标的理论主要应用在以解决民事纠纷为主的私益诉讼活动领域内，如人身、财产等私权受损的案件，而依据当前主流认识，生态环境损害赔偿案件和环境民事公益诉讼案件皆含有一定的公益成分，在诉讼标的的确立和识别方面难免与一般私权理论既有区别亦有联系。

1. 环境民事公益诉讼的诉讼标的

自 2012 年《民事诉讼法》设立环境公益诉讼制度以来，时至今日，研讨热度依旧居高不下。在设立公益诉讼制度之前，我国传统法律体系主要以私权（益）作为制度构建的出发点。因此，在关涉到对既有规则适应力的判断和评价上，公益诉讼的公益特性占据至关重要的位置，基于公益与私益的差异性，部分学者倾向于在主体适格、举证责任、诉讼时效、诉讼调解等程序规则方面实施特殊化，试图促成公益诉讼与私益诉讼分立的立法格局。目前，通过查阅相关文献发现，整体成果数量颇丰，但在主题分布结构方面有失平衡，大体上呈现出"热点越热，冷点越冷"的研究势头。同时，有关环境民事公益诉讼的诉讼标的究竟为何的问题，学界几无翔实权威的结论。在对已有观点进行归纳的基础上，大致可分为以下几种解释进路。

（1）肯定环境民事公益诉讼与传统民事诉讼间的差异性，承认公益诉讼的独特之处，其诉讼标的"实质上是原告所代表的普遍的环境公益与被告所体现的具体的环境私益之间的诉争"❶。在该前提语境下，其进一步认为，应在"二元制"结构——程序意义和实体意义——当中界定和识别其诉讼标的，即分别为：原告主张的诉讼实施权与环境权。与上述传统的诉讼标的理论相较，这种建构方式稍显特殊。通常谈及我国自主建设的环境公益诉讼制度，其中争议较大的是，在对原告资格和身份的立法安排上，其突破由"实际利害关系人"作为适格原告的一贯思维，并排除与污染后果存在密切联系的当地公众的环境救济请求权，转而直接赋予非自然人的——社会组织和检察院诉讼实施权。这种与传统当事人适格理论以及域外普遍立法经验割裂的事实不可避免地会对固有体系带来一些冲击。当然，为使这种不连贯的现象正当化，或者为其提供一种相对合理的解释，学者们从各个方面纷纷进行实现理论融通的努力，如确立环境权，扩大起诉主体范围等主张。不排除存在上述这种考虑，至少从表现形式上看，该诉讼标的理论更像是为了适应我国环境民事公益诉讼原告的配置逻辑而来。整体观之，其重在解决公益诉讼主体资格判定和实体责任分配等实务中容易遭遇的难题，实际上是一种目的导向的阐释方法。最终不仅混淆了诉讼标的与争议事实之间的关系，而且也未

---

❶ 张忠民：《论环境公益诉讼的审判对象》，《法律科学》2015年第4期。

从正面给出何谓其诉讼标的的确切答案。

（2）在环境民事公益诉讼法律体系构建当中，并未与私益诉讼体系完全分野，在部分制度上直接套用侵权责任法上的内容，但是从目的上观察，其保护公共利益的根本旨意和关键内核显而易见，故其诉讼标的是"当事人在诉的声明中所表达的公共利益"❶。如其所述，该种进路直接扎根于公共利益的场域，以诉讼目的为判断基准。在概念界定方法和路径上，实际上借用了"一分肢说"的外壳，即以诉之声明作为识别依据。与前述"二元论"立场相比，该学说尤为注重其内在蕴含的公共利益属性，而且符合环境公益诉讼制度的成立初衷。在外延扩及方面，"一分肢说"固然具有不可比拟的比较优势，但利益概念固有的抽象性也不容忽视。

（3）尽管上述两种观点皆触及公共利益的边缘，但有关公共利益概念的内涵为何，却仅停留在浅尝辄止的地步。与其不同，作者通过全面深度剖析公益诉讼的特质，最后将其诉讼标的还原为"公众的生态环境利益（抑或争议中的公民环境权）"，并进一步指出该利益乃是"审美、娱乐、文化等精神利益"❷。在此处，公共利益不再是一种只可意会的笼统概念，经过一番注解，取得一种相对确定的内涵，包括审美等公共价值，这是一种直观的进步。其不足之处同样明显，不可否认，与公众精神享受休戚相关的某些事项因符合"公共利益"而所附带的开放性、共享性等基本特征，将其称为公益诉讼的诉讼标的应无大的问题。但"精神利益"与"生态价值"绝非完全等同的关系。客观而言，除文化

---

❶ 段厚省：《环境民事公益诉讼基本理论思考》，《中外法学》2016年第4期。
❷ 牛颖秀：《生态环境损害赔偿诉讼与环境民事公益诉讼辨析——以诉讼标的为切入的分析》，《新疆大学学报（哲学·人文社会科学版）》2019年第1期。

价值（精神利益）外，生态价值尚且包含涵养水土、调节气候、食物供给等其他服务功能。所以，其所指称的诉讼标的实际上是一种对生态价值的不完全理解。至于其提及的环境权，我国既有法律法规尚未明确承认该项权利的存在，未来是否予以法定化也未可知。环境权利既与私人利益紧密相连，同时关涉社会公共利益，即使立法上承认该项新型权利，也会超出"旧实体法说"的涵盖范围。甚至有学者认为，"环境权"是不能切分给个人的集合概念，是一种伪概念，"所谓环境权只是管理权和民法上的环境利用权而已"❶。结合上述三种观点，在诉讼标的概念界定上，存在公共利益（或精神利益）和环境权利两种相近的解释进路，与其相对应的是，在识别方法上可分为"一分肢说"和"实体法说"，而不同的选择会引起相异的适用后果。

2. 生态环境损害赔偿诉讼的诉讼标的

若历史地观察生态环境损害赔偿制度的成立发展路径，不妨这样认为，在推进生态文明建设的顶层布局和号召下，该制度应运而生，实质上是顺应政治时势的产物。一经诞生即引起各界的诸多争议，除成立初期溢出的一些反对之词之外，多数学者选择更具务实意义的处理方式，最终汇聚成一股有关如何完善该制度的理论洪流。围绕这种新生的陌生事物，当下研究领域多数集中在法律性质、磋商规则和衔接方法等几个持续发热的主题范围内。至于其诉讼标的为何以及与环境民事公益诉讼间的关系等一些基础理论，涉及内容较少。下文在继续阐述有关其诉讼标的的问题之前，首先介绍些许背景知识：其一，根据《若干规定》第 5

---

❶ 吴卫星：《我国环境权理论研究三十年之回顾、反思与前瞻》，《法学评论》2014 年第 5 期。

条，尤其是《民法典》第1234条有关"生态环境修复责任"的明文规定，毫无疑问，该种新型的诉讼模式应当划归为民事诉讼的范畴。其二，依据《改革方案》第3条、《若干规定》第4条关于适用范围的指定，该制度并不适用因人身、财产等损失要求赔偿的案件，与一般侵权责任纠纷形成排斥的事实关系。综合来看，既然将生态环境损害赔偿诉讼作为一种特殊类型的民事诉讼予以对待，如此，其诉讼标的究竟是或者应当是什么？不同学者基于各自的观察视角给出不同的参考答案。归纳起来，主要有以下几种可能。

（1）旧实体法说。如上所述，该学说需要以实体法上明确赋予的权利为界定和识别基准。尽管《改革方案》仅为政策性文件，不具备法律的效力和属性，但作为未来制度改革的总纲领，其具备的指导价值是毋庸置疑的，这种政策性文件的身份对于学界从事基础理论研究的影响远远不如其对于司法实务的影响。有学者认为，从诉讼类型看，生态环境损害赔偿诉讼应是一种请求赔偿的给付之诉，而给付之诉的诉讼标的一般为"原告所享有的实体请求权"。若按照这种实体法理解进路，在当下研究话语体系中，其诉讼标的应为"国家的自然资源所有权"[1]。此处与环境民事公益诉讼表现出较大的分歧，其不再一味地强调创设环境权的功能意义，而是以既定的国家自然资源所有权为演绎前提，探寻某种可能性。在我国当下法律体系内，附着于《宪法》《物权法》提供的规范性内容，从外在形式上看，符合实体权—诉讼实施权的权利延伸结构，符合"旧实体法说"所要求的实体法条件。总之，选择以国家自然资源所有权为诉讼标的至少具备理论上的某些可

---

[1] 牛颖秀：《生态环境损害赔偿诉讼与环境民事公益诉讼辨析——以诉讼标的为切入的分析》，《新疆大学学报（哲学·人文社会科学版）》2019年第1期。

行性,该所有权本身是否合理另当别论。

(2)另一种观点则与其截然有别。其认为,所有权本质上是一种财产权,所以自然资源所有权仅能说明"物"的经济价值,忽视了其固有的生态价值,而且生态价值往往具有开放性,由全体公众共享,非私人享有的个体权利所能比较,故很难以某单一的(所有)权利理论去完整地涵盖其内在的双重属性。因此,无论旧实体法说或新实体法说皆有不足之处。既然生态环境损害赔偿诉讼具有(救济私益的)主观和(救济公益的)客观双重不同的属性,与之相应,其诉讼标的应分别从私法—实体法和公法—诉讼法的三个角度识别。为克服"旧实体法学说"的局限性和维持理论的完整性,故提出"生态环境利益"的综合性概念。依其所见,其诉讼标的是指"当事人主张的、作为法院裁判对象的特定生态环境利益"。❶ 准确地说,这种抽象的"生态环境利益"概念最早可以追溯到联合国发表的《人类环境宣言》,即"过尊严的和福利的生活,享有自由、平等和充足的生活条件"❷。按照这种迈进逻辑,基本上可以将其归入"一分肢说"的行列,以原告的请求内容为判断标准,但也应当注意的是,在解释进路上与上述环境公益诉讼存在部分重叠的地方。

实际上,上述研究进路主要是从各制度自身出发,通过横向比较的方式进行研究归根结底仅是一种间接的归纳法,虽然可以推论出存在彼此交叉的可能,但是在结论的确定性和准确性方面较差。除这种比较法之外,尚有直接针对"两诉"诉讼标的之间

---

❶ 吴良志:《论生态环境损害赔偿诉讼的诉讼标的及其识别》,《中国地质大学学报(社会科学版)》2019 年第 4 期。

❷ 李艳芳:《论环境权及其与生存权和发展权的关系》,《中国人民大学学报》2000 年第 5 期。

关系层面的研究。与各诉内部生成的诉讼标的理论表现出的差异性相比,这种直接源于不同学者的评判观点反而呈现为"大同小异"的一致:即两种诉讼的诉讼标的"在概念上具有共通性和牵连关系,诉争内容以及当事人攻防的对象都是环境损害"[1]。不仅如此,"从诉讼请求和法律效果来看,两种诉讼标的的本质是同一的"[2]。在该部分学者的思维图景里,"两诉"的诉讼标的无甚区别。不管如何,我们应当保持必要的警惕之心,事实上无论是其所言谈到的攻防对象、诉讼请求或者法律效果皆非诉讼标的本身,而是一种外部视角观察下的结论,故两种诉讼的诉讼标的并非一目了然,能够不证自明。

究竟如何对待"两诉"并非无章可循和任意施为,针对"两诉"诉讼标的之间关系的不同认知,在一定程度上直接影响到适用模式的选择结果和合理程度:必要共同诉讼、普通共同诉讼或者另行单独起诉。综合以上分析事实可以得出,在诉讼标的界定上,尽管研究成果稀少,也并非完全一致:既有内部争议,同时亦有相似之处。正是囿于这些混乱认知,模糊了是与非的界限,故在适用态度和选择决定上相对灵活、随意。

(三) 第三人参加之诉

如上所述,在面临如何化解"两诉"冲突的问题上,合并审理的功能优势不言而喻,同时也获得实践经验的支持。与之相较,此时第三人参加之诉制度尚未获得实践的充分肯定,但从理论上讲,通过挖掘传统的法律资源,赋予第三人参加前诉的机会也不

---

[1] 吴良志:《论生态环境损害赔偿诉讼的诉讼标的及其识别》,《中国地质大学学报(社会科学版)》2019年第4期。
[2] 牛颖秀:《生态环境损害赔偿诉讼与环境民事公益诉讼辨析——以诉讼标的为切入的分析》,《新疆大学学报(哲学·人文社会科学版)》2019年第1期。

失为一种适当的方法。所谓第三人是以本诉双方当事人为参照基准,在法律地位和行为方式上皆形成较为明晰的规则。在我国,其可进一步分为有独立请求权和无独立请求权第三人两种类型,前者以原诉之原、被告为新诉之共同被告,以新的法律关系为诉辩战场。后者则无此相关要求,其通常站在原告一方。鉴于"两诉"内在的一致性,不可能发生相互攻讦的情形,显然无独立请求权第三人更为契合本文情境。根据《民事诉讼法》第56条的规定,若发现案件处理结果与其存在利害关系,第三人可主动申请参加或者由法院通知参加该诉讼。当对第三人参加诉讼的条件和方式已有明确标准的前提下,对于判断"两诉"是否可以沿用这种适用模式颇有裨益。第一,前提条件。一方面,环境质量问题关涉到众人的生存环境和生活水平,可以说与所有人利益息息相关,但因司法空间有限,并非人人皆可被赋予独立的诉讼实施权,仅规定环保社会组织、检察院等特定主体享有提起公益诉讼的法定权利,由其代表公众承担维护环境公共利益的重任。另一方面,暂且不论生态环境损害赔偿制度的法律属性为何——公益诉讼、私益诉讼、国益诉讼或混合诉讼?尽管损害生态环境的行为不仅只影响到某一特定主体的利益,该侵权后果在生态链作用下,可谓一损俱损。但根据《改革方案》《若干规定》的限定,仅赋予行政机关及其指定的部门或机构等适格主体提起诉讼的权利。因"两诉"在适用范围方面存在相通性和共享性,同一生态环境侵权事实,可能同时符合两种诉讼的管辖范畴,故另一方主体有权参与诉讼。出于审判便利、节省资源以及保障权利等综合因素考虑,未提起诉讼的另一方主体可以以无独立请求权第三人的身份参与诉讼当中,而且其参与诉讼至少可以起到相应的监督作用。理论上讲,这种参加方式因省却自身准备诉讼活动的成本,客观上起到节省资源的作用。第二，从权利保护角度而言，以第三人形式参加诉讼不仅在灵活性方面明显要优于《若干规定》中的强制安排，同时也能保证后者的诉讼参与度和自主权。最后，不应忽视的是，第三人参加制度也存在某些不足，如无独立请求权第三人权利保障不足，通知其参加违背私权处分原则等系列问题，因此需要慎重对待。

二、支持起诉

从形式上来看，一方当事人通过支持起诉的方式进入另一诉讼案件审理过程，这种参与方式也不失为一种衔接办法。如果上述合并审理是一种不分主次的处理模式，支持起诉制度则清晰地呈现出诉讼主体地位上的差别。关于支持起诉制度，尽管学界研究较少，但部分地区已将该制度纳入当地改革方案当中，作为未来制度改革和建设计划之一。所谓支持起诉制度，在我国既有的民事诉讼程序体系当中已有相关的说明和定义。根据我国《民事诉讼法》第 15 条❶关于"支持起诉原则"的规定，通常是在受到损害的单位或个人因故不能、不敢或不愿起诉时，为其提供法律、物质等支持，以起到平衡诉讼两方当事人诉讼地位的作用，从中透露出帮扶弱势群体的道德情怀和社会理念，也是一种主要发生在诉前和诉外的扶助活动。与此同时，该项原本应"限于民事私益诉讼"❷的制度在环境公益诉讼制度语境里产生了新的变化。根据《审理公益案件解释》第 11 条的规定，即使社会组织已经提起环境公益诉讼，检察机关也可以通过提供协助调查取证等方式给

---

❶《民事诉讼法》第 15 条规定："机关、社会团体、企业事业单位对损害国家、集体或者个人民事权益的行为，可以支持受损害的单位或者个人向人民法院起诉。"

❷ 秦天宝：《论环境民事公益诉讼中的支持起诉》，《行政法学研究》2020 年第 6 期。

予前者必要的支持。无论是支持内容或支持对象皆得到相对清晰的界定，从抽象意识转化为实在形态。换言之，在环境民事公益诉讼当中，检察院诉中可以支持起诉人的身份直接参与审判过程，这是较传统民事诉讼取得的一大进步。但是，通过比较地方改革经验发现，部分地区呈现出一种鼓励检察院参与生态环境损害赔偿诉讼的趋向，在这里，检察院成为打破"两诉"界限的一次尝试。如在《江苏省生态环境损害赔偿起诉规则（试行）❶》第 18 条，《山东省生态环境损害赔偿磋商工作办法❷》第 18 条，《浙江省生态环境损害赔偿磋商管理办法（试行）❸》第 23 条当中皆有关于检察院支持起诉的规定。我们不应忽视检察院在身份上具有某种复合性——公益诉讼的起诉人和一般诉讼的监督者，而不同的身份决定其参与程度和发挥的作用也不同。从狭义讲，检察院与社会组织作为同一战壕的战友，为保护环境公共利益而共同奋斗，加上社会组织资源占有方面存在某些局限，在这种客观情境下，检察院支持其起诉确有必要。但是当检察院跨界进入生态环境损害赔偿诉讼场域中时，其应该扮演何种角色以及承担何种权利与义务，对此，改革方案中没有明确地指定。但从功能或实效层面上分析，笔者认为，前者可能更符合制度语境。如果是作为法律监督者，为保证其中立地位，其应与被监督对象保持适当的距离。

---

❶ 《江苏省生态环境损害赔偿起诉规则（试行）》第 18 条规定："起诉责任人在提起生态环境损害赔偿诉讼之前，可以书面向同级人民检察院通报。同级人民检察院认为有必要的，可以支持诉讼"。

❷ 《山东省生态环境损害赔偿磋商工作办法》第 18 条规定："赔偿义务人不同意磋商，或者磋商未达成一致的，工作部门应当及时提起生态环境损害赔偿民事诉讼。检察机关可以依法支持起诉。"

❸ 《浙江省生态环境损害赔偿磋商管理办法（试行）》第 23 条规定："检察机关积极支持赔偿磋商，未能磋商一致的，依法支持赔偿权利人及其指定的部门或机构向人民法院提起民事诉讼。"

尽管从逻辑上排除社会组织参与生态环境损害赔偿案件的可能显得不够完整，但这也可以勉强看作是"两诉"间的另类沟通和衔接方式。检察院对于是否作为支持人参加生态环境损害赔偿案件审理享有独立自主的决定权，地位上极其灵活，同时也牺牲了制约起诉主体的力量。事实上，针对支持起诉人的法律角色和支持方式等系列问题，现有法律规范较少涉及。在义务和责任等内容方面可谓一片空白，几乎没有确定的考究依据。甚至可以这样认为，在"两诉"这种关系中，虽然检察院有一席之地，但可能形同虚设。

第四节　本章小结

在对生态环境损害赔偿诉讼性质和功能不同的理解下，关于如何适用"两诉"的问题，如上所述，在解决方案供给上，各界推陈出新，形成诸多繁简不一的适用模式。对此，若止于学术研究的视角，可称为思想繁荣、百家争鸣，该种学术自由状态应当值得鼓励。但若放到以追求程序安定与统一为主要目标的司法语境当中，却可能映射出另外一番景象：争执不休、混乱不明。具体而言：第一，择一而用。顾名思义，其指从"两诉"当中选择一种加以运用。其包括四种类型（如表2所示）。（1）排他适用模式。该模式否定生态环境损害赔偿诉讼的积极意义，主张通过完善行政执法措施或者优化公益诉讼制度实现救济。如果此时废除生态环境损害赔偿制度，不仅忽视改革和创新成本，而且会造成更大的制度浪费。（2）优先适用模式。针对同一损害案件，尽管已经先受理环境民事公益诉讼，但一旦提起生态环境损害赔偿诉讼，即应中止环境民事公益诉讼，优先适用损害赔偿诉讼。虽然该模式可以避免诉讼重复，但在中止事由等理论正当性上阙如，并且会打击社会组织提起环境民事公益诉讼的热情。(3) 任意适用模式。根据起诉时间的先后顺序决定适用哪种诉讼类型，实际上，究竟适用哪种诉讼取决于主体起诉的积极性，在结果上带有某种偶然性。而且该种模式忽视两种诉讼在起诉主体、证明责任、解决机制等方面的差异，以及被告的利益。(4) 限制适用模式。当行政机关在一定期间内怠于行使索赔权时，社会组织等主体方能提起环境民事公益诉讼。尽管这种模式为社会组织起诉设定一定条件，但相较灵活。如果欲采用该种模式，需要另行建立完善的配套措施，如协商沟通，信息分享等机制。第二，择优而用。即根据各主体或各子制度的各自优势选择最适合的手段。这种方案方式是将生态环境损害赔偿制度拆分为磋商和诉讼两部分并分别安置在首尾两端，中间则插入环境民事公益诉讼制度。考虑到这种特点，本书将其概括为"交叉适用模式"。从理论上，这种组合型适用模式可以扬长避短，最大限度地发挥功能优势，但在交叉过程当中，必然会涉及资料转手、移交、分享等环节，徒增程序上的烦琐。第三，同时并用。针对同一案件，当不同主体同时起诉时，实践中主要采用合并审理的方式，不分彼此，一并解决。但在决定"两诉"合并过程中，究竟是可以合并抑或应当合并，以及如何合并？其中尚会关涉到诉讼标的的界定和识别等难题。

当然，造成上述适用模式巨大分歧的因素颇多，恐难以一一列明，但可以肯定的是，各种原因所起作用的程度并非完全一致，推动力存在大小之别。具体到当下问题，有关生态环境损害赔偿诉讼法律性质的不同理解与归类，对于"两诉"关系的定位和适用而言，所实际起到的效果就会有较大的差异，如自然资源所有权论显然更为契合优先适用模式,而诉讼目的论则可用以支撑并举适用模式或任意适用模式等情形。总之,包括《若干规定》设定的规则在内,上述六种适用模式仅是针对已观察到的观点、现象的某种抽象与概括。尽管如此,笔者认为,通过在横向层面开展这种简要的描述与勾勒,可以使我们对学界、立法界和实务界的改革动态和思维趋向产生大致清晰的认识,为更进一步合理地塑造"两诉"间的适用关系提供智识上的支撑。整体来说,各模式之间既有共性,如因循"单行道"调整的机制;但个性同样显著,比如具体的衔接机制等方面。实际上,不管哪种适用模式,皆有其优点和不足之处,这是辩证思维方法带来的理解窘境,也是一种普遍的、不可避免的认知现象,这一点上无需为之惊异。但不应忽视的是,在法律语境当中存在其独特的和首要的价值追求,至少于使用者而言,简洁与便利的程序规则可能更为符合社会期待,这将成为下文判断和评价各适用模式的基点。

表 2　各适用模式情况一览表

适用安排	具体模式	主要观点	理论前提
择一而用	优先适用模式	受理同一损害案件,应当中止民事公益诉讼案件的审理,优先审理生态环境损害赔偿案件	生态环境损害赔偿诉讼视为私益诉讼
	排他适用模式	否定生态环境损害赔偿诉讼制度,主张完善行政管理手段或者优化环境公益诉讼制度	"两诉"皆是公益诉讼,构成重复

续表

适用安排	具体模式	主要观点	理论前提
择一而用	限制适用模式	行政机关在一定期间内怠于提起诉讼，其他主体才能提起环境民事公益诉讼	行政机关索赔权源于环保职责
	任意适用模式	在先起诉者，优先适用	"两诉"相同
择优而用	交叉适用模式	从效益出发，磋商优先于诉讼；从法律技能出发，由检察院提起的环境民事公益诉讼优先于生态环境损害赔偿诉讼	"两诉"目的一致
同时并用	并举适用模式	不分先后，合并审理或参加之诉	共同参与

CHAPTER 04 >> 第四章

"并行适用"模式的理论证成

如何化解"两诉"之间产生的冲突,如上所述,立法界和学界已作出诸多努力,并提供多种衔接方案。从制度建设成本和难易程度上讲,最为便捷有效的解决方法应当属于这种方式,即直接废除生态环境损害赔偿制度,集中全部智识发展和完善环境公益诉讼制度,恢复到起初的立法秩序和制度结构。但鉴于维护法律公信力以及顾全制度创新成本等现实需要,这种操作可能性微乎其微,却并不妨碍理论上的这种探析。目前,尽管需要面临多种适用模式相互竞争的局面,但笔者认为,绝非各学者纷纷建言献策的过错。基于不同的视角,不同学者在认知上存在某些不一致的理解,这是一种正常现象,无可厚非。但在进行事后衔接和弥补的过程当中,不能以"改革"为利器,直接推倒已有的学术传统和理论架构进行个人创造,而是应当正视现有的解释能力和分析方法,利用既有的基础法理和基本共识尝试接纳和包容新的制度,而绝不是将其"软化"

后扩大固有知识体系的意义范畴，或者将新的理解僵直地嵌入既有体系之内。后者实际是一种结果主义式或功利主义式的解析方式，而且这种"不讲道理，只管有用"的做法会间接抹杀掉迄今为止已经确立的学术传承。故下文将在谨守概念真意和共识的基础上，试图还原各争议要素的意义边界，如从历史语境和语法结构上梳理"生态环境"概念的三种解析方法；从法学（而不是科学）角度界定"生态环境损害赔偿"的一般定义；从自然事实和权利本质上厘正生态环境损害赔偿诉讼的应然属性；从体系融洽和制度实践上确立"两诉"的诉讼标的及其他相关问题。待一一澄清这些基础理论之后，再行探究如何选择适当的适用模式。

第一节　探寻新的适用模式的动机

关于"两诉"间适用冲突的问题，此处无须多做赘述。尽管待决问题已经确定，但学界在具体解决方案选择上并未达成一致。实际上，该问题可以进一步转化为两个子命题：第一，当"两诉"发生冲突之际，如何实现有效衔接；第二，如何合理地避免"两诉"产生冲突。据此，在解决方案设计上亦可分为两种进路——末端调整和源头调整。我国既有适用模式主要因循前一种研究进路，部分域外国家则因循后一种研究进路。通过全面的比较分析，笔者认为，无论是国内既存观念还是域外立法经验皆非适合我国特殊国情的最优选择，有必要另觅出路。

一、弥补"顺序式"调整模式的缺憾

学界、立法界和实务界关于如何对待两种诉讼类型，形成多

种适用模式,并各自演绎出一套理据。排他适用模式直接否定了生态环境损害赔偿诉讼的制度价值以及已经历时多年的改革的社会意义,而且该制度已获得《民法典》的肯定和支持,此时再来谈论如何排他或废止的问题,为时已晚;主张优先适用生态环境损害赔偿诉讼源于其私益属性或者其资源优势等论据;主张任意适用、并举适用两种诉讼则将其视为两种平等但有差别的制度工具。如上文所述,通过概括归纳各适用模式的共同特征,既有适用模式可以划分为择一而用、择优而用和同时并用三种观念。在各观念统筹之下,整体上表现为六种适用形态。在进一步分析判断各适用模式的合理性之前,首先应了解各种适用模式的后果。

第一,择一而用模式。根据《若干规定》的旨意,当同时提起两种诉讼时,准确地说,公益诉讼提起在先,而后提起损害赔偿诉讼,在这种情形下,应优先审理生态环境损害赔偿案件,并中止环境公益诉讼审判程序。这种适用模式不仅不符合重复诉讼与中止审理的程序理念,同时不当地阻碍了环境民事公益诉讼的健康发展。而其他限制适用模式和任意适用模式皆试图从起诉阶段即阻拦两诉碰撞。整体而言,当面临"两诉"重复之际,这种非此即彼的解决方式可以有效地化解这种矛盾。但该种认知仅停留在立法技术层面,而忽视了不同选择所引起的诉讼结果上的差异。在不同诉讼过程中,当事人的处分权利、诉讼能力和法院职权的强弱有所不同❶。这种方法至多起到避免和减少"两诉"碰撞的可能,但并未深入地反思引发碰撞的原因。因此,择一而用模式难免落入理解片面的窠臼。当从法律法规上将这种适用模式固定下来,一旦发生冲突,无论案件本身是简单还是复杂,以及社

---

❶ 邓少旭:《生态环境损害赔偿诉讼:定义与定位矫正》,《中国环境管理》2020年第3期。

会组织投入的精力和成本等现实因素，司法上皆会被要求遵循该种处理机制，故这种迈进逻辑难免充斥着一种机械和僵硬。

第二，择优而用模式。这种适用方法企图充分利用各具体构成制度和诉讼主体的自身优势并进行整合，最终实现整体最优化的理想目标。为此，在交叉适用模式当中，将赔偿磋商与赔偿诉讼进行拆分，从而破坏同一诉讼制度适用的连贯性。而且所谓"优势"也仅是相对而言，在法律领域，检察院是否必然优于社会组织以及行政机关，或者说由检察院提起诉讼是否必然能够取得优于由其他主体起诉的成绩，答案绝非确定无疑。如果同一案件因不同主体起诉呈现出较大的差距，问题并非出现在主体上，而应是法律自身上。实质上，"择优而用"是一种功能主义理念的产物，该种观念是以问题为导向，工具或手段完全服从于目的。但对于"优势"的过度强调则可能会犯先入为主的错误，并且极易忽视立法者的原本意图，以及保持程序独立的理论价值，如有关检察院补充起诉的定位与认知。对此，我们应当保持必要的警醒，之所以选择适用某一规则和制度，是因为立法上如此规定，而不是因为该规则和制度更有利于实现目标。简单来说，不是因为它好用，而是因为应该用它。这是两种不同的出发点。

第三，同时并用模式。这是一种极具包容性的适用方法，具有"不伤和气"的积极效果，但与此同时，难免会增加诉讼成本和浪费社会资源，而且不见得一定能够取得 1＋1＞2 的诉讼效益。

总之，伴随社会发展，环境问题愈发复杂，而且防治污染已经上升为国家策略，在顶层设计施压下，正亟须调动各种制度资源及早打赢这场攻坚战。而"传统行政手段在应对过程中已稍显疲态"❶。

---

❶ 周珂、林潇潇：《环境损害司法救济的困境与出路》，《法学杂志》2016 年第 7 期。

不仅如此，在改革大势不可逆转的现实前提下，首先可以直接否定排他适用模式的应用可能。而毫无理由地强制排序的优先适用模式明显违反平等保护诉讼权利的一般立法精神。而与之相反的另外一极，任意适用模式亦会造成诉讼秩序混乱的负效益。同时，限制适用模式和交叉适用模式则关涉到诉讼成本耗费等效益的问题，亦非最佳选择。鉴于"两诉"间的共通性，以及诉讼标的相同的特质，根据既有的法律规则，显然并举适用模式更为贴合本书设定的语境，也利于维持法律秩序的安定。但是，如果仅仅将其作为化解"两诉"冲突的常规处理方式，更像是一种制度浪费，没有起到收益叠加的预期效果。甚至可以这样认为，与其受到这种程序烦琐的拖累，不如直接适用排他适用模式来得简单便利。概言之，以上六种适用模式，主要通过安排"入场序位"的方式以解决诉讼冲突的问题，本质上可视为一种过程衔接或末端治理技术。但是根据现有办法，皆未能从源头上化解"两诉"间的紧张关系，因此不是长久之计。

二、化解竞合冲突的另一种路径

在进一步阐述该种适用模式的积极意义之前，首先需要澄清，"并行适用"模式绝非空穴来风，更不是个人主观上的任意杜撰。关于如何协调两种诉讼的问题，有学者根据体系化的进路提出三种方案："一是保留二者的独立性；二是把生态赔偿诉讼整合进入公益诉讼；三是重构，把生态赔偿诉讼的主要功能转换为生态环境行政执法"[1]。这三种方案也是既有适用模式一般遵循的思路。实际上，"当同一生活事实受不同责任规范调整并满足其适用条件

---

[1] 徐忠麟、宋金华：《民法典视域下生态环境损害赔偿制度的内在冲突与完善》，《法律适用》2020年第23期。

时，就发生责任规范的并存（竞合）现象"❶。而如上文所述，同一污染或生态破坏事件可能同时符合《审理公益案件解释》和《若干规定》等两种不同类型司法解释规定的适用条件。不仅如此，从诉讼请求内容上观察，两种诉讼的法律效果近乎同一，当任一诉讼的目的实现时，其意味着后诉将会丧失法律上的意义，其他请求权亦因此而消灭，从而产生一种事实上的竞合效果。因此，笔者认为，"两诉"冲突的本质乃是一种竞合冲突。准确地说，其是一种请求权竞合，实质上的请求权只有一个。

而这种冲突并非一种不能容忍的法律负现象，反而是一种常见的"例外"，如我们所熟知的违约之诉和侵权之诉。这是立法过程中不可避免的结果。

对于不同的竞合情形，解决思路亦会有较大的差异。如果是法律（条）竞合，最佳的解决方法应是判断和确认规范之间的实质关系，如一般法与特殊法，基本法与补充法，或者存在吸收的关系。对此，按照《立法法》确立的法律适用原则和基本法理，法官需要选择相对适当的法条以化解这种适用上的窘境。如果是请求权自由竞合，则交由当事人自主选择和处分，其既可以转让给其他人，亦可以自身同时或先后主张几项请求权（亦称为诉的预备合并），但任一请求权获得满足，其余的权利随之消灭❷。各种理论不一而足。当下，因受多种原因影响，"两诉"之间近乎混同，对于被告而言，在同一案件上形成彼此冲突的责任竞合关系。而"两类诉讼之所以发生聚合或竞合问题，正是适用范围不同的结果"❸，为

---

❶ 张家勇：《中国法民事责任竞合的解释论》，《交大法学》2018 年第 1 期。
❷ 段厚省：《请求权竞合研究》，《法学评论》2005 年第 2 期。
❸ 李锡鹤：《请求权竞合真相——权利不可冲突之逻辑结论》，《东方法学》2013 年第 5 期。

避免这种矛盾现象的产生,"或者赋予其中之一优先适用的地位,或者限制两者的适用范围"❶。此处,为我们提供两种化解竞合冲突的进路,可以分别将其简称为"序位说"和"范围说"。至此,"范围说"进入笔者的视野。

不难发现,上文所述的六种适用模式皆是选用第一种方法。尽管上述诸多适用模式皆有自身的理性成分,但亦会产生相应的适用难题,都很难说是一种圆满的解决办法,在解决效果上并不最佳。无论选择何种适用方法,这种用以调和的处理技术都不能从根本上改变"两诉"彼此纠缠的格局,而且这种暧昧不清的适用关系明显背离实证法所追求的规则清晰和秩序安定的一般目标。究其根本原因在于两种诉讼类型适用范围的普遍交叉、混淆不分,而建立在该基础背景之上的适用模式自然逃不了被牵连的命运:它主要发挥着调和与缓解冲突的效用,而不是真正解决问题的办法。因此,笔者认为,欲完全实现区分"两诉"关系的目的,应从适用范围上进行界分,从源头上避免和减少冲突现象的发生,既是一种普遍的社会经验,也是域外立法经验为我们提供的有益启示,同时也是下文"并行适用"模式的起源所在。

三、提高制度结构的效率

我们在谈到某项制度时,实际上这一表述包含双重意思:单一的制度安排或者是由多项制度安排组成的制度结构。在救济生态环境这一主题宏旨下,显然,"两诉"之间的关系问题更适宜放入制度结构当中予以考虑。为全面合理地认识"两诉"间的关系,我们暂时跳出法学人的视野,借助法学外的理论资源进行多元化

---

❶ [德] 拉伦茨:《法学方法论》,陈爱娥译,商务印书馆,2003,第212页。

的分析和验证。制度经济学家在判断某项被人类创立的制度如何时，通常依赖于成本与收益这两项因子的比重，即制度效率。在制度经济学家看来，判断某项制度是否合理及其如何改进，制度效率是其中一项非常重要的评价标准。而对于单项制度安排和制度结构而言，影响制度效率的因素并非完全相同，就单项制度安排而言，"普适性""确定性"等基本特征乃是决定制度效率的关键因素，也可以将其视为制度安排自身的内在特质。但是在制度结构当中，不再局限于优化单项制度安排的内在特质，而相对注重体系的融洽和稳固，因此各制度安排之间的关联关系反而占据更为重要的评价地位。所谓关联关系，通俗地讲，实际上即制度如何配置的问题。换言之，如果各制度安排之间不能和谐共处，有条不紊，反而彼此相互掣肘，在这种情境中，可以确定的是，最终必然会拖垮制度结构的整体效率，或者说制度收益较低。一般而言，制度安排之间存在耦合、冲突和真空三种结合形态。我们可以利用这三种形态衡量"两诉"之间的关系。其中制度耦合是指各制度安排之间无冲突、互斥等结构性矛盾，且高度有序，从而能相互有机、协调地组合在一起。而制度冲突是指各制度安排之间的作用力相互排斥，如存在对立的行为规范。所谓制度真空是指对于某些行为缺少相应的规范，造成规制调整的"漏洞"或"空白"。在三种结合形态中，处于耦合状态下，制度结构整体效率最佳。尽管行政机关、社会组织等多个主体共同起诉可以形成竞争机制，利于真正实现公共利益[1]，但如果不能实现制度耦合，则会因规范对立、相互抵牾[2]，反而易使人们行为紊乱、不知

---

[1] 郑少华：《生态主义法哲学》，法律出版社，2002，第 201 页。
[2] 卢群：《我国环境治理纠纷解决机制研究》，博士学位论文，南昌大学，2019，第 Ⅱ 页。

所措。而制度真空则会完全陷入无序状态。

总之，当存在制度冲突或真空时，制度结构的整体效率就会被削弱❶。目前，"两诉"之间因存在诸多相同之处，几乎达到高度同质性。换言之，同一生态环境侵权行为极有可能同时符合"两诉"的调整范畴，如果任由同一个生态环境损害案件被分割到两种诉讼程序中分别处理，必然会引起复杂的竞合现象以及规定之间协调等问题。这种情形"相当于同时采取多种手段实现同一目的，就效果来讲，投入与产出的比例明显超出合理范畴"❷。而从经济学的角度来讲，这种制度安排势必会浪费部分司法资源，同时会因潜在冲突致使运行不畅和降低司法效率。这种冲突事实自然不符合耦合状态的核心特征。对此，如上所述，学界多采用诉中衔接方式，即在同一通道上为不同主体安排起诉序位和诉讼角色，而忽视了诉前衔接的可能。尽管上文六种适用模式皆有其合理的一面，但从诉讼序位上进行前后调和的逻辑仅能起到"治标不治本"的作用，并不能从根本上改变"两诉"之间相互冲突的事实。而且"从长期来看，具有互斥关系的两个制度不能并存"❸。为此，应尝试从立法层面上整合两种诉讼制度，通过划分"两诉"各自适用范围的方式为"两诉"运行划定某种界限，从而"防止不同诉讼主体间争抢案源或者'踢皮球'"❹，最终实现提高诉讼整体效率和节省司法资源的根本目的。总之，在上述两种主要因素的推动下，转而注重如何适当地划分"两诉"各自适用范围的问题，并试图以其为切口达到并行适用的效果。

---

❶ 袁庆明：《论制度的效率及其决定》，《江苏社会科学》2002 年第 4 期。
❷ 向往、秦鹏：《生态环境损害赔偿诉讼与民事公益诉讼衔接规则的检讨与完善》，《重庆大学学报（社会科学版）》2021 年第 1 期。
❸ 张旭昆：《制度系统的关联性特征》，《浙江社会科学》2004 年第 3 期。
❹ 薄晓波：《环境公益损害救济请求权基础研究》，《甘肃政法学院学报》2020 年第 3 期。

四、应对实践新的变化

根据现有法律法规、司法解释等规范性法律文件以及学界普遍观点，生态环境损害赔偿磋商或诉讼归属行政机关负责的范畴，这也是辨识生态环境损害赔偿制度的核心特征，具体实施主体包括两种：一是省级、市地级人民政府及其指定的相关部门、机构，二是受国务院委托行使自然资源资产所有权的部门。而检察院或社会组织则与环境公益诉讼相对应，从而形成两种各有特质且相互平行的诉讼类型。但在司法实践中，这种平行结构已被打破，并呈现出新的特征。即检察院从环境公益诉讼领域直接跨入生态环境损害赔偿诉讼领域，取得诉讼主体的地位。例如，公益诉讼起诉人新疆生产建设兵团人民检察院第二师分院与被告邓玉平生态环境损害赔偿案，句容市人民检察院诉被告卜某兵，无锡市惠山区人民检察院诉被告王某明，无锡市锡山区人民检察院诉被告无锡市安镇安氏机械厂、无锡市金振减震器有限公司，南京市鼓楼区人民检察院诉被告吴某全等，南通市通州区人民检察院诉被告王某义等，上海市崇明区人民检察院诉黄某华，上海市崇明区人民检察院诉陆某❶等生态环境损害赔偿诉讼案。上述案件皆由检察院负责磋商和提起损害赔偿诉讼，且类似现象并非限于一时一地。众所周知，检察院作为法律监督机关，尽管被赋予环境公益诉讼起诉人角色，但被安排在"候补区"，待社会组织等其他主体不起诉时方能替社会公共利益出头，从而发挥补充作用。显然，

---

❶ 分别参见中国裁判文书网（2021）兵02民初5号，（2021）苏01民初971号，（2021）苏01民初866号，（2021）苏01民初1028号，（2021）苏01民初863号，（2021）苏01民初1061号，（2021）沪0151民特68号，（2021）沪0151民特73号民事裁判文书。

立法者针对检察院赋权的问题表现出一定的克制倾向，在生态环境损害赔偿领域同样如此。根据《关于推进生态环境损害赔偿制度改革若干具体问题的意见》第 6 条的规定，检察院在其中仅是担任"提供法律支持"的角色，并未直接赋予其索赔权。因此实践中检察院取代行政机关启动生态环境损害赔偿磋商或提起赔偿诉讼，除面临合法性、正当性诘问之外，这种意料之外的异常现象也向我们提出了新问题。若按这种趋势发展，其结果必然是两种诉讼制度走向融合、不分彼此，最终导致生态环境损害赔偿制度完全沦为环境公益诉讼制度的一部分。果真如此，我们耗时耗力推行改革的意义何在？类似疑问油然而生。

事实上，与上述实务表现不同，通过观察官方态度和顶层规划发现，我国并未放弃生态环境损害赔偿制度，反而呈现出鼓励"两诉"各自独立发展的趋势。质言之，这种源于基层实践的同化态势与源于中央规范性文件传达出的改革动向显著不符，至少存在分歧。故需我们重新审视。

其一，从司法解释或部门规章的角度。围绕"两诉"，各部门相继颁布相关文件，两者在规范名称表述上截然不同。反言之，如果环境公益诉讼和生态环境损害赔偿诉讼间确为包含与被包含关系，"环境公益诉讼"或"生态环境公益诉讼"应为上位概念，在规则名称上无须刻意进行区分，如《人民检察院公益诉讼办案规则》《最高人民法院关于审理环境民事公益诉讼案件适用法律若干问题的解释（2020 年修正）》与《最高人民法院关于审理生态环境损害赔偿案件的若干规定（试行）》（2020 年修正）《生态环境损害赔偿管理规定》等相关司法解释。而且在规则内容上，"两诉"之间也存在显著差别，从而形成两套不同的体系。如在赔偿资金管理上，前者暂未给出统一规定，实践中倾向于以基金方式进行管理，后者则明文规定将其作为政府非税收入，上缴国库，纳入公共财政预算管理。尽管"两诉"在诸多方面高度相似，但不能因此遮蔽其中的差异之处，更不能否认这是两种不同类型的救济制度。

其二，除司法解释、部门规章等正式规范性法律文件之外，在其他政策性文件当中也能看出最高人民法院区分"两诉"的意图。如《最高人民法院关于充分发挥审判职能作用为推进生态文明建设与绿色发展提供司法服务和保障的意见》第 17 条、第 18 条、第 19 条，针对社会组织、检察院和省级政府分别提起的诉讼类型作了详细界分。与此同时，由最高人民法院发布的《中国环境资源审判（2018－2021）》《中国环境司法发展报告（2018－2021）》等系列文件均明确将环境公益诉讼案和生态环境损害赔偿案并列。同时为推动生态环境损害赔偿制度改革，生态环境部、司法部等众多部门联合公布了《关于推进生态环境损害赔偿制度改革若干具体问题的意见》。类似文件，不一而足。

归根结底，上述预案主要是面向"两诉"重复的问题，也即在"如何衔接"这一命题限制下给出的答卷。这种"衔接"进路本身并无不当，但可能是因为衔接这一术语过于简单，或者对命题表述过于信赖等其他原因，导致我们在采用这种思维解题时反而难以注意到一些"熟视"的问题。事实上，我们是在特定条件下适用"衔接"这一概念，只是这些隐藏的前提条件因被我们忽视而难以觉察。具体而言：第一，首先承认或默认两者是相互独立的不同事物（包括起诉主体、诉讼机理、运行规则等），且在客观上可以分割：行政机关——生态环境损害赔偿磋商或诉讼；社会组织/检察院——环境公益诉讼。质言之，正是将两者视为彼此独立的两种诉讼，才会产生顺位及如何衔接的问题❶。第二，若发现重复起诉，可通过调整序位的方式即可予以解决。其潜在设想应是认为，这种现象仅是一种偶发现象，犹如交通堵塞。如果普遍发生，则意味着"两诉"在适用范围方面完全重合，而这种缺乏区分的生态环境损害赔偿制度将会沦为一种重复和多余，如此，这种耗费大量资源进行的改革不仅没有增益，反而因扰乱现有制度结构而削减原本可以保持的效益。这是力图证明改革价值的主体恰恰需要避免的最坏结果。但伴随实践中衍生出新的特征，这种"衔接"思维将丧失用武之地。首先，当行政机关继续扩大适用范围，其与环境民事公益诉讼之间叠合的地方愈发增多，冲突的"面"与"质"皆会升级，在绩效考核压力下，双方甚至会相互争夺案源，这在实践中已初现端倪。其次，面临检察院提起生态环境损害赔偿之举，将彻底使"衔接"丧失可能——衔接是在两个独立事物之间发生的外部关系。总之，未来两者之间的问题将不再仅仅限于竞合式的冲突，而是接下来应如何有效应对同化或交叉的问题。当客观情势发生改变时，思想观念理应有所变通。

第二节 "并行适用"的内涵阐释

所谓"并行"，顾名思义，乃是相对于重合和交叉来说。于生态环境损害赔偿制度而言，虽然《若干规定》已经为我们提供了

---

❶ 陈哲：《〈民法典〉时代生态环境损害赔偿诉讼与民事公益诉讼之统合论》，《内蒙古社会科学》2022 年第 3 期。

相应的适用范围，但是存在两个非常重大的隐患。第一，适用范围相对狭窄，目前已经明确确定的情形仅有两种，与环境公益诉讼广泛的应用范围相较，在数量上呈现出较大悬殊，甚至说存在巨大差距。在这种语境下，"两诉"之间类似于点和圆，正如某些学者所言，更似包含与被包含的关系，很难说这是一种"并行关系"。如果可以适当扩展生态环境损害制度的适用范围，将"两点"发展成一条线，在这种条件下，方能称得上是"并行关系"。第二，若是确定生态环境损害赔偿制度仅适用已有两种情形，某种程度上也能避免"两诉"发生冲突，但事实并非如此。在适用范围选择上，《若干规定》采用列举加开放式的立法技术，正是这种灵活性为两种诉讼制度相互任意扩张各适用领域以及彼此发生碰撞提供了可能。

  因此，相较于既有适用模式，"并行"适用理论不仅试图从适用范围上为"两诉"划分一个看得见的界限：从量上，按照一定的标准选取、确立、扩大和发展生态环境损害赔偿制度的适用范围，最大可能地从源头上避免因同一案件产生竞合现象；从质上，"秉持类型化思维，正确认识两类诉讼的功能差异及不同主体的各自优势，合理分工"[1]，并注重彼此分工的确定性和关系的稳定性，防止"两诉"无序和任意地扩张各自管辖范围，从而真正实现"两诉"有序运行。与择一而用和择优而用模式相较，并行适用模式并非不需要从中作出选择，而是在选择的对象上存在本质的不同：当"两诉"发生冲突之际，前者侧重于选择哪种诉讼方式更为有利，或者更为有理。本质上是一种用以处理和调整双方冲突的立法技术。后者则侧重于选择哪些情形适宜划归到适合"两诉"

---

[1] 巩固：《生态环境损害赔偿诉讼与环境民事公益诉讼关系探究——兼析〈民法典〉生态赔偿条款》，《法学论坛》2022年第1期。

各自管理的阵营，试图从立法层面上（而不是司法应用层面）明确"两诉"的适用范围，追求立法秩序的安定性和可预见性。

在"两诉"关系定位和处理上，与既有理解稍有不同："二诉（应）是一种主辅关系，既不是敌对关系，也不是一个凌驾于另一个之上的关系"[1]。笔者意欲往前更进一步。首先从规范上应当确认，两种制度的法律地位为彼此平等的关系，仅是在实际分工上存有差异。在具体规则适用上，并不意味着两种诉讼制度是各自践行、相互独立、毫无关涉的两套运行规则，从而达到井水不犯河水的境地。根据《若干规定》最后一条规定的内容，可以参照公益诉讼规则审理生态环境损害赔偿案件，直接否认了上述可能性。不仅如此，该授权性规定既能化解新生制度残缺不全引起的运行障碍，同时侧面证实"两诉"之间的共通性，也预先为下文如何设计解决方案提供某种指引。至于哪些具体规则应当保持统一，哪些应当保持区分，有待下一章进一步阐述。因此，此处经概括而来的"并行适用模式"主要是针对各诉的适用范围而言，而不是一种整体的定位。当然，这种模式存在一个关键的前提条件，即需从法律上明确证实生态环境损害赔偿制度的公益属性，并肩负与环境公益诉讼制度同等的环境利益保护功能（如果将生态环境损害赔偿制度界定为私益诉讼，尽管可以形成制度分工，但不符合该制度自身的建设逻辑）。只有如此，才能名正言顺地使"两诉"在同一诉讼目的指引下形成一般与特殊的分工合作关系。

此外，在施用"并行适用"模式尚且应当注意以下三个问题：其一，适用范围方面。为从根源上避免重复诉讼，避免制度浪费，

---

[1] 罗丽：《生态环境损害赔偿诉讼与环境民事公益诉讼关系实证研究》，《法律适用》2020年第4期。

确定一项制度的独立保护范围不可或缺，若其范围不能与其他制度保护范围分立，将有风险沦为其他制度的一部分。故需在生态环境圈中为两种诉讼制度划定各自适合的主管范围，彼此间形成明确的分界，改变当前适用范围混同的发展趋势。实质上，其是将生态环境损害赔偿制度从环境公益诉讼制度统筹和包含下"抽离"出来，从而取得一片相对独立的适用空间，在其调整领域之内，优先适用生态环境损害赔偿制度，而处于其调整领域外的普通生态环境侵权事实则适用一般环境公益诉讼制度予以救济，最终实现"前者的属于前者，后者的属于后者"，彻底改变彼此界限混淆不分的局面。这既是确立"并行适用模式"的初衷，也是该方案能否顺利成立的关键一环。其二，起诉序位方面。如果说划分适用范围遵循的是一种静态视角，以追求辩护理由的可接受性，那么如何安排诉讼序位则是一种动态视角，是对未来运行模式的粗勒勾画与描绘。目前，就两种诉讼制度如何衔接而言，概括地说，当前适用模式是在"单行道"基础上构建的一种纵向上"孰前孰后"的关系；与之相反，"并行"适用模式实质上是一种横向上"并立而行"的关系，实施"双轨制"，从而省略掉另行专门设立调和机制的必要性。这也是"并行"的本质内涵。其三，诉讼规则方面。由于我国特殊的文化传统，行政机关与社会组织、检察院相较，具有身份、地位上的强势性，而这种客观差距会直接突破普通民事诉讼固有的主体平等的本质特征。所以，我们应当充分意识到这个事实并需做好相应的准备，这种权力机关的介入必然会给既有的诉讼模式、管辖规则、证明责任等具体制度带来一系列的冲击或破坏。总之，在肯定"两诉"相通之际也应当正视"两诉"间的差别，不能完全机械地套用有关公益诉讼制度的所有规定。这应成为未来改革过程当中不可动摇的一项指导原则。

根本上说,"并行适用"模式是在正视"两诉"彼此关联的基础上往前更进一步,在(环境)公共利益这块唯一的蛋糕上实施精细地切割与划分的分配工作,这也是本书的意义所在。

第三节 "并行适用"模式的理论合理性分析

如上文所述,之所以造成竞合的现象与"两诉"的基础概念混淆、关系定位不明等因素有关。若从定义上可以完全区分"生态环境"和"公共利益"概念之间的边界,或者说可以直接以法律的形式明确将生态环境损害赔偿制度定性为私益诉讼,在上述任一条件下,其与环境民事公益诉讼之间的适用关系和后续完善路径都可能会截然不同。因此,如果不能从根源上充分认识这些基础理论,并取得相对确定的结论,从而证实"两诉"之间的确存在客观真实的竞合冲突,而不是因人为主观因素引起的假想性或解释性冲突,所谓并行适用模式只是一种空想或者多此一举。简言之,"若无竞合,即无并行"。为此,下文立足于以下几个方面分别进行——说理和论证。

一、基础概念的共通性

按照以上分析的结果,导致产生"两诉"功能重复,甚或多余的印象,一个重要因素是某些基础概念含混不清。反过来讲,欲恰当地抉择出合理的适用模式,应当首先回归到问题发生的初始之地,通过深入了解那些关键的基础概念,揭掉笼罩其上的面纱,最终澄清其中模糊的地方。而在针对既有概念解释方法的选择方面,严格遵循语法结构和用语习惯以澄清其固有的蕴意,而对于经久附着其上的"惯习"暂且不计。此处需强调的是，这种理解方式并不是以说服为出发点，而是最大限度地为我们提供其他信息，并确保解释结果的可接受性。当然，若遇有不当之处，意义重构不失为一种明智的选择。下文立足于两种制度的主干，从反映各制度本质特征的名称入手，提取两组极易产生混淆的概念进行深度分析，分别为"生态环境"和"公共利益"，希冀以此确认"两诉"之间的事实关系。

（一）"生态环境"概念理解的三种路径与法律回归

虽然围绕生态环境损害赔偿诉讼制度展开相关论述的成果丰富，但多集中在制度的上层，如如何与环境公益诉讼衔接、政府索赔权的合法性等偏向理论建构方向上的内容，对基础概念的研究反而相对较少。何谓"生态环境损害"并非无足轻重和不证自明，需要通过一定的解释方能在立法者与使用者之间有效地完成信息的传递和接受，避免双方造成重大误解和分歧。是故，对于该概念的解释工作直接关涉到其实践运用的合理性及其与其他制度间的关系定位，或者说可以确认发挥其功能价值的实际领域。为探清此概念的原初形态，首先需要追本溯源，还原其历史上的本来面目，同时再以解构的方式层层剥茧。根据笔者的归纳概括，目前在解析"生态环境"一词的内涵时，分别形成分析式和综合式两种研究进路。前者将其视为两组独立的词语予以分别解读，最后在含义上进行重组；后者则坦然地接受这个人造的新名词，并赋予新的意义内容。更详细地说，在肯定"环境"一词的名词属性前提下，学界对于"生态"一词的定性产生某些认知分歧，主要可分为以下几种方式，即定语、主语和混合三种相异的状态。在不同语境下，"生态"的词性为何——名词抑或形容词？其一定程度上决定"生态"与"环境"之间的逻辑关联，作为合成词

"生态环境"的内容自然会随之产生相应的变化，而这种不确定性也是后来某些争议的由来。除此之外，相对于"生态"一词，尽管"环境"用语的词性相对确定，但在内涵解读方面，出于不同学科固有的特色，在理解上存在部分差异。生态学中的环境是指"某一特定生物体或生物体群体以外的空间及影响其生存的一切事物的总和"❶。显而易见，该概念以生物为中心，而人类仅是其中的一部分。法学中的环境概念则限缩至以人为中心的自然因素的总和，即"影响人类生存和发展的自然因素的总体"（参见我国《环境保护法》第2条）。这种定义间的区别主要是因各学科的研究对象与思维方式不同所致，乃是一种客观形势。这里需要警惕的是，尽管"环境"一词源于自然学科，但我们应当始终立足于法学领域对其进行解构和重构，保持必要的学科自信，这也是下文笔者展开分析的基本立场。

1. 偏正结构："生态环境"的解析样式

据学者王孟本考证，"'生态环境'这一汉语名词最初是在20世纪50年代初期自俄语和英语翻译而来"❷。该结果是否绝对可靠，恐难有定论。但在法学领域内，其何时以及如何成为一个法学术语，确有据可考，且文献资料保存得较为完整。尽管我国在1979年9月就已通过《环境保护法（试行）》，但关于环境保护的相关规定，可以直接追溯到1978年《宪法》时期。该《宪法》第11条的内容最初表述为"国家保护环境和自然资源"，彼时"环境"和"自然资源"两种概念泾渭分明，而且可以肯定的是，立法界尚没有普遍形成保护"生态"或"生态环境"的观念。在

---

❶ 尚玉昌：《普通生态学》，北京大学出版社，2002，第7页。
❷ 王孟本：《"生态环境"概念的起源与内涵》，《生态学报》2003年第9期。

1982 年《宪法》修改草案中拟将原有条文修正为"国家保护生活环境和生态平衡"❶，但当时全国人大常务委员会委员黄秉维根据美国教科书的介绍，其认为"平衡"和"不平衡"一词皆包含利与害双重意思（如此，生态平衡也可能是有害的），同时参考斯大林著作中关于环境含义的介绍，故建议将其改为"环境"❷。换句话说，恰逢黄秉维先生的偶然介入，"生态环境"一词方能成为正式的法律术语，并成功扎根于 1982 年《宪法》正文当中，而且一直沿用至今。对此，2005 年，钱正英、沈国舫等三位院士曾联名上书《建议逐步改正"生态环境建设"一词的提法》，其中一项重要理由即认为该概念不符合国际用法。但经国务院组织讨论，并未达成共识。通过探究历史语境发现，"生态环境"概念的诞生颇具意外色彩，可以说是在当时社会情境下临时起意创造的一个术语，因此其受到传统用语习惯的影响相对较小，也不太可能形成固定的蕴意，故在语义解释方式上相对灵活。

首先，"生活环境"与"生态环境"两组词语为并列关系，既然'生活'用来修饰'环境'一语，意为适于生活的环境，以此推论，'生态'理应用来修饰"环境"，意为生态化或理想状态的环境❸。其中"前者是指人民的生活条件，后者则侧重人民生存于其中的自然环境的生态质量"❹。如此，这形成一种由修饰语＋中心语组成的偏正结构。实际上在我国《当代汉语词典》《现代汉语

---

❶ 巩固：《"生态环境"宪法概念解析》，《吉首大学学报（社会科学版）》2019 年第 5 期。
❷ 侯甬坚：《"生态环境"用语产生的特殊时代背景》，《中国历史地理论丛》2007 年第 1 期。
❸ 楚道文、唐艳秋：《论生态环境损害救济之主体制度》，《政法论丛》2019 年第 5 期。
❹ 侯甬坚：《"生态环境"用语产生的特殊时代背景》，《中国历史地理论丛》2007 年第 1 期。

用法词典》中皆肯定其作为定语使用的可能性，因此偏正结构绝非空穴来风。既然用以承担修饰语的角色。依据上述假定，在"生态"仅作为限定语而非主语的情境下，"'生态'是对'环境'的修饰，蕴含了有利于可持续发展的、系统性的、整体性的含义"❶。所谓"生态环境损害"可以简单地化约为"环境损害"，实际指向环境要素的损害。

其次，若依照上述逻辑继续向深处探究，在"生态（的）"表述状态下，"生态（的）环境"实际上作为一种前提和客体而存在，犹如"完好的"与"物"的关系一样紧密。如此，"生态"一词将会发挥规范上的构成作用，即所谓"生态环境损害赔偿"并非简单地指任何损害环境或生物要素的行为皆须承担赔偿责任，而是达到污染或破坏"'生态的'环境"的程度，或者说存在致使环境"非生态化"的行为。为精确地厘定该概念的内涵，需要进一步理解"生态的"具体蕴意。一般认为，其是指各环境要素间相互依赖和制约，且生态功能良好。❷ 不难发现，该种解释寄寓着人类主观上的某种价值需求，并着重凸显出环境的生态质量方面的重要意义。

2. 并列结构："生态环境"的解析样式

尽管上述推理具备一定的合理性，但因为过于信赖宪法文本的权威性，结论上并非完全妥当。在我国法律系统内部，除《宪法》第26条生成"生活环境"和"生态环境"的并列句式之外，日常生活当中也有"环境污染、生态破坏"的一般表述，而且在法律规范里面，经常也会出现"破坏生态"的概念术语。为保持

---

❶ 张林波、舒俭民、王维、安达：《"生态环境"一词的合理性与科学性辨析》，《生态学杂志》2006年第10期。

❷ 楚道文、唐艳秋：《论生态环境损害救济之主体制度》，《政法论丛》2019年第5期。

与上文论证方法的连贯性，通过句式构造进行逻辑上的类比推理：在同一句式中，当两种称谓处于相同层级地位时，可以视为具有同等的构成意义。比如"环境污染"与"生态破坏"均为一种主谓结构，同位于主语位置上"环境"和"生态"的词性应当相同，此处"生态"一词显然并非为起修饰作用的定语，而应当是与"环境"并列的另一个独立名词。简单地说，在语法上，"生态"一词既可以起到修饰的限定作用，与"环境"短语共同形成偏正结构，也可以作为名词，与"环境"一语形成并列结构的样式。在不同的语境结构当中，"生态环境损害"概念的定义方式也会随之发生相应的变化。往深处说，当将"生态"作为一种与"环境"并列且受保护的独立客体之时，在该种语法结构下，"生态环境损害"这一经合成而来的短语实际上可以看作是"生态与环境"的简称，并可以进一步解构为"生态损害"+"环境损害"，实质上亦是一种拆析的理解方法。当"生态"一词的词性发生改变后，即在主语状态下，"生态环境损害"的蕴意又会有何不同呢？

从根本上讲，"生态"一词原非纯正的法学概念。其源于生态学，而"生态学"的概念是由德国生物学家 E. 海克尔开创性提出，其最初以"动物与其有机及无机环境之间相互关系"为研究对象。而根据《生态文化词典》的释义，生态是指"一切生物的生存状态，以及他们之间和他们与环境之间环环相扣的关系"。若根据上述生态学中的环境概念——某一中心周围的存在状况，再将两者结合起来看，可以认为，在一定空间内，生态与环境共同形成一个整体，其被称为生态系统，也可以反向地认为，该系统包括生态和环境两个领域。直至现代，且在多种巧合因素推动下，"生态环境"这一术语方在法学领域中得以塑造成形，同时，"生态（破坏）"一词的法律意义得到学界重视。站在制度实践者的角度观察，究竟何谓"生态（环境）"，以及其与"环境"范畴的分界线在何处？尽管好像已经给出一些正面的解释，但实则是一种抽象层面上的意义传递，立法技术上难以处理，而且对于缺乏专业知识背景的受众，包括有关法律规范的制定者、运用者和执行者等主体而言，确实与雾里看花没有多少差异。如果拿这种定义与定语状态下的蕴意相较，前者注重生物的"生存状态及其与周边关系"这种事实层面上的意义，强调对现状的客观反映；后者则寄予着人类"美好""良好"等普遍的价值期待，带有一定的主观色彩，两种解释进路引致的结果并不一样。

欲理解"生态环境"这一概念的内涵，仍然需要分别从"生态"和"环境"着手。从上述生态学的视域讲，所谓"环境"是指"围绕着人群的空间及其中可以影响人类生活和发展的各种自然因素和社会因素的总体"❶。不难发现，"环境"概念侧重于位于中心事物周边的因素，可以从成长环境、学习环境、生活环境等一般认知经验里得以体会，而"生态"概念倾向于观察人类（因"生物"的外延过宽，已经超出法律的调整范围，故以"人类"自身为目标）生存的状态以及其与其他物种等事物间的关系。有学者直接针对这一术语进行界定，"'生态环境'一词是'由生态关系组成的环境'的简称，是各种生态因子和生态关系的总和"❷。这种整体解释充斥着一种抽象与晦涩，于非专业人士而言，反而会增加理解的难度。总之，在主语架构的语境里面，如何做到"生态的归生态，环境的归环境"是一个极为重要的现实问题，因

---

❶ 巩固：《"生态环境"宪法概念解析》，《吉首大学学报（社会科学版）》2019年第5期。

❷ 王如松：《生态环境内涵的回顾与思考》，《科技术语研究》2005年第2期。

为合理的调整方式应当是建立在对两种损害准确定性的基础之上，而不是混为一谈。但生态和环境本体之间的交互性使获取一种有效的辨识方法显得非常困难，几乎不可能实现。

3. 联合结构："生态环境"的解析样式

如上所述，"生态环境"实质上是由国内学者偶然创造的一个概念，而且在我国法律法规等规范性法律文件当中以及国家方针政策当中频繁出现，已经演化为中国的特色概念，虽然该概念已经使用多年，且为众人所熟识，但在创立之初并未经过充分论证，正当性上不无疑问。即使是该概念的塑造者黄秉维也承认"这个提法是错误的"[1]。是故，这种经混合而成的专业概念里仍旧存在诸多适用上的疑虑，如时过境迁后，此术语本身是否仍具备一定理性，及其内涵应然为何等有关的理论问题，有待进一步澄清。

其一，按照我国语言使用特点，"生态环境"一词是指"生态和环境"或"生态或环境"[2]。围绕"生态"与"环境"短语之间究竟可否组合使用的问题，有学者认为该组合短语不妥，"'生态'是与生物有关的各种相互关系的总和，不是一个客体，而环境则是一个客体"[3]，因此不能联合使用。这种立论的假设前提为"生态"和"环境"是彼此性质不同的两类事物，不适合组合在一起。也有学者从概念范畴的角度出发，认为"生态环境"的搭配存在语义重复之嫌，如黄秉维学者认为，"顾名思义，生态环境就是环境。"而"现代生态学则认为环境污染问题也是一个

---

[1] 吴季松：《生态文明建设》，北京航空航天大学出版社，2016，第29页。
[2] 蒋有绪：《不必辨清"生态环境"是否科学》，《科技术语研究》2005年第2期。
[3] 钱正英、沈国舫、刘昌明：《建议逐步改正"生态环境建设"一词的提法》，《科技术语研究》2005年第2期。

生态问题"❶，"生态"的概念已经包含了"环境"。❷ 此外，也有学者主张，'生态'和'环境'可以相互替代或互换互用❸。显然，不论是前者包含于后者，抑或后者包含于前者，剩余的另外一者必然或为累赘。归纳起来，任一单独构成术语已足以涵括"生态环境"的领域，没有必要使用两个词予以组合。当然，也有部分学者持赞成态度。"生态环境"正确的用法应是作为联合结构❹。联合结构不仅外延广泛，而且能够最大限度地避免出现挂一漏万，具有极佳的包容性和开放性。"当某事物、某问题与'生态''环境'都有关，或分不太清是'生态'还是'环境'，就用'生态环境'"❺。

针对上述分歧，首先，笔者坚持认为，"生态"与"环境"之间绝非完全相同的关系，在有差异的前提下，完美地相互替代几无可能。不仅如此，从实在主义角度讲，"生态"与"环境"概念的外延可以无限扩展，且呈交叉融合的趋势，任何还原各自边界的努力均会面临一道无法克服的技术难题，而这却可能成为法院有效认定事实的最大障碍。从功能主义角度讲，"生态环境"作为一个集合概念，或许这种由相似构成叠合增加的效应并不显著，但至少不会因为内部构成元素相互消解而带来负效应：从区间范围上比较，其比单纯的"环境"或"生态"表述更具包容性和灵活性，从而能为司法实践操作带来便利。因此，笔者认为，尽管

---

❶ 沈国舫：《关于"生态保护和建设"的概念探讨》，《林业经济》2014年第3期。
❷ 黎祖交：《〈"生态环境"的提法值得商榷〉一文发表的前前后后》，《林业经济》2003年第7期。
❸ 张林波、舒俭民、王维、安达：《"生态环境"一词的合理性与科学性辨析》，《生态学杂志》2006年第10期。
❹ 黎祖交：《"生态环境"的提法值得商榷》，《浙江林业》2003年第4期。
❺ 巩固：《"生态环境"宪法概念解析》，《吉首大学学报（社会科学版）》2019年第5期。

偏正结构和并列结构致力于解构概念的本体,实质上是一种取向于准确性的迈进逻辑,具有概念诠释上的理论意义,但于法律制度实践而言,实际效用甚微。笔者倾向于优先维护法律秩序的确定性,而联合结构恰好能够发挥这种作用,其用以避免因界定和区分概念而引起的某些没有答案的争执。不仅如此,其也是对经济复苏初期偏重污染防治而忽视生态保护理念的纠正。

4. 法律语境:"生态环境(损害赔偿)"的解析样式

通过以上分析,上述几种来自官方或者学界的定义皆有不妥之处,归根结底更多是站在科学的视角予以概括或演绎,而非立法者的视角,故在具体情境特征的描述上明显偏向于自然事实而非纯正的法律事实。严格来讲,科学概念与法律概念存在本质的不同,"其主要目的在于还原生态环境损害的真实面目,令人客观地认识其'是什么',而在定义方式并未附加价值上否定性和责难性的评价"[1]。与自然学科的学科特质相反,法律概念"除了是对调整对象的客观描述之外,同时含有立法者的主观意志,仅保留其中具有区别性和决定性意义的特征"[2]。不仅如此,《改革方案》给出的定义较为抽象模糊,缺乏基本的可操作性,故需要回归到法律语境进行重构。

首先,我们应了解法律规则的逻辑结构,即关涉到某一法律规则具体由哪些要素组成,以及各要素之间逻辑关系为何等问题。这是从法学上界定"生态环境损害赔偿"概念的基本要求。有关法律规范逻辑结构的代表性观点主要有"二因素说"和"三因素说"。前者认为其包括"行为模式"和"法律后果"两部分。后者

---

[1] 南景毓:《生态环境损害:从科学概念到法律概念》,《河北法学》2018年第11期。

[2] 魏凤荣、司国林:《试论法律概念的特征》,《当代法学》2001年第10期。

得到广泛承认，即分为假定、处理和制裁三个部分。对此，也有学者将其概括为"法律事实+规范模态词+法律效果（后果）"三要素❶。这种结构要求也是法律规范的特质。更为具体地说，该结构也常常表现为"如果…则…，否则…"，这是一种预先设定一定适用条件的语法句式。

其次，如果说确认逻辑结构是为了解决规则形式构成的问题，是未来释义内容的"骨干"，那么阐释构成要件则是出于解决规则内容构成的问题，是附着于"骨干"上的血肉。无论"生态环境损害赔偿"制度的实践理性如何，本质上都是一种侵权制度，如《民法典》被统称为"生态环境侵权"。故以传统的"四要件说"为其分析起点，即分别为行为、过错、损害事实和因果关系四个要素。而其中需要论证的问题主要集中在过错和损害事实这两个方面。其一，损害客体的确定。根据《改革方案》《若干规定》对"损害"的阐释，损害事实包括两种：环境和生物要素的不利改变以及"生态系统功能退化"（因《推荐方法》不具有规则适用上的约束力，故以《改革方案》确立的定义为下文分析对象）。

（1）损害对象。根据人类生活和生产的现实观察，于环境而言，任何活动皆会产生相应的负面效果，如此，环境要素的改变不可避免，所谓"零污染"只是一种理想的境地。选取"较大等级以上的突发环境事件"等情形作为承担赔偿责任的典型，除损害环境要素的事实之外，笔者认为，更为重要的是那种看不见的伤害，即生态系统服务能力方面的损害。换言之，之所以禁止行为人污染或破坏环境要素不仅是因为该要素自身不易恢复的特质，而且主要在于其对于人类健康的生存和生活，以及维持生态系统

---

❶ 刘杨：《法律规范的逻辑结构新论》，《法制与社会发展》2007年第1期。

平衡具有极为重要的生态价值,在举国踏入"生态文明"的新时代之际,其所具备的社会意义亦随之得到极大的提升。事实上,同时出现在《改革方案》正文中的"生态系统功能退化"和"服务功能损失"这两种不同的表述指涉的是同一个问题。准确地说,这两种表达形式皆有一些瑕疵。即使改用法学视角进行"生态环境损害赔偿"概念的重构,也不能否认该组成术语自身的专业性。在生态学领域,国内外学者通常称为"生态系统服务"。从科学角度讲,生态系统服务与生态系统功能有别,功能是生态系统结构的表现,是不以人的意志为转移的固有的自然属性,在人类出现以前就已存在;生态系统服务是建立在生态系统功能基础之上的,是人类出现之后产生的,二者不可等同[1]。这也是接下来概念重构中应当加以改善的地方。除此之外,国际合作项目 Millennium Ecosystem Assessment(简称 MA,又称为"千年生态系统评估")将生态系统服务分为供给、调节、文化、支持和服务四类[2]。在各类型之下,又进一步细化为各种具体的服务类别,包括形成土壤、提供食品、调节气候、生态旅游等形式[3]。这种分类亦是当下生态学领域普遍支持的。因此,将其作为判断标准,不仅可以起到准确性担保的作用,而且具有确保知识体系之间融贯性的意义。结合上述内容,笔者认为,"生态系统服务"的用语表述更为契合当

---

[1] 胡荣桂、刘康:《环境生态学》,华中科技大学出版社,2018,第 194 页。
[2] MA(Millennium Ecosystem Assessment),Ecosystems and Human Well-being:Synthesis (Washington:Island Press,2005),p. 41 – 45.
[3] ①支持服务(生产所有其他生态系统服务所需的服务):包括土壤形成、养分循环、光合作用的初级生产等;②供应服务(从生态系统获得的产品):包括食品、淡水、燃料木材、纤维、生物化学品、遗传资源等;③调节服务(从生态系统过程的调节中获得的好处):包括气候调节、疾病调节、水资源调节、水净化等;④文化服务(从生态系统获得的非物质利益):包括精神和宗教、娱乐和生态旅游、美学、教育、感受、文化遗产等。

下改革的旨意，也符合生态中心主义的理念。

（2）违法性。科学概念更为关注"损害事实"。当然，"损害"是请求赔偿不可或缺的要件，但一味强调"损害"的实在性势必会淡化"损害"与"赔偿"之间的法律关系。是故，不能因为不懂生态学理论就被科学"牵着鼻子走"，需要回归到法律人的思维看待问题。众所周知，现代社会中，在衣食住行等各方面需求的压力下，基本上人类从事的任何生产活动都或多或少地会影响到环境，这是不可避免的事实，也是人类发展的一部分。如果仅从行为后果上判断是否"损害生态环境"或"社会公共利益"并进而决定如何赔偿，这种脱离法律语境而孤立判断的结果并不牢靠，不仅会丧失法律规则固有的可预见性等特质，而且由谁判断、如何判断等后续麻烦也会层出不穷，因此需要设定具有可操作性和可观察的普遍性标准。尽管具有救济公共利益的效果，但从具体实现路径上观察，"我国环境公益诉讼制度本质上仍属于一种私法制度，被作为一种特殊的环境侵权诉讼来设计"[1]，在建构和运行机理上，与其同质的生态环境损害赔偿诉讼也不例外，皆因循侵权损害赔偿原理。而根据侵权责任法的精神，义务人之所以承担赔偿责任，不完全是因为其损害社会公共利益或者生态环境的事实，而是因为其行为违反相关法律的规定。损害结果仅在法律目的所涵盖的范围之内，才可要求侵害人承担赔偿责任[2]，如未达到法律设定的标准或实施法律禁止的行为等情形。反之，没有法律错误的损害，应排除救济的可能性。实质上，我国《民法典》第 1234 条已经统一采用"违反国家规定"的表述，而这种表

---

[1] 巩固：《大同小异抑或貌合神离？中美环境公益诉讼比较研究》，《比较法研究》2017 年第 2 期。

[2] 陈聪富：《因果关系与损害赔偿》，北京大学出版社，2006，第 123 页。

述应视为"侵权责任构成要件中的违法性要件"❶。或许这种结论并非绝对正确，但这种转变依旧清晰地向我们传达出某种定义的信号。若将违法性作为其内涵的一部分，至少可以从概念上直接将以下情形排除在司法空间之外：不违法但造成损害的情形，违法但未造成严重损害的情形。结合以上分析，《改革方案》提供的释义是一种自我合法化的建制，并非当然有效。从损害发生学角度出发，实质上，某一损害行为首先必定作用在一定的实体之上（私法上称为财产），而非关系层面上的"生态范畴"，生态功能的丧失则是损害的后续涟漪，并非行为本身的受力点，犹如汽车某一零件受损与其行驶功能受阻间的关系。在《法国民法典》第1247条中，"生态损害"是指"对生态系统的要素或功能，或者对人们从环境中获取的集体利益造成的不可忽视的侵害"❷。所以，笔者认为，生态环境损害赔偿是指行为人违反法律规定损害环境要素，从而破坏生态因子，致使某一生态系统不能或难以继续提供正常的服务，因而应当依法承担修复或者赔偿责任。

（二）"公共利益"概念的理解进路

根据《民事诉讼法》第55条的规定，环境公益诉讼的内核是预防和矫正损害或即将损害"社会公共利益"的行为，而污染环境或破坏生态等行为仅是其中的部分表现形式，所以与其纠结何谓污染环境、破坏生态等概念的现实形态，不如转换思维抓住本质。"社会公共利益"概念的内涵在一定程度上决定其适用范围，同时亦能从中发现其与生态环境损害赔偿诉讼的差异。因此何谓

---

❶ 王耀伟、刘蔡宽：《〈民法典〉中生态环境修复责任条款之法律辨析》，《湖南社会科学》2021年第2期。

❷ 李琳：《法国生态损害之民法构造及其启示——以损害概念之扩张为进路》，《法治研究》2020年第2期。

"社会公共利益"？互关重要。有学者认为，社会公共利益与公共利益概念之间主要是表述方式上的差异，"前者更侧重于秩序的价值，而后者更侧重于个体与公共生活之间的联系"❶。除这种注重双方差异的观点之外，也有学者主张，"在我国现行法律中，一般将社会利益与公共利益作为同义词看待"❷。总之，纵使这两个概念之间存在某些差异，也无法掩盖其中的共通性，而且这种共通性占据双方关系的主要方面。故下文从一般意义上描述"社会公共利益"一词的定义。

1. "公共利益"概念的适用现状

为维持法律体系内部融贯性的需求，通常会遵循同词同义的用语习惯，故结合该概念的普遍使用背景从而确认"环境公益"的应有内涵。在我国既有法律规范当中，除关于"社会公共利益"的表述之外，经查，目前尚有与其质地相似的"公共利益"的表述。例如：①作为立法目的使用。我国《行政许可法》《行政强制法》《行政处罚法》均将"为……维护公共利益和社会秩序"作为该法第 1 条的内容，显示出公共利益与行政管理之间紧密相关，（行政）立法界将其作为一种受保护的客体和立法出发点，与社会秩序并列，同时亦以明文方式确定该法未来修改、解释和适用的方向和基调，其效力辐射范围为某一部法律以及关于该法的相关解释性文件，而非具体指向一条规则、一项制度。②作为裁判规则使用。如《刑法》第 20 条、第 21 条关于正当防卫、紧急避险的规定，是相对明确化的法律条文。虽然行为人造成损害事实，但若出于保护公共利益的目的，在限度范围之内，应当减轻或者

---

❶ 韩大元：《宪法文本中"公共利益"的规范分析》，《法学论坛》2005 年第 1 期。
❷ 吴惟予：《生态环境损害赔偿中的利益代表机制研究——以社会公共利益与国家利益为分析工具》，《河北法学》2019 年第 3 期。

免除刑罚。不难发现,其中暗含了一种价值位阶和先后序列,为实务中遭遇利益冲突之际给出了法定的裁判依据和应用规则,但并非一项"放之四海而皆准"的价值排序,仅限于《刑法》中规定的特殊情形,且设定了其他的限制性条件(如出于防卫或者避险目的)。③公权机构的权力依据。如《宪法》第 10 条规定,为了公共利益,国家可以征收或者征用土地。《中华人民共和国专利法》第 5 条规定,妨害公共利益的发明创造不授予专利。这些规范性内容表达出公权优于私权的立法意志。作为一种给定的利益评价结果,实质上为一种充满弹性和充斥强力的口袋条款,如果不能正确界定"公共利益"的范畴,自然难以筛选可以进入该框架的具体利益类型,类似规范可能转化为公权力机关侵扰甚至吞噬私人权益的兜底法宝。④民事主体的权利界限。如我国《物权法》第 7 条规定,取得物权,但不能损害社会公共利益。自由,是人类至高的价值追求,但并非可以就此肆意妄为,须兼顾公共利益。不解之处在于立法者利用抽象的"公共利益"概念为私权处分行为划定了一条看不清的界限。总而言之,在我国宪法、法律、行政法规、法律解释等法律法规中,"公共利益"的表述相当常见,横跨多个法律部门,不同运用情境中肩负不同的法律意义,但无一例外,其总悬挂在高处,尽管可以感知到它的存在,但在认知上依旧模糊,看不见摸不着,说不清道不明。

事实上,关于"公共利益"概念的内涵和外延,学界已研究多时,形成多种富有启发意义的观点。根据弗雷德里克森的考证,"公共"一词来源于希腊语"pubes"和"koinon",前词具有理解他人利益及相互关系的意思,后词则指"关心"[1]。其意在强调摆

---

[1] [美]乔治·弗雷德里克森:《公共行政的精神》,张成福译,中国人民大学出版社,2003,第 18—19 页。

脱一味利己的心理。不仅如此,"公共利益"并非纯粹的、鲜明的和天然的法学概念,在政治学、社会学、经济学、哲学等多个学科内亦是将其作为重要术语,如柏拉图在《理想国》中将其定义为"统治者的利益"[1]。边沁认为其是"组成共同体的若干成员的利益的总和"以及"最大多数人的最大幸福"[2]。德国法学家罗曼·斯克奴将其分为"主观公共利益"和"客观公共利益":前者指基于文化关系之下,一个不确定多数所涉及的利益;后者指基于国家社会所需的重要目的及目标,即国家目的[3]。受研究界域和思维定式的影响,关于"公共利益"内容的理解,不同学科的意识倾向略有不同,如经济学可能偏向于社会福利,政治学可能偏向社会治理,哲学可能偏向价值衡量,法学可能倾向规范意义等。整体观之,仅从理论上析之,容易陷入"公说公有理、婆说婆有理"的辨识窘境。如果试图赋予其一项为众人所认可和接受的定义并不容易。

2. "公共利益"概念理解的常规进路

目前,针对如何具体地界定和识别"公共利益",尽管不够全面,代表性方法主要有两种:第一,"实体法律化思路;第二,程序法律化的思路"[4]。

(1)实体化路径。从实体上直接揭示和确定该概念的内涵,但解释"公共利益"意义的进路同样包括两种方式,分别可以选取与确认次级组成单位"公共"或者"利益"作为上位概念

---

[1] [古希腊]柏拉图:《柏拉图全集》,王晓朝译,人民出版社,2002,第290页。
[2] [英]边沁:《道德与立法原理导论》,时殷弘译,商务印书馆,2000,第58页。
[3] 陈新民:《德国公法学基础理论》,山东人民出版社,2001,第185页。
[4] 倪斐:《公共利益法律化:理论、路径与制度完善》,《法律科学》2009年第6期。

（公共利益）的解释核心。若以"利益"为理解核心，根据用以服务和满足的主体之间的差异，则会生成国家、集体、社会利益等意义相近且易混淆的常见类型，但在适用当中，又会产生关于国家、集体、社会等衍生概念的解释难题。反之，若以"公共"为理解核心，则会因过于抽象化而不易辨识。德国学者针对如何实现"公共"概念实体化提出了三种不同的理论。其一，地域基础理论。公共利益是一个"相关空间内关系人数中的大多数人"的利益，而此处的空间标准一般以行政区域为划分标准，区域内的"大多数人"的利益，就是公共利益；反之，为个别利益❶。其二，不确定多数理论。德国学者 Neumann 以受益人多寡的方式来确定是否为公共利益，即大多数人的利益为公共利益。其三，"圈子"理论。以"某圈子之人"（如家庭、家族团体，或成员固定之组织，或是以地方、职业、宗教信仰等要素作为界限）作为与公众这一概念相对立的表述——公众也即"特定圈子外之人"，从反面间接地定义"公共"的非隔离特征❷。实质上，上述三种判断方式在量化"公共利益"上有所增益，但局限性同样明显。在网络化时代，所谓地域界限已经不如过去紧要，而在虚拟空间内，行为的影响力无所不在，而"大多数人"的概念本身尚需要其他具有说服力的解释予以补漏，没有实用的价值，"圈子"理论忽视了"分圈"标准本身的不确定性以及圈子之间的重合与差异化特征，如家庭圈和职业圈范围的区别，而且被归为某一"小圈"，并不意味着其被抽离"公共"的"大圈"。在我国尽管不同学者莫衷一是，但受益对象的数量始终占据重要的评判地位，如王利明教授认为其"是指全体社会成员的

---

❶ 陈新民：《德国公法学基础理论》，山东人民出版社，2001，第 184 页。
❷ 城仲模：《行政法之一般法律原则》，三民书局，1997，第 158 页。

公共利益"。❶ 余少祥教授认为,"公共利益,即与不特定多数主体利益相一致的方面"❷。日本小岛武司也倾向于公共利益为不特定多数人的利益❸。种种意见,既有共性,亦有区别,不一而足。

(2) 程序化路径。在程序化进路上,主要存在三种基本模式:立法机关界定,司法机关界定或者(立法、行政、司法)分权界定。该三种模式本质上在于以公正的程序规则保障公众共同、自主决定和判断关涉自身的"公共利益"内容,试图以"程序技术"的方式实现某种正义。但是立法机关是否能够充分代表民意,所有的民众意见是否能够在结果上得到尊重和在程序上得到保障,行政机关的部门利益以及司法机关的中立性❹等问题均是容易遭到其他学者进攻的薄弱之处。故即使存在上述两种相对合理的方法,依旧很难对公共利益下一个准确的定义,但总的来说其具有不确定性、非竞争性、非排他性、主体广泛性等特点❺。

3. 法律语境:"公共利益"的应然形态

在哲学、政治学、社会学等学科中,公共利益扮演着不同的角色,可能是一项重要的标准,一种优先的利益等。但法学与此不同,不能仅仅停留在道理论证上,其是一门应用型学问,具有很强的实践需求:既需要方向指引,更需要精准定位。正如某学者所言,"法学主要要做一些能获致裁判基准的陈述,它们可以转

---

❶ 王利明:《中国民法典学者建议稿及立法理由·总则编》,法律出版社,2005,第19页。
❷ 余少祥:《什么是公共利益——西方法哲学中公共利益概念解析》,《江淮论坛》2010年第2期。
❸ [日]小岛武司:《诉讼制度改革的法理与实证》,陈刚译,法律出版社,2001,第40—41页。
❹ 孙洪坤:《环境公益诉讼立法研究》,博士学位论文,山东大学,2015,第12页。
❺ 刘在学:《民事公益诉讼制度研究:以团体诉讼制度的构建为中心》,法律出版社,2015,第48页。

换为法律事件的裁判"❶。如果相关行为规范的内容模糊不清，意义不明，法官将会不知所措，而公众则可能会彷徨不解。因而在法律规定中，应尽量使用明晰、确定的概念。❷ 故尝试分别使用上述实体化和程序化的界定方式确认其具体含义，但首先会面临以下一些障碍。

首先，概念实体化的理论障碍。

（1）法律成分淡薄。"公共利益"一词被嵌入法律体系当中，虽具有一定的拘束力，却欠缺法律规则内在的确定性，而与其具有形式上相似性的法律原则相比，也存在本质的不同。法律原则通常与该法欲调整的法律关系相匹配，具备特定的适用界域和明显的身份标记，如刑法上罪刑法定，民法上自由处分等；反之，"公共利益"概念过于大众化和普遍化，有百搭之便利而无适合的定位和功效，即使作为原则，表征意义重于实践价值。此外，法律原则体现出一种价值导向，可以作为衡量制度正当与否的标尺，更为重要的是在于弥补法律规则不足和指引司法裁判的功能，如辩论主义原则、法不溯及既往、诚实信用、罪刑相当等原则，虽然较为抽象，但具体到现实语境之中，通过进一步的阐释，其内容能够被大致确定下来，可为主体判断、评价某种行为的意义提供共同的标准。而"公共利益"一词，在某种程度上，是一个"相对性"❸ 概念，随参照事物不同而多变，外延上伸缩不定，缺失作为基准的确定性，故指导价值不足。质言之，语言上的极端空洞，其只能以内容及意义上的极端精确为代价。虽被置身于法

---

❶ [德] 卡尔·拉伦茨：《法学方法论》，陈爱娥译，商务印书馆，2003，第112页。
❷ 刘作翔：《法理学》，社会科学文献出版社，2005，第79—82页。
❸ 王景斌：《论公共利益之界定———一个公法学基石性范畴的法理学分析》，《法制与社会发展》2005年第1期。

律领域,但规则色彩淡薄,其内在意蕴多寄托于法律空间之外,如社会安全、公共产品、社会福利、惠民政策等相对宏观的事物。但司法的容纳空间和权力范围极为有限,解释不当,可能会超越我国司法空间实际的承载容量和裁判能力,或者背离公共利益的本质含义。

(2)应用情境多元。当然,在法律规范当中,并非所有的概念均为精准而确定,可以直接量化,拿起来就用,如"公共利益"概念虚化程度就非常严重。立法上,为保证规则的包容性和适应力,部分概念需要留置一定的后备空间,抽象化不可或缺。同时,为限制法官裁量过于自由、任意,往往另行通过司法解释等规范性文件予以限缩、统一,或者发布相应的典型案例加以指导,或者交由法官凭靠理性、良知、经验以及直感进行裁断。解释,是在遭遇规范意义不明之际的一种代替,也是一项复杂的技术,含有文义解释、体系解释、目的解释、历史解释等更为详细的分类。但是对于横跨多个领域而且非纯粹法律上的概念,适当地解释并非易事。如上所述,现有法律体系当中,"公共利益"一词,在立法者眼中是立法原则,裁判者眼中是裁判规则,公权机构眼中是权力依据,民事主体眼中是权利界限,具备多副面孔。而不同的法律部门和立法主体存在不同的利益诉求,任何立法者在采用立法技术,或者概念化或者类型化,操作过程中均需考虑体系内的一致性,因牵涉多个法律主体(立法者、裁判者、行政机构等)、多种法律行为(立法、司法、执法、协商等),反而增加了解释上的难度。除面临彼此调适和融通的障碍之外,唯有概念上适度模糊方能保证其广泛的适应性和生存力。

(3)概念排斥效应显著。如果任由各部门自行解释和界定"公共利益"的内涵,容易产生排斥效应。在《宪法》、原《民法总则》当中，同为"公共利益"词汇表述，在《民事诉讼法》中则突然改为"社会公共利益"，《行政诉讼法》中则将"国家利益"和"社会公共利益"并列。上述"公共利益""社会公共利益""国家利益"等称谓上的差异并非无足轻重，不能因其具体范围上的模糊性和外观上的相似度而忽视其中的差别。因为特定概念必然包含着一些特殊蕴意。如果在同一法律体系内出现新的表述，这种条文上的变化会增加适用的难度。因为我们不知道这种变化究竟是立法者有意创立、移植或合成的，还是无意形成的。与"公共利益"概念相较，"社会公共利益"概念增加了"社会"一词予以限定。"社会"在政治哲学领域存在机械主义社会观和有机体论社会观的对立。前者认为，社会是某种形式的联合体。除了个人利益之外，社会没有自身独特的利益。后者则将社会作为一种与个人相对的独立的共同体。存在某种超越个人利益之上的纽带，即共同利益、共同信仰、共同道德❶。仅从理论上辨析，"社会公共利益"概念尤为注重个体关系之间的共同性和超越性，公共利益则更多是相对于个人利益而言。但具体到实践当中，实体法和诉讼法采用不同的概念表述同一客体，徒增理解上的分歧，甚或对立，并无实际功效。

其次，概念程序化的理论障碍。除直接确定其本质的实体化方法之外，理论上，程序法律化亦是一条可行的路径。纵观我国法律体系，多部（民事、行政和刑事）基础性法律中均有使用"公共利益"或者"社会公共利益"一词，且出现频繁、功能多元。笔者认为，不同的部门法（尤其是民事、刑事和行政法等）在立法目的和适用范围上存在本质上的差异，故在界定该术语的

---

❶ 王轶、关淑芳：《认真对待民法总则中的公共利益》，《中国高校社会科学》2017年第4期。

内涵以及外延时,若交由调整法律关系相对特定、单一和专业的部门法予以独立解释,其中立性和公信力难免受其他机关和部门的质疑,同时也有可能因各部门法间的利益隔阂引起规范内容的冲突和互斥,如我国《信托法》第60条❶、《国有土地上房屋征收与补偿条例》第8条❷关于公共利益的界定与《行政诉讼法》第25条规定之间的巨大差异。此外,从"社会公共利益"的表述语词析出一种宏观和基础的法律意义,与社会秩序、国家利益等概念相连,如果采用"宏观对宏观、基础对基础"的对称性思维,应由具备统率功能和根本地位的《宪法》为各部门法的适用提供权威的依据,即将"公益的概念提升到宪法的层次"❸。然而事实并非如此。

长久以来,关于"公共利益"的具体内容,《宪法》、原《民法总则》等实体法律并未对其作出法律上的说明,而《信托法》第60条以及《国有土地上房屋征收与补偿条例》第8条的列举性规定,偏向国家利益和公共政策方面。出于实务需要,亟须化解传统诉讼中"直接利害关系"法理引发的当事人不适格的困局。为维护公共利益,我国《民事诉讼法》和《行政诉讼法》在构建

---

❶ 《信托法》第60条规定:"为了下列公共利益目的之一而设立的信托,属于公益信托:(一)救济贫困;(二)救助灾民;(三)扶助残疾人;(四)发展教育、科技、文化、艺术、体育事业;(五)发展医疗卫生事业;(六)发展环境保护事业,维护生态环境;(七)发展其他社会公益事业。"

❷ 《国有土地上房屋征收与补偿条例》第8条规定:"(一)国防和外交的需要;(二)由政府组织实施的能源、交通、水利等基础设施建设的需要;(三)由政府组织实施的科技、教育、文化、卫生、体育、环境和资源保护、防灾减灾、文物保护、社会福利、市政公用等公共事业的需要;(四)由政府组织实施的保障性安居工程建设的需要;(五)由政府依照城乡规划法有关规定组织实施的对危房集中、基础设施落后等地段进行旧城区改建的需要;(六)法律、行政法规规定的其他公共利益的需要。"

❸ 陈新民:《德国公法学基础理论》,山东人民出版社,2001,第195页。

公益诉讼制度之际，对何谓"公共利益"的问题给出了参考答案。面对这种具有宪法意义的问题，其理应坚持以宪法为根据。或许正因为受到此种理念制约，2017 年，面对这种宪法性问题，我国民事诉讼法在修订当中无意外地采用了相当保守的立法技术，"将各方在公益诉讼上的共识以法律的形式固定下来"❶。但随着实务发展，越来越多的案件在外观上逐渐被冠以"公益诉讼"的名称，包括生态环境和资源保护、食品药品安全、国有财产保护、国有土地使用权出让、英烈权益保护等领域。

综合而言，在界定"社会公共利益"概念的内在本质和外在形态的必要性方面，应予以积极的肯定，但在具体实施方法上势必会遭到难以克服的技术难题，如果不能从法理上提供足够令人信服的理由，在实施效果上可能会适得其反，动摇法律秩序的安定性。是故，结合上述解释进路，笔者认为，可以从法律内和法律外两个空间对上述方案进行解构。以不特定多数人为例，包括行为上直接侵害到多数人的权益和结果上扩散到多数人的权益两种类型，后者本质上是某一行为的附带效果：前者如抽象的行政行为——某项政策；后者如错误的裁判实践。严格来说，宜将前一种情形归入"社会公共利益"概念的范畴。但从检察院公益诉讼制度实践来看，后一种情形逐步被纳入其范围之内，如侮辱革命烈士的名誉等情形。这种源自"公共利益"的演绎结论实际上存在一个潜在的根本前提，即"人"本身为法律上受保护的客体。如此，反过来观察"环境"与"社会公共利益"间的逻辑关系，绝不像部分学者认为的那样，将环境自身作为独立的受保护对象，而社会组织或检察院作为立法者选定的代表人。实质上，环境仍

---

❶ 谢军：《论消费公益诉讼的起诉主体》，《宁夏社会科学》2015 年第 5 期。

然是通向提高人类生活质量目标的中间介质，因其与人类利益之间"一损俱损"的现实联系，故施加保护的义务。为进一步说明该问题，以美国公民诉讼制度为例证，其在运行原理上紧扣法律一贯的构造逻辑。行为人因其破坏公法秩序而承担相应的公法责任，而不是出于保护一种新的法律客体所致。简单地说，在对"环境公益诉讼"制度性质的理解上，所谓环境利益并不是自我指涉意义上的结果，其为社会公共利益所吸收，带有浓厚的社会属性。

通过与"生态环境"概念的比较，如果仅从抽象的概念上分析，在"两诉"适用范围上，"环境公益"和"生态环境"之间并没有本质上的歧义。首先损害行为直接作用的对象必然是实在的有形物——"环境要素"，究竟应该将要素归为国家利益范畴，还是公共利益范畴，本质上是一种社会价值上的判断，是损害的衍生结果，表征其损害后果非常严重。对此，应当予以肯定。其次，之所以强制侵权人承担修复或赔偿责任，无须纠缠其损害的到底是"生态环境"抑或"公共利益"，回归到法律语境，主要是因为行为人违反了法律规定，破坏公法秩序，在这一点上，"两诉"应具有共通性。实际上，"引入违法性要件，既适度限缩受案范围，又在诉讼与环境法之间建立起直接连结"❶。总之，若打算从定义上对"两诉"进行界分，几无现实可能。至于两者间有何区别，或许可以说，前者注重社会层面上的损害后果，后者注重生态层面上的损害后果。概言之，环境公益诉讼制度侧重保护环境（要素）的社会价值，而另一种损害赔偿诉讼制度侧重保护环境（要素）的生态价值。但如果从本体论上观察，实际受损的事

---

❶ 巩固：《环境民事公益诉讼性质定位省思》，《法学研究》2019 年第 3 期。

物只有一个，社会或生态层面的差别仅仅是附着于不同视角上的结果，是该受损事物意义层面上的附加值，而最终的落脚点是人类自身。所以，界分"两诉"的有效方式绝不是字面上对外宣示的制度名称和其他标识，需采用另一种相对可靠的方法，即宜采用一种广义的理解方式，待某项实践经验成熟之后，再以制定法进行规范。整体上应贯彻"成熟一个，发展一个"的原则。这也是下文秉持的基本前提。

二、法律属性的一致性

概念上的差异可以为区分"两诉"提供一道门径，确保我们不为外在表象所迷惑，但概念本身对于识别事物内在本质不会产生决定性的根本意义，且对于解决应当如何适用的实践问题并无多少助益。为此，需深入制度内部，在肯定公益诉讼制度公益属性的前提下，着重论证生态环境损害赔偿制度的应然属性，并与上述概念分析的路径进行交叉比较。

目前，围绕生态环境损害赔偿制度性质为何的争议，主要存在上文中概括而来的权利论、义务论和目的论三种，故以其为分析靶标从而实现证成法律性质的目的。其中"诉讼目的论"的解释路径实为一种较为泛化的说明，内容相对抽象而空洞，在某一目的统筹下可以涵摄任意可能与其勾连的制度形态，与"两诉"在契合度上差强人意。但也不可否认，若用以协调"两诉"关系，可以最大限度地避免制度细节上的深入论证，可称为殊途同归。这种以结果和效用为取向的解释路径，当中带有某种直接终结讨论的效果，甚至使其他学者正为之付出的所有努力和既成的对话、评价体系"无意义，无必要"。所以，笔者认为，该观点的整合意义显著大于其对"两诉"规范的建制和运用意义。所以，笔者接下来着重分析影响力和争议点一样颇大的"权利论"和"义务论"。最后,在对前者进行阐释的基础上,从四个维度出发论证生态环境损害赔偿诉讼的法律性质,从而为后文确立合理的适用模式奠定理论根基。

(一)"自然资源国家所有权论"的正当性辨析

如上所述,国益诉讼、私益诉讼和混合诉讼均以国家自然资源所有权为逻辑的同一起点,当这种权利分别与国家利益、私人利益或混合利益勾连起来,即形成上述三种各不相同的形态。受限于个体的知识、偏好、立场等多种因素的影响,理解上的分歧不可避免,且各有所长。因此,各学说的论辩理由能否彻底站得住脚,是决出唯一正确答案的关键所在。应当承认的是,立法上赋予国家对于自然资源的所有权客观上能够起到维护国家主权、保障国家职能、发挥资源规模效应、弥补市场调节缺陷和优化资源配置等现实意义❶。所以这种赋权本身的必要性和正当性应当毫无疑问。实质上,其是在面对生态环境损害赔偿制度时才成为需要加以分析的对象,即自然资源国家所有权是否能够用以合理地解释和支撑生态环境损害赔偿诉讼制度,归根到底是一种相互匹配的问题。为在双方间搭建出真实可靠的关系,首先应明晰自然资源国家所有权是什么及其与生态环境损害赔偿诉讼的内在关联,这也是确定后者法律属性的关键一环。

1. 我国自然资源所有权确立的背景

通常认为,自然资源是"自然界形成的可供人类利用的一切物质和能量的总称,是人们可以利用的自然因素"❷。尽管只有在

---

❶ 王树义:《环境法前沿问题研究》,科学出版社,2012,第62—69页。
❷ 蔡守秋:《基于生态文明的法理学》,中国法制出版社,2014,第294—295页。

使用过程中方能体现与发挥其造福人类的价值，但自然资源的总量毕竟有限，其中尚包括一些不可再生资源。如果对其开发和利用无任何规制，任需任取，必然会发生"公地悲剧"，造成资源枯竭的不利后果，这种可预见的前景绝非危言耸听。为实现可持续发展的战略目标，党和国家多次提出开发新型能源、提高生产技术、建设生态文明等一系列的纲领性主张。站在法学的立场，最为有效的保护方法应是在该物上确立产权制度，从而施加相应的权利和义务。更进一步讲，产权的建制形式可分为私人财产权、共有财产权、混合财产权和国家财产权四种不同的类型，其中，国家所有权能以最低的排除成本（广泛的命令——管制措施）建立自然资源使用秩序，且由政府统一行使所有权，内部的协调成本相对较低，相对而言，是最优的保护手段❶。而且除美国之外，法国、意大利、日本、韩国等国都确立了国家对自然资源的所有权。《法国民法典》里存在"国家公产"和"国家私产"之别，日本将其分为"行政财产"和"普通财产"❷。俄罗斯建立国家所有、集体所有和私人所有三种产权形式❸。从多个国家类似选择的事实可以认为构建自然资源产权制度具备积极的社会意义和实践价值，并且在多个国家已经得到立法上的确认。除了赋予自然资源国家所有权之外，往往有多种产权机制与其一并适用。据我国《宪法》《民法典》等相关法律规定，自然资源所有权分为国家所有和集体所有两种类型，国家所有亦称为全民所有，包括矿藏、河流及其他种类的资源。其中国家所有财产由国务院代行管理，

---

❶ [美] 丹尼尔·H. 科尔：《污染与财产权：环境保护的所有权制度比较研究》，严厚福、王社坤译，北京大学出版社，2009，第8—10页。
❷ 庄敬华：《气候资源国家所有权非我国独创》，《中国政法大学学报》2012年第6期。
❸ 王树义：《俄罗斯生态法》，武汉大学出版社，2001，第141页。

而集体所有财产由集体组织依法独立经营和负责。一般情形下，对于集体所有财产，国家施行不干涉政策，但国家和集体组织及其成员皆负有不得以任何手段侵占或破坏自然资源的法定义务。总之，在现有法律体系之内，两种产权之间的边界和范围划分得相对清晰，管理机制和运行方式亦有章可循，任何一种突破权利界限的行为势必会面临正当性、合法性的诘难。

2. 自然资源国家所有权的本质意义

关于"国家所有权"，立足于不同的视角，早期存在多种解读路径：其一，"物权说"。尽管承认不同情境下国家的双重身份，但国家主权与财产所有权性质相异，应区别对待。其二，"公权力说"。该理论偏重于国家的行政管理权，否认通过民事方式（无法选择代理人）实现其权利的现实可能。"其是宪法对'全民'之于一国主权范围内的'自然资源整体'按照'全民意志'进行'干预'（决定由谁利用、如何利用、收益如何分配等）之权的确认"❶。这是一种"公法上的义务"❷，也有学者认为其是一种管制权❸。其三，"所有制说"。该理论基于文本结构的角度，"国家所有"的规定置身于"总纲"部分，与正文"基本权利和义务"一章所代表的法律意图不同，"总纲"上的规定，表明其是一种经济制度，而非具体的法律权利。其四，"制度性保障＋立法形成"说。该理论认为只有经制定法具体化的权利才是权利，宪法上的规定仅是一种制度宣示。其五，"名义所有权说"。因为自然资源

---

❶ 巩固：《自然资源国家所有权公权说》，《法学研究》2013 年第 4 期。
❷ 陈仪：《自然资源国家所有权的公权性质研究》，博士学位论文，苏州大学，2015，第Ⅰ页。
❸ 王克稳：《自然资源国家所有权的性质反思与制度重构》，《中外法学》2019 年第 3 期。

的实际使用权人依旧是单位或个人❶，因此国家仅是名义上的所有权人，而非实际的所有权人。第六，复合权利说。这种学说认为，其兼具公权和私权双重属性❷。

　　总的来看，各家学说各有所长，同时亦为各结论寻找了一些法理上的理由。但是正确的结论绝非独立的一家之言，须在普遍意义上取得广泛的认同。因此，在理由选择上至少需要保证一般的可接受性。首先，继《宪法》之后，我国原《物权法》第五章重复了《宪法》第 9 条有关自然资源国家所有权的规定。这种立法行径究竟是对《宪法》旨意的响应和确认，抑或另有用意？笔者倾向于后者。我国自然资源国家所有权的设立最早可以追溯到 1954 年《宪法》第 6 条第 2 项。彼时并无自然资源所有权的说法，而是笼统地直接将其归为"国有"行列，且与社会主义经济体制的规定置于同一法条。从条文结构和逻辑联结上可以推出，两者的内核一致，确切地说，这种分配结果是社会经济体制的必然要求，接近或符合"公权力说""所有制说"理由的由来。或者说"所有权作为一种法律制度的本质是表现并保护一定社会形态下的所有制（公有制）关系"❸。至 1982 年《宪法》第 9 条，关于自然资源如何分配的内容正式独立成为一个条文，与有关经济体制的政策性规定完全分立，且明确将自然资源划分为"国家所有"和"集体所有"两种类型。此处尤其需要明确的是，"国家所有（制）"并不等同于"国家所有权"，这是完全不同的两回事：前者类似于单方面宣示一项政策性决定，缺少实际应用的空间；后者

---

❶ 程雪阳：《中国宪法上国家所有的规范含义》，《法学研究》2015 年第 4 期。
❷ 郭云峰：《论自然资源国家所有权的制度构造》，博士学位论文，辽宁大学，2019，第Ⅰ页。
❸ 汪劲等：《类型化视角下的环境权利研究》，北京大学出版社，2020，第 237 页。

关涉到如何救济等配置的各种程序规则。事实上，在这一阶段，主要是施与任何组织或个人"禁止损害或破坏"的义务性规定，而不是传统私法意义上的物上所有权。直到 2007 年我国公布原《物权法》，其在第二编"所有权"名目下分设四、五、六这三个章节，其中第五章主题直接被命名为"国家所有权和集体所有权、私人所有权"，自此开始出现所有权的授权性规定。实质上，"建立国家所有权的目的就是利用物权规范提供的私权交易机制，以市场化手段实现自然资源的保值增值和有效利用"❶。而基于物权法的私法特性，此际自然资源所有权显然更为符合"物权说"理论。总之，当社会环境和立法体系发生变化，在性质认识和理解上亦会随之出现相应的变化。是故，笔者认为，上述五种认知结果主要是一种视角上的差异所致，而且与我国自然资源配置有关的立法历史表现出来的阶段性特征亦相吻合，但这并不是本质上的分歧。结合生态环境损害赔偿诉讼制度的民事属性和《改革方案》中有关"赔偿权利人"的规定，以及宪法性内容的公权色彩等因素，笔者倾向于以原《物权法》上的授权性规定为损害赔偿制度合理化的根据，故支持"物权说"。

众所周知，所谓物权要求"主体之于物的直接支配关系的确认，在不确定的、未被控制或无法控制的物之上无法成立物权"❷。简单来说，如果物不能特定，物权也难以存在❸。这是后续为新制度辩护的前提性条件。所有权作为物权的一种形态，本质上为一种财产权，也被称为财产所有权，具有绝对性、排他性等一般物

---

❶ 郭志京：" 自然资源国家所有的私法实现路径"，《法制与社会发展》2020 年第 5 期。
❷ 巩固：《自然资源国家所有权公权说》，《法学研究》2013 年第 4 期。
❸ 王利明：《物权法研究》，中国人民大学出版社，2002，第 7 页。

权的特征,具体包括占用、使用、收益和处分这四项权利内容。按照以上逻辑,自然资源所有权的调整范围仅限于可支配和可分配的物,即本质上是用以调整私法领域交往活动的权利。除取得实体权利上的支持外,同时也获得实践力量的推动。2019年4月,中共中央办公厅、国务院办公厅联合印发《自然资源产权改革意见》,其在第1条指导思想中明确提出,为完善自然资源产权体系,"以调查监测和确权登记为基础"。既然能够以登记的形式确认与之对应的权利主体,进一步从侧面肯定了自然资源的财产权属性,起到相得益彰的效用。反之,若不具备确权的现实可能性自然不能纳入自然资源所有权的范畴,而应属于无法定主体的自然因素,从而被排除在法律救济体系之外,如污染空气等环境事件。

  再次切换到法律情境当中,通过观察传统的财产权利损害救济机制,并与生态环境损害赔偿制度作一般比较,借此判断两种制度的运行逻辑是否一致,从而做到更为全面的了解。根据《关于侵权责任法司法解释》第9条关于构成要件的规定,主张侵权责任的前提是必须受到"实际损害"。同时根据其第32条的内容,在确实相信存在危及财产安全的可能,权利人可以请求法院发布诉前临时禁令。若超过三个月未起诉的,予以撤销,以达到暂时停止侵害、排除妨碍或消除危险的目的。换言之,与人身损害的担责形式和赔偿范围不同,当财产权遭受损害,根据损害填补的一般原理,所有权人有权诉诸司法并只能针对原物提出返还财产、恢复原状和赔偿损失等诉讼请求,不能及于受损财产外的其他客体。同时在该种诉讼中也不存在所谓的停止侵害等预防性请求,即使精神损害赔偿也仅作为极其特殊的情形存在。因循该思维向度,在自然资源遭受实在的损害之际,若被非法侵占,权利人可以请求返还；若被非法破坏，可以请求恢复原状，不能恢复的，赔偿实际损失以及可得的利益损失。这种经演绎而来的制度愿景与损害赔偿制度的建设现状不谋而合。该种事实也在一定程度上说明，尽管新制度在名称上显露出"公"的标记，但内在的建设理念仍然保持着私权救济的一般原理，本质上，是一种"私法化"的创建路线。综上，笔者认为，若以自然资源所有权作为新制度建设的根基，将其视为一种私益诉讼，在结果上更显适当。从《改革方案》预先描绘的改革图景来看，新制度无论是在救济主体、请求内容或者赔偿范围等事项均与传统私权救济运行逻辑一致的事实也充分说明了这一点。但是新制度被冠以"生态环境损害赔偿诉讼"之名，而非"自然资源损害赔偿诉讼"，究竟两者之间是否可以完全等同？需要下文进一步论证。

3. "自然资源国家所有权"的局限

（1）"自然资源"与"生态环境"两种概念之间冲突。一般而言，概念是逻辑思维的原始起点和基本单位，判断的前提在于准确解构相关概念❶。从生态关系上讲，首先需要确定创建生态环境损害赔偿制度的目的是什么。在《改革方案》中称为"推进生态文明建设"，在《若干规定》中称为"严格保护生态环境"。换言之，如果选取自然资源所有权作为该制度的权利基础，其潜台词即意味着，"自然资源"与"生态环境"这两个概念之间是全等关系。果真如此，完全可以直接"以国家自然资源所有权为请求权基础构建专门的国有自然资源损害索赔制度"❷，并将之称

---

❶ 李树训：《生态环境损害赔偿诉讼标的：概念和识别》，《中国环境管理干部学院学报》2019年第6期。

❷ 薄晓波：《环境公益损害救济请求权基础研究》，《甘肃政法学院学报》2020年第3期。

为自然资源损害赔偿诉讼不是更适当吗？但客观而言，两者间并非完全等同的关系。在概念上，"传统上自然资源被认为仅是环境中有经济价值的自然环境要素，也因此被长时间作为经济法部门下的一个分支"❶。在立法上，自然资源主要指在自然界中可以为人类带来财富的自然条件和自然要素，如土地、矿藏等❷，这种定义体现出对经济价值的侧重。而依据《改革方案》第 3 条的内容，生态环境应包括环境要素和生物要素，以及上述要素构成的生态系统。不难发现，两者确实存在某些差异。之所以引起这些争议主要是这两者之间联系非常紧密。自然资源既是经济发展的重要物质基础，亦是生态系统中不可或缺的、影响最为广泛的要素❸。而且从法律适用角度而言，'环境'与'自然资源'常常被用以共同表示某些常见的物质，如矿藏、林木等自然要素，这种相互通用的用语习惯亦为正确辨识这两种定义造成一定障碍。为能够实现区分彼此的目的，有学者立足于功能角度，认为环境更加关注生态价值，自然资源则集中经济价值❹。这也是当下学界常用的区别方式。不可否认的是，两者之间既有交叉地方，亦有差异之处。欲恰当界定两者关系首先离不开对概念基本内涵的解释。

其一，"生态环境"这一合成词具有较强的包容性，在外延上尚要宽于"环境"概念的范畴；而自然资源仅属于（生态）环境领域当中的一部分，且较少在生态和生态系统层面上使用该概念，"主要在自然资源的有效利用和其市场资源配置功能的意义上使用

---

❶ 汪劲：《环境法学》，北京大学出版社，2014，第 37 页。
❷ 蔡守秋：《新编环境资源法学》，北京师范大学出版社，2009，第 236 页。
❸ 陈德敏：《资源法原理专论》，法律出版社，2011，第 198 页。
❹ 薄晓波：《环境民事公益诉讼救济客体之厘清》，《中国地质大学学报（社会科学版）》2019 年第 3 期。

这一概念"❶。不仅如此，有些环境要素（如大气等）根本不符合传统物权必备的可支配性等特征，从而无法被囊括进自然资源所有权和财产法秩序的范畴，如"包括太阳能、风能等无主能源资源利益，还有大量重要的生态服务功能的利益"❷。无论如何，其本身的保护价值却不容置疑。虽然可以通过扩大"国家所有自然资源"的范围将上述利益类型囊括在内，但这种进路极易突破既已形成的关于物权的权利架构和理解方式，故应在尽量尊重传统法律思维的基础上取得意见上的一致。因此，如果完全按照自然资源国家所有权理论，针对某些污染事件，其会因缺乏（国家）实体权利而丧失请求司法救济的可能，显然违背推进生态文明建设和损害担责的立法意图。

其二，自然资源所有权的实质"是强调自然资源物质和能量实体的财产保护权"，如物权和债权❸。如果赔偿权利人根据自然资源所有权提起诉讼，其权利范围仅能覆盖到经济损失部分，以此请求赔偿义务人依法修复其损害的资源要素，若客观上不能修复可诉请经济赔偿。至于超过经济损失的生态部分——生态系统服务功能，根据公益诉讼制度建设原理，因其关涉社会公共利益，权利主体应为社会公众而非自然资源所有权意义上的国家，故理应通过环境公益诉讼的形式进行救济。若依此而行，尽管可以维护传统法律思维中形成的"实体权—诉讼实施权"相互对应的逻辑结构，化解理论上的不适性，但是这样不仅会使诉讼程序更为

---

❶ 刘倩：《环境法中的生态损害：识别、本质及其特性》，《环境与可持续发展》2017年第4期。

❷ 王小钢：《论环境公益诉讼的利益和权利基础》，《浙江大学学报·人文社会科学版》2011年第3期。

❸ 常纪文：《环境权与自然资源权的关系及其合并问题研究》，《环境与开发》2000年第1期。

复杂，而且会加倍浪费资源：经济价值——生态环境损害赔偿诉讼，生态部分——环境民事公益诉讼，殊为不智。总之，将人民政府作为自然资源的所有权人代表请求损害赔偿诉讼，"从严格意义上来讲不宜被称为生态环境损害赔偿诉讼"[1]，因自然资源和生态环境这两种概念之间并非等同的关系。

（2）国家所有权与集体所有权的冲突。《改革方案》公布后，原环保部有关负责人在答记者问时曾言明："政府侧重于对国有自然资源的损害提起索赔"。在我国国家所有和集体所有并行体制下，若依据上述自然资源所有权理论，在集体所有土地上发生的污染或破坏行为，作为国家利益代表的省（市）级政府等机关应当无权代表集体所有权人主动提起损害赔偿诉讼。但是依据《若干规定》第1条关于适用范围的规定，其包括较大及以上的突发环境事件等。突发环境事件并无明显的地域之分，且该类事件不可能只发生在国家所有土地之上。从文义上解释，只要符合突发事件的特性，且达到较大级以上，尽管该事件发生在集体所有土地上，赔偿权利人仍旧可以依法行使索赔权。足见，这种基于自然资源所有权的调整办法难以保持规则内的融贯性。实际上，根据《改革方案》关于赔偿权利人的规定，其应是各行政区域内的省、市地级政府。显然，该方案在确立权利人的方法上选择以行政区域为管理单位，并没有刻意强调与区分国家所有或者集体所有的事实。不难发现，若坚持应用自然资源所有权理论，受限于"生态环境"和"自然资源"这两种概念间的差异性，在适用范围方面难免会形成某种理解上的分歧，而且会在体系融贯性方面产生一些不可调和的逻辑断层。综合上述内容，笔者认为，不宜以

---

[1] 薄晓波：《环境公益损害救济请求权基础研究》，《甘肃政法学院学报》2020年第3期。

自然资源国家所有权作为建构该制度的论证内核。

(二)"国家保护义务论"的正当性辨析

"义务论"的理解进路摒弃了以利益(国益、公益和私益)为取向的论证方式,而是将政府实施索赔和诉讼的行为归结为宪法义务的推动。依照这种观点,提起损害赔偿诉讼是出于消极和被动的唯一策略,否则,可能会承受来自法律上的不利后果。这种解释路径仅能在一定程度上说明政府对于某些环境污染、生态破坏事件必须采取相应措施的合法性问题,即是因为某种法律强制的因素在其中起到驱动作用:应当为或不能为。简单地说,通过"义务论"可以说明行政机关应当起诉的事实,但不能解释为什么应当起诉的问题。从理论上讲,义务主要是对主体的自由意志和行为方式起到限制性作用,但其本身并不能直接用以解释索赔权利的正当性问题,毕竟义务和权利的内在蕴意存在本质上的不同。前者要求行为人必须实施或者禁止实施某些行为,附有浓厚的意志强制色彩;后者则带有一定的自主性,赋予主体处分权利的一般自由。而《若干规定》第1条"可以作为原告提起诉讼"以及《民法典》第1234条"有权请求侵权人"的条文表述从侧面印证其权利特征的事实。在这个角度上,"义务论"固有的普遍强制力与诉讼制度运行逻辑之间表现出一定的不适应性。不仅如此,若坚持以义务作为授予政府赔偿请求权的动因,不仅会得出权利已经沦为履行义务的一种法制工具,而且会在同一主体身上形成"因为有保护环境的义务,所以有保护环境的诉权"这种悖论。但实质上权利和义务规范一般是在调整多方交往活动过程生成的调整方式,如"我的权利,你的义务",在仅有单独一个主体的情境下却无须如此。

即使以国家保护义务作为创建该项制度的内在原理,但仍旧会面临一个难以克服的理论障碍。我们应站在诉讼法的角度来解释为什么"给予"行政机关司法上的索赔权或者说诉讼权，而不仅仅是解释行政机关为什么"需要"这种权利，这是站在两种不同立场发出的提问。通常来说，"利益是权利的本质核心"❶，而权利是用以保障和实现某种利益的手段，将这种利益"权利化"或"法定化"符合公众一般期待和社会发展需求。从这个维度上观察生态环境损害赔偿制度，其保护的利益究竟是什么，至少是与"生态环境"有关。而"义务论"或"职责论"是对后一问题作出的某种解说。因为借助这种司法手段有利于行政机关更好地完成其保护环境的职责。这里凸显的是行政机关，而非是"生态环境"。事实上，行政机关这种保护需求也可以通过其他途径来实现，并不一定需要从法律层面赋予其诉讼实施权。目前，为确保行政机关顺利地履行法定的义务，《环境保护法》等法律法规上已为其配置多种具体的保护手段，如行政处罚、行政命令等措施。而政府机关通常作为实践层面的执法者，通过优化行政管理手段、行政诉讼机制等方法皆能达到更好履行义务的目标。在这种语境下，"义务论"难以圆满地解决其转向司法救济的正当性问题，尤其在我国，这种以行政机关为原告的制度是对传统法理的一种巨大突破，理由的要求上更须慎重。考虑到该制度的诞生过程——政策的推动，以及行政机关的特殊身份，这种解释比较契合当下的语境。总之，"义务论"主要是立足于行政机关的立场，而忽视了法律系统自身的运行逻辑。尽管权利和义务相互依存❷，但"从法哲学的权利理论来说，是基本权利产生了对国家义务的需要，

---

❶ 周晨：《环境损害赔偿立法研究》，博士学位论文，中国海洋大学，2007，第1页。

❷ 张文显：《法哲学通论》，辽宁出版社，2009，第111页。

是基本权利的存在创设了国家义务"❶。一言以蔽之，义务实质上是用以保障权利而设，若无权利，则无义务。"若要求国家承担保护环境义务，首先需要解决的是公众是否应该有在良好的环境中生活的权利"❷。是故，笔者倾向于权利本位论，从权利的角度研究可诉性的问题❸。

同时需要注意的是，除《宪法》第9条、第26条给国家规定了保障合理利用自然资源、保护和改善生态环境的法定义务之外，同时根据《环境保护法》第6条的规定，"一切单位和个人"皆负有保护环境的义务。因此，义务本身的存在并不能直接导出相应的环境诉讼制度。例如，就与其功能相似的环境公益诉讼制度而言，《民事诉讼法》在设立该制度之初，既已明确承认此举是出于保护社会公共利益的现实需求，与所谓的"义务"实无因果关联。当然，目前尚未赋予公民实施诉讼的法定资格，但社会组织和检察院可以通过提起环境公益诉讼的形式实现保护生态环境的效果。以此类推，生态环境损害赔偿制度的成立也难以视为"义务"推动的当然结果。实质上，其是在建设生态文明的背景下，是由中共中央办公厅、国务院办公厅联合推进的改革成果之一。不仅如此，根据法律的规定仅能取得国家具有保护环境义务的认知，至于这种义务的内容和形式尚缺乏精细确定的说明，因此，在法律秩序内的辐射范围可以说非常宽泛。具体地讲，在国家义务的掩盖下，会模糊自然资源国家所有权和集体所有权的边界。理论上，若是集体自然资源遭到非法损害，自当由集体组织作为权利主体

---

❶ 蔡守秋：《从环境权到国家环境保护义务和环境公益诉讼》，《现代法学》2013年第6期。
❷ 吕忠梅：《环境权入宪的理路与设想》，《法学杂志》2018年第1期。
❸ 伊媛媛：《环境权利的可诉性研究》，博士学位论文，武汉大学，2014，第Ⅰ页。

请求国家机关予以保护，国家主要负责提供救济渠道和配套措施，而绝非意味着国家自身可以替代集体所有权人实施诉讼。但在"义务论"进路下，起诉已经成为其应当履行的职责。故这种策略也颇为学者所诟病。

（三）生态环境损害赔偿诉讼法律性质的证成

在详细谈论该诉讼制度法律属性为何的问题之前，首先需要正视一个事实，因准备仓促，该制度在创造之初实际上处在一片混沌状态，没有先天的和明确的性质。所以在探究该制度法律性质的过程当中，我们必须明白我们究竟是在"给予（或赐予）"该新生事物一种属性，还是从该新生事物内部"发现"一种属性。该制度原来是什么样和我们希望该制度是什么样，这是两个完全不同的问题。为尽量避免犯先入为主的错误，本书在论证过程中相对注重寻找具有普遍可接受性的经验认知，并以此为逻辑前提探究其应然面目。

1. 环境要素与生态服务功能的视角

观察"两诉"制度的程序设置，诉讼请求和担责方式主要包括修复环境要素和赔偿服务功能的损失两个部分。其中环境要素分别在经济语境和生态语境下同时获得经济和生态双重价值的认可，而服务功能这部分内容则相较容易确定。当前，不同学者或侧重于经济价值或倾向于生态价值，这种分化的认知结果对生态环境损害赔偿制度性质的判定造成了一定影响。故需要通过澄清缠绕其上的一些偏见，以最终达到确认其应然属性的目的。

整体上，国益诉讼、私益诉讼或者公益诉讼等法律属性的争论主要是由环境和生物要素的双重属性造成的认知混淆，但实质上环境要素生态层面上的价值主要是一种服务功能意义上的指涉，故首先观察立法者对于该部分内容的态度。应当肯定的是，"服务功能的损失"这一请求事项是站在生态价值的立场而来,不会涉及其与经济价值之间孰轻孰重的争执。尽管如此,在具体规则制定和适用上,"两诉"显露出的态度皆颇为暧昧,甚或说模糊不定。根据《审理公益案件解释》第 21 条的规定:法院"可以支持"原告提出的关于赔偿服务功能损失的请求。相较于承担修复责任的强制性来说,此处采用"可以"的表述,从文义上推断,其侧面反映出公益诉讼制度的立法者将是否支持该请求的决定权交由受案法院来判断。不仅如此,哪些情形应予以支持或者哪些情形应予以驳回,缺乏细化的统一解释。因此,诉讼结果上表现出某种不确定性。在客观上,当环境因素遭到破坏,犹如生态系统的某一零件受损,不可避免地会使其损坏之前应有的服务功能丧失。是故,这种损失是确定的,但最终形成了"可以支持"的规则与损害事实客观存在之间这一不对称的异常现象。对此,应值得我们反思。从中隐隐透露出制度设计者对"服务功能的损失"这一情形的犹豫态度,所以才会凭由法院依据案情自主裁判。这种犹豫或许是源于对辨识技术的可靠性、因果关系的复杂性等事项的不确信。

与此相应,在生态环境损害赔偿诉讼制度中亦有类似规范。根据《改革方案》的原初指示,赔偿义务人需要为其损害行为承担赔偿修复费用、服务功能的损失费等合理费用。此处,对于赔偿服务功能损失的请求带有一种强制的约束力。待《若干规定》施行后,改革意志并没有获得完全承继,反而充斥着一种"悖反"或者说是"纠错"的韵味。其第 13 条规定,原告请求赔偿服务功能的损失,法院根据具体案情予以判决。与环境公益诉讼中"支持"的表述不同,此处直接表明出"据案情"的立法意志,即交由法院自由裁量,不再坚持《改革方案》里原初的旨意。而且

"判决"一词包含多种理解可能：驳回诉讼请求，支持诉讼请求或者减少给付数额等结果。经比较，"两诉"在有关同一事项的调整规则安排上呈现出前后有别的结果，以及依赖法院自主裁判的现实。究竟这种反常现象是否妥当？必须先厘清其中涉及的要素与功能间的关系。

"法的本质是实际的实行"[1]。法学更是一门应用型学科，所有的解释和分析最终应服务于具体实践活动。尽管美国法学家霍姆斯有关"法律的生命不在于逻辑，而在于经验"的断言起源于普通法情境，但其对于实践经验的强调具有某种普遍的共通性，这也是下文进行制度合理与否的判断角度。换言之，附着于自然物上的经济价值和生态价值是否具有分割的现实可能性？两者间有何联系与区别？是否必然保持一致？只有明晰上述这些问题后方能准确地设置生态环境损害赔偿诉讼制度的目标：若目标过高，功能力有不逮，若目标过低，浪费立法资源。无论如何，为超越《改革方案》《若干规定》给定的答案，首先立足于实践理性和科学知识，而非单纯地在事后为既有制度作出弥补性和圆谎性的解释，下文将在此基础上重新评价和改善相关的程序规则。

其一，从生态系统健康的角度分析。"生态系统（ecosystem）"的概念由欧德姆（E. P. Odum）首次提出，他认为，生物与环境构成一个整体，生态学是"研究生态系统结构与功能的科学"。伴随研究深入，何谓生态系统？侯鹏等学者认为其是"由多种要素组成，要素之间既相互联系又相互作用，从而形成的具有一定功能的有机整体"[2]。《卫生学大辞典》将其解释为"生物群落和其生

---

[1] ［德］耶林：《为权力而斗争》，郑永流译，商务印书馆，2016，第29页。
[2] 侯鹏等：《生态系统综合评估研究进展：内涵、框架与挑战》，《地理研究》2015年第10期。

存的周围自然环境所构成的相互依赖又相互制约的整体"。吕忠梅教授认为其是"由各种环境要素构成,而各环境要素之间通过物质循环、能量流动和信息传递而联系成为不可分割的整体"❶。上述定义皆源于一种宏观上的高度概括。或许因学科间的差异,在具体表述和实体内容归纳上存在些许不同,但无一例外,均强调系统的整体性以及构成要素间的关联性。从微观上讲,其是由环境要素共同构成,各要素对于维持系统稳定和持续性服务起到的作用不可或缺。所谓生态系统服务,根据《环境学词典》的释义,其指"生态系统与生态过程所形成及所维持的人类赖以生存的自然环境条件与效用",如气候调节、土壤形成、水源净化等。一般而言,各要素之间相互联系和相互作用能够维持生态系统的大致平衡,而一旦介入超出系统承载能力的异常事件,原有的平衡关系即被打破,致使即时提供服务的能力随之衰退和减弱。若立足于各构成要素之间相互依赖的角度,任一环境要素的破坏都可能引申出相对严重的后果。

其二,从生态系统结构的角度分析。除了整体性之外,其在结构上亦有相对性,其范围有大小之分,彼此交错。客观上,在自然界中一定空间或者地域内,生物与环境可以独立形成一个相对完整的功能单位,大至生物圈,小至一块草地,或者一条河流等基本单位,其皆可被视为具有自我调节功能的生态系统。当其遭到污染或者破坏,无论是显功能抑或潜功能,其损失均不可避免,而且"生态系统服务功能的全民共享性决定了在其功能受损时,损害的范围与程度难以进行分割确认和独立归责"❷。因为这种损害关涉到全民的利益。此外,有学者认为"如果某一局部环

---

❶ 吕忠梅:《环境法导论》,北京大学出版社,2015,第2—3页。
❷ 邓海峰:《环境法与自然资源法关系新探》,《清华法学》2018年第5期。

境没有构成一个相对独立的生态系统，即使对它造成损害，也不是生态损害，只是环境损害"[1]。这种解释实质上是认为生态与环境这两者可以完全区分开来，保持泾渭分明。这种理解是否具有可行性尚待论证。为确保结论的可靠性，需借助专业的知识进行说明，而不仅仅限于法律人间接形成的见解。在生态学领域，"功能是生态系统结构的表现"[2]，也可以认为，结构具有决定功能的作用。而结构通常是指事物内部各要素之间的组合方式。结合环境语境分析，很自然地会形成这样一条清晰的思维脉络：要素—结构—功能，在该逻辑联结下，单一环境要素的损害势必会发生层层传递的效果。即使只是一块植被，随着逐渐破坏，也可能使生命支持系统陷入危险[3]。所以，根据致害发生学的机理，要素与功能之间应当是"一损俱损"的关系。同时，因为生态系统自身具有自我保持平衡的调节能力，具体的调节机制分为：正、负反馈调节机制。因对外部刺激的抵抗力和生态系统自身的恢复力有所不同，生态系统的稳定也有所差异。当然该种调节能力的强弱受到多种因素的影响，如能量流动途径等。对于某些轻微的损害，可以依靠生态系统自我调节的能力逐渐恢复。但是这并不能掩盖要素与功能之间存在的"一损俱损"的关系。

其三，具体地讲，因各环境或生物要素受敏感程度、位置分布、人口数量等因素的影响，若以人类自身利益为衡量标准，造成的损害后果或许有轻重之分，而以生态系统的角度分析，必然引发或量上或质上的损害事实。但我们同样清楚的是，事实如此，

---

[1] 梅宏：《生态损害：风险社会背景下环境法治的问题与思路》，《法学论坛》2010 年第 6 期。
[2] 胡荣桂、刘康：《环境生态学》，华中科技大学出版社，2018，第 194 页。
[3] [美] 查尔斯·哈珀：《环境与社会——环境问题中的人文视野》，肖晨阳译，天津人民出版社，1998，第 108 页。

绝不完全等同于规范也必然如此。站在立法者的角度，符合一定条件的损害事实方具备用法律调整的必要，毕竟法律的适用空间存在一定的限度。若污染或破坏后果相对轻微，完全可以依靠生态系统自我恢复，则无须从法律法规上科以责任。而对于损害后果较为严重的行为，行为人应当依法为其行为承担相应的责任，旨在通过修复的方式以维持生态系统的稳定，这种限制也是产生对"生态服务功能损失"这一事项规定相对灵活的因素之一。总之，尽管损害环境要素是损害生态系统功能的充分条件，但却仅是承担法律责任的必要条件。

上述看似相互矛盾的结论，实际上分别是从事实与规范两个层面演绎而来，既应当正视两者间的客观差异，更需要弄清事物间的关系实质。任何法律规范的制定不同于照葫芦画瓢，其中蕴含着立法者的诸多利益权衡和策略选择，带有较强的主观性。因此，与自然事实之间存在一定的张力，在事物性质的自我理解上应当直指事物的本体。如上分析，实质上，环境要素与服务功能之间密不可分，故在性质判断上绝不能拆分来看："经济的归经济，生态的归生态"。"二元论"仅仅是一种停留在理想层面的美好愿景，但在实践层面缺乏现实可行性。实际上，经济和生态的属性犹如一个硬币的正反两面，是一种统一关系。接下来要解决的核心问题是确认矛盾的主要一面，其对判断事物的性质起着决定性作用。

2. 国家利益与公共利益的视角

如上所述，若以物化的自然资源作为判定生态环境损害赔偿诉讼的法律属性，其应为一种私益诉讼。但与此同时，笔者认为生态系统的服务功能与具体构成的环境和生物要素之间是不可拆分的关系——"一损俱损"。而之所以必须要求其承担赔偿责任是因为其存在违法行为或者说是《民法典》里所称的"违反国家规定",这应是其本质特征。若坚持从生态价值的角度分析,其应当属于国益诉讼抑或公益诉讼,目前尚有争论。关于何谓公共利益,上文已有诸多论述,故下文主要集中阐述国家利益的内涵及其与公共利益的关系。

一般而言,社会生活本源上是由私人领域、国家领域、公共领域所构成❶。相对于私人利益的封闭性、独享性,公共利益则具有开放性、非排他性和利益共享等核心特征。美国霍姆斯大法官认为,"如果货币的使用可以使某一公共机构毫无差别地为公众提供一般生活必需品,该目的就是公共性的"❷,即"是一种具备由社会成员共同消费之可能性的利益诉求"❸。无论如何界定"公益利益"概念的内涵,受影响的社会公众的数量始终是一个重要的参考指标。至于国家利益,一般认为其属于政治范畴的概念,包括国际政治范畴中的国家利益和国内政治上的国家利益❹。进一步而言,"国家利益"中的国家概念是在两个层面使用:其一是国内层面,即强调国家的政权和政治意义,国家利益的内容由统治集团加以确认,并且随政权变化而变化,带有一定的主观性和不确定性。其二是国际层面,强调国家间的主权和民族意义。西方政治学界的主流观点认为,国家利益的唯一载体是国际层面上的民族国家,其外延则包括国家安全,具体表现为领土完整、主权独立等内容;经济利益,具体表现为对内自主发展和对外交易稳定

---

❶ 贺海仁:《私法、公法和公益法》,《法学研究》2006年第6期。
❷ [美]霍姆斯:《法律的生命在于经验—霍姆斯法学文集》,明辉译,清华大学出版社,2007,第280页。
❸ 梁君瑜:《公物利用性质的反思与重塑——基于利益属性对应权利(力)性质的分析》,《东方法学》2016年第3期。
❹ 阎学通:《中国国家利益分析》,天津人民出版社,1997,第4页。

等内容；文化利益，具体表现为维护意识形态，增强民族认同感等内容[1]。国内学者孙笑侠教授亦认为，国家自身利益仅包括：政权的稳定与安全、国家主权意义上的利益、国家财产所有权的利益[2]。尽管在内容理解上互有不同，但共同之处亦不容忽视："国家"概念更为注重政治层面上的意义。这仅能说明这两个概念及其内涵存在一定的差别。

目前，对社会公共利益与国家利益之间关系定位的问题，学界莫衷一是，主要存在以下四种争议：其一，根据庞德关于个人利益、公共利益和社会利益的划分方法，其中公共利益包括国家作为法人和保卫者拥有的利益[3]。根据其观点，所谓"公共利益"就是通常所谓的"国家利益"。国内沈宗灵教授也将国家利益直接等同于社会利益，否认国家利益的独立存在[4]。其二，"国家利益属于社会公共利益"[5]。国家存在的目的在于维护社会公共利益，"或者说国家利益是公共利益的下位概念，所谓国家利益往往侧重于国家的政治利益，主要是统治阶级的利益"[6]。因此国家利益的代表主体一般是政府[7]。其三，国家利益"有其独立于社会公众的利益"[8]。这种"二元"理论在西方国家与市民社会二元分离的语

---

[1] 高伟凯：《国家利益：概念的界定及其解读》，《世界经济与政治论坛》2009 年第 1 期。
[2] 孙笑侠：《论法律与社会利益》，《中国法学》1995 年第 4 期。
[3] ［美］罗斯科·庞德：《通过法律的社会控制法律的任务》，沈宗灵、董世忠译，商务印书馆，1984，第 37 页。
[4] 沈宗灵：《法理学研究》，上海人民出版社，1990，第 61 页。
[5] 颜运秋：《公益诉讼法律制度研究》，法律出版社，2008，第 26 页。
[6] 胡锦光、王锴：《论我国宪法中"公共利益"的界定》，《中国法学》2005 年第 1 期。
[7] 王蓉、陈世寅：《关于检察机关不应作为环境民事公益诉讼原告的法理分析》，《法学杂志》2010 年第 6 期。
[8] 王太高：《公共利益范畴研究》，《南京社会科学》2005 年第 7 期。

境下较为盛行❶。如博登海默则将公共利益区分为社会公共利益和国家公共利益两种类型❷。这种活动空间的划分旨在强调市民社会对于国家权力干预的抵御。其四,"国家利益在很多场合是政治权力的运作机制对不同地域、不同群体的社会公共利益诉求进行折中、调和的产物"❸。该种理论认为国家利益在范围上与社会公共利益互有交叉。而该理论在我国有着特殊的孕育土壤。我国拥有着悠久的政法合一的历史传统、意识形态和政治体制,尤其重视集体主义思想和国家利益的优先性,因过度强调"国家"概念致使其外延相对较大,以至于与社会公共利益的界限含混不清。

在以上多种关系认知当中,笔者认为,国家利益和社会公共利益的概念一样非常抽象,无论是从价值层面抑或事实层面判断,均难以获得令人信服的共识,归根结底更多是一个立场确定和价值选择的问题。即使从实体概念界定的角度确立两者的关系仍会面临"公说公有理,婆说婆有理"的窘境。当前,伴随社会主义市场经济的发展,简政放权指导理念的落实和社会主义法治体系的健全,未来国家与社会之间的界限会愈发清晰,彼此可以保持相对独立❹,故笔者倾向于"二元论"。因为这种选择对于平衡强势的行政权力和保护弱势的社会群体具有一定的积极效用,契合我国法制发展的现状,也是对未来法治愿景的一种希冀。至于在如何界分两者疆域的问题上也并非完全束手无策,"如果社会公共

---

❶ 参见贺海仁:《私法、公法和公益法》,《法学研究》2006 年第 6 期。
❷ [美] E·博登海默:《法理学——法律哲学与法律方法》,邓正来译,中国政法大学出版社,1998,第 147 页。
❸ 王轶、董文军:《论国家利益——兼论我国民法典中民事权利的边界》,《吉林大学社会科学学报》2008 年第 3 期。
❹ 俞可平:《中国公民社会的兴起与治理变迁》,社会科学文献出版社,2002,第 3 页。

利益在空间范围上不等同于国家疆域,在程序和效力上不具备合法性,在性质上不带有国家意志,也就不能成为国家利益"[1]。从中可以提炼出三个有效的辨识标准:国家疆域、合乎法律和国家意志。如此,社会公共利益与国家利益之间不再是抽象的、模糊不清的关系,多了一道可观察和可评价的转化环节,同时为"二元论"的践行提供了可能性。

就本书所涉主题而言,一般认为,环境利益应属于社会公共利益的一种表现形式,从我国主要依据公法进行规制和治理的事实,以及环境公益诉讼的定位可见一斑。这个前提背景与界定生态环境损害赔偿制度的性质之间有着极为重要的内在关联。从广义上讲,环境公共利益可以分为环境众益和环境公益两类。所谓环境众益本质上是多数人"人格""财产"等与环境质量紧密相连的私益的集合。为节省分别诉讼所需的高成本和提高诉讼效益,立法上一般通过代表人诉讼制度、集团诉讼制度等形式予以整体救济。与"人格""财产"私益不同,环境公益强调的是环境生态服务功能的开放性、共享性。根据环境要素的服务价值和利用形式的不同,其可以进一步分为经济性环境公益和生态性环境公益两种。前者显然注重环境要素的经济价值,其包括:第一,资源性环境公益,其指具有经济价值的自然资源。第二,容量性环境公益,在确定环境(生态)承载力的基础上通过排污权交易等方式实现其经济价值。后者更为注重环境要素的生态价值,包括①人居性环境公益,表现为人类对舒适生活环境和良好生活品质的需求,如洁净的空气、水等;②调节性环境公益,由生态服务功能(如涵养水土、调节气候及其他维持生态平衡的功能)带来的

---

[1] 段华洽、王辉:《政府成为社会公共利益代表的条件与机制分析》,《中国行政管理》2005 年第 12 期。

环境利益。大多数时候，资源同时具有经济和生态双重属性，保护经济性环境公益即能一体化地保护生态性环境公益❶。从该种意义上讲，除环境众益之外，环境公益的表现形式多种多样，但与国家利益的内涵显然存在一定的区别。前者强调环境与人类生活质量之间的关系，后者强调环境与国家政治利益之间的关系。简单来说，同样是河流污染问题，如果发生在国家之间，就不仅是单纯的污染问题，同时关涉到国家主权，故在这个意义上可称为国家利益。但如果是发生在我国某行政区域之内或之间，此时宜将其视为公共利益。就自然资源本身来说，我国逐渐将其纳入私法权利体系，这是进一步理解自然资源损害与生态环境损害之间差异的客观基础。从自然资源的产权层面观察，如矿产，林木等有形资源，这种产权制度主要是用以保护特定主体的利益，受益范围存在一定边界。但当剥去附着于其上的经济因素之后，该自然物固有的服务功能将惠及大众，能够提升广大人民群众的生活水平和生活质量。故笔者认为，纯粹的自然资源损害赔偿诉讼应是一种私益诉讼，如由集体组织提起的旨在保护集体土地的诉讼类型，根据这种情境，保护土地生产力的动机可能占据上风。而具有"赔偿服务功能损失"作用的生态环境损害赔偿诉讼制度应当列为公益诉讼，无论该诉讼是出于保护资源性环境公益或者是调节性环境公益的目的。

3. 目的与工具的视角

所谓生态价值仅是一种停留在抽象层面的概念，将其物化并非易事。"它需要适格的自然科学载体以完成价值量的初始赋

---

❶ 杨朝霞：《论环境公益诉讼的权利基础和起诉顺位——兼谈自然资源物权和环境权的理论要点》，《法学论坛》2013 年第 3 期。

权"❶。因此学界普遍承认自然资源兼具经济价值和生态价值双重属性，也由此引发一系列的争议。立足于不同视角，孰主孰次抑或等同视之，其最终证成的法律属性颇有差异。接下来以目的与工具的关系为分析进路，进一步深度分析生态环境损害赔偿制度的根本属性。

任何规则并非无故而来，它往往致力于实现一定目的。除作为行为动机等观念上的意义外，对于某一具体制度而言，目的尚且具有提纲挈领和维持体系统一的现实作用，同时具备衡量既有制度损益和约束未来制度构建方向的事实效力。当然，目的的实现需要与之相匹配的工具，如果不借助一定的工具或手段，就犹如空中楼阁，目的最终会沦为空谈。但是，该工具亦非任意而来，在实际选择上需要考虑其实现目的的能力、效益和正当性。而与工具相较，目的具有终极性、根本性，而工具完全服务于目的，并以实现目的为唯一依归。根据劳伦斯·M.弗里德曼所言，目的首先是指立法者的用意❷。而立法者的用意应为"那种通过意识、观念的中介被自觉地意识到了的活动或行为所指向的对象和结果"❸。目的观不同，制度架构、解释立场、分析方式等皆会有所差异。

为准确析出生态环境损害赔偿制度的目的，即制定主体意欲达到的结果，除考察制度设立过程中形成的历史资料之外，尚且需要结合当时的社会背景，从制度成立的源头上一探究竟。最高人民法院公布的《若干规定》主要是关于改革成果的阶段性总结，

---

❶ 邓海峰：《环境容量的准物权化及其权利构成》，《中国法学》2005年第4期。
❷ ［美］劳伦斯·M.弗里德曼：《法律制度》，李琼英、林欣译，中国政法大学出版社，2004，第56页。
❸ 夏甄陶：《关于目的的哲学》，上海大学出版社，1982，第227页。

以及对于固有改革政策的正式确认。因此，在制度起源方面须追溯到《试点方案》《改革方案》等政策性文件，从中表现出来的设想相对接近制度创建者的原初意志。事实上，中共中央办公厅和国务院办公厅作为该制度建设的推手，其在《试点方案》《改革方案》开头即已开宗明义指出这次改革的宗旨——推进"生态文明建设"。但何谓"生态文明"，在这个抽象的宏观主旨下究竟涵括哪些内容，需要我们进一步了解。党的十八大提出"建设美丽中国"，党的十九大阐明新时代需要满足"人民日益增长的美好生活需要"等与生态文明理念相勾连的愿景。在这种语境之下，李浩教授认为改革的目的主要并不在于保护国家所有的自然资源的经济价值，而是要保护其产生的环境价值。❶ 江必新教授认为，该制度是"针对资源和环境过度使用造成的'公地悲剧'而缺乏具体索赔主体的问题❷"而设立的，并不是为了解决侵权救济问题。同时，最高人民法院环境资源审判庭庭长王旭光也肯定了环境价值的优先性❸。此外，有学者经过统计分析发现，相较国家利益而言，现行环境法律法规中规定"（社会）公共利益"的条文出现频率更高，通常这种观察方式，其认为立法者更侧重对环境自身或者生态服务功能所反映的环境公共利益的维护。❹ 另外一种观点则与之不同，根据《自然资源产权改革意见》第 2 条的规定，构建自然资源产权制度既要用以提升生态功能，又要提高资源利用率，

---

❶ 李浩：《生态损害赔偿诉讼的本质及相关问题研究——以环境民事公益诉讼为视角的分析》，《行政法学研究》2019 年第 4 期。

❷ 江必新：《依法开展生态环境损害赔偿审判工作 以最严密法治保护生态环境》，《人民法院报》2019 年 6 月 27 日，第 5 版。

❸ 王旭光：《论生态环境损害赔偿诉讼的若干基本关系》，《法律适用》2019 年第 21 期。

❹ 吴惟予：《生态环境损害赔偿中的利益代表机制研究——以社会公共利益与国家利益为分析工具》，《河北法学》2019 年第 3 期。

生态价值和经济价值两者并重。本质上是对生态价值与经济价值相互交织和彼此混同的局面的一种妥协和调和。但事实上正是因为主次不分的原因反而引发层出不穷的争执。是故笔者一再强调应当还原其根本目的，而非"和稀泥式"的妥协和折中。

目的选取和确立是否合宜妥当，既要考虑社会现实需求，亦需衡量利弊得失。笔者认为，两种层面混同造成的问题应当在层面剥离后具体分析，最后仅剩下这三种可能：其一，旨在保护国家所有自然资源的经济价值。无论自然资源属于国有、集体所有还是个人所有，在本质上都是一种财产，当自然资源受到损害或破坏，亦即财产权受到损害，完全可以套用现有的侵权法律体系，由具体的权利主体（所有权人、承包人等适格主体）负责提起私益诉讼即可，亦可称为自然资源损害赔偿诉讼，完全没必要另行设立生态环境损害赔偿诉讼制度。一个目的如果不具有特殊性，即难以称为目的。其二，旨在保护生态价值。其三，经济性利益（如环境容量使用利益、自然资源开发利益等利用和消耗性收益）和非经济性利益（如健康、安全、人格尊严、审美及环境改善性收益等）整体上维持动态平衡❶。但是经济价值与生态价值之间并非绝对一致，两者间是对立统一的关系。在推动经济发展过程当中，开发利用自然资源不可避免，如兴建水利工程、砍伐林木等生产活动。因此，必然会破坏其固有的涵养水源、净化空气等生态价值。在这种情境下，为促进发展，人类需要牺牲某些生态价值，难以做到同时保护。

经比较，笔者相对支持第二种观点，理由如下：第一，来自合理的改革动因预设。新制度绝非贸然而来，其成立的一个重要

---

❶ 程多威、王灿发：《生态环境损害赔偿制度的体系定位与完善路径》，《国家行政学院学报》2016 年第 5 期。

原因必然是原有的制度和理论不能够有效解决当下遭遇的问题，急需用其填充、弥补和完善传统救济体系的缺失、漏洞与不足，不然则有画蛇添足之嫌。众所周知，环境公共利益作为一种共同的善，具有普惠性、均享性和不可分割性等特征❶，非任何人或单位可以独立受益。同时，在其受到损害后令所有利害关系人共同起诉也无现实可能，这是传统侵权私益诉讼理论不及之处。生态环境损害赔偿诉讼制度有救济服务功能损失的作用，并非偶然所致，将其作为改革的目的方能实现"损害担责"理念的题中之义。若仅着眼于自然资源的经济价值，通过自然资源侵权之诉即可获得相应救济，根本无须如此大费周章，甚至多此一举，违反"如无必要，不增加新制度"的法律基本原理❷。第二，来自制度竞合的立法安排。尽管生态价值和经济价值相互纠缠，但立法者仍旧可以作出某种抉择。在法理上，"基于同一事由而发生的数个目的相同，内容重合的请求权，与基于不同事由而发生的数个目的各自独立、内容不同的请求权有本质上的区别"❸。换言之，如果生态环境损害赔偿诉讼是一种保护财产的私益诉讼，则其不可能与环境公益诉讼产生竞合，亦如环境侵权私益和公益诉讼之间的区别，彼此互不相关。但是《若干规定》从法律上以"中止环境公益诉讼"的形式排除两种诉讼并行的可能，从侧面证实其公益诉讼间目的完全相同的事实，即旨在保护环境利益。第三，来自权利规范体系内部的逻辑。目前，我国施行自然资源国家所有和集体所有的产权体制，基于该现实背景，可以将自然资源物权界分

---

❶ 黄锡生、谢玲：《环境公益诉讼制度的类型界分与功能定位———以对环境公益诉讼"二分法"否定观点的反思为进路》，《现代法学》2015 年第 6 期。
❷ 王明远：《论我国环境公益诉讼的发展方向：基于行政权与司法权关系理论的分析》，《中国法学》2016 年第 1 期。
❸ 傅鼎生：《赔偿责任竞合研究》，《政治与法律》2008 年第 11 期。

为自然资源所有权和自然资源他物权，而后者进一步分为：①自然资源使用权，即直接以自然资源作为载体从事生产生活的权利，如耕地的承包经营权等；②自然资源取用权，即以自然资源作为材料而进行生产生活的权利，典型代表如采矿权，捕捞权等；③自然资源排用权，即以环境容量为生产生活排放废弃物质或能量的权利，如排污权等❶。如果囿于自然资源所有权，将生态环境损害赔偿诉讼的目的定位于维护私益或者经济价值，如此，仅能限制和阻拦非权利人的损害行为，而请求所有权人对于自身的处分行为进行赔偿将会变得毫无根据。正是因为生态价值的存在及其重要意义，或者说是因为公共利益的优越性，才有充足的理由从法律上约束包括自然资源所有权人在内的任何权利主体的污染环境、破坏生态的不当行为。显然，只有将生态价值作为生态环境损害赔偿制度的目的，其方能上升为衡量和评价主体经济活动的适当标准。第四，源于自然规律。除上述法学的视角外，从生态环境学的角度讲，环境和自然资源都从属于生态系统，自然资源作为生态系统的组成部分同环境既不可分割，亦不能孤立❷。既然存在内在的一致性，保护自然资源自然就可以达到保护生态系统的目的。而且从客观上讲，"两种价值赋存在同一载体之上，在受侵害时往往具有时空统一性特征，也因此决定其保护手段的复合性"❸。实际上此举是以资源要素为媒介最终实现救济生态价值的目标。

4. 公益诉讼和私益诉讼的分界

一项制度未来应当如何发展不仅取决于教义学上的解释幅度，

---

❶ 杨朝霞：《论环境公益诉讼的权利基础和起诉顺位——兼谈自然资源物权和环境权的理论要点》，《法学论坛》2013 年第 3 期。
❷ 张梓太：《自然资源法学》，科学出版社，2004，第 5—6 页。
❸ 薄晓波：《环境民事公益诉讼救济客体之厘清》，《中国地质大学学报（社会科学版）》2019 年第 3 期。

也与该制度诞生之初既已具备的法律属性紧密相连，制度定性不同，具体的表现形式和保护路径也会随之而异。为此，采用逆向思维的方式，通过深入观察该制度的外在形式及其与私益诉讼制度之间的差别予以反向验证。

（1）起诉条件与诉讼目标无涉。实际上，针对公益和私益诉讼之间的界分问题，争议由来已久，代表性观点可以概括为以下两种：其一，以起诉者的目的为认定标准。其二，起诉目的+与诉讼标的无利害关系，而这两种进路各有所长。众所周知，美国公民诉讼制度是一种典型的公益诉讼，本质上是"公法私法化"的一般表现形式。在维护公法秩序意义上为公法属性，但在诉讼主体意义上则表现出私法属性，其承担着补充政府执法的重任，亦被称为"私人执法诉讼"。尽管如此，但在起诉资格确立方面并非没有设定任何门槛，完全畅通无阻。因为美国所谓公益诉讼主要是就其内容和功能而言，如发布禁令、缴纳罚款等带有促使被告改正违法行为效果的措施，而不是因为原告与案件无任何利害关系，就可以做到客观中立、大公无私。按照美国主流司法理论，"司法权的功能即在于救济个人权益，与私益无关而指向全体公民之共同利益的事务属于不具有'可司法审判性'的'政治事务'"❶。尽管环境问题关涉到私人权益，之所以强调利害关系并非故意为难原告。事实上，"一个在环保方面有特殊利益的组织能够更加容易地证明自己的'个人利益'受到侵害，而不是法律认为其作为环保组织比一般公民更能代表环境公益"❷。概括而言，美国公民诉讼追寻的是以私人这个"支点"撬动大局，不是任何以

---

❶ 巩固：《大同小异抑或貌合神离？中美环境公益诉讼比较研究》，《比较法研究》2017 年第 2 期。
❷ 同上。

"维护公共利益"为目的的主张均会获得法律上当然的支持，而是要求有"实际上的、迫近的和特别的损害，而不是推测的、臆想的和假想的"❶，大体上表现出"严进宽出"的立法精神。在这一点上，我国学界理解相对狭隘，通常将"公共利益"和"无利害关系"挂钩，如果有利害关系，则应视为私益诉讼。而且正是为了解决"无利害关系"造成的"当事人不适格"的问题，通过《民事诉讼法》《若干规定》等法定形式特意赋予社会组织、检察院、行政机关的诉讼实施权，施行"宽进严出"的诉讼策略。如某地土壤污染，但尚未造成当地居民受害。在美国，只要与该"土壤"存在一定的利害关联，或者说存在"真正的利益"❷，具体由谁起诉并不重要，关键在于能够勤勉地去证实被告的行为违反公法的规定，应当依照公法承担责任，重在解决被告"为什么"担责的问题。

反观我国立法，若由实际的受害人起诉则一般称为侵权私益诉讼，潜藏着私人自我负责私利的逻辑，如此，若欲超出"私心"试图保护公共资源，则仅能由法定的机关或组织以"损害公共利益"为名依法起诉。其本质上是一种"私（人）对私（益），公（人）对公（益）"的传统思维在作祟，而美国庭审集中围绕如何赔偿和修复展开论辩，重在解决被告"怎么样"担责的问题。如果说美国公民诉讼将"起诉条件"视为一把启动诉讼的钥匙，我国则将其视为一把防止其他主体闯进司法领域的"门锁"。实际上这种过度强调司法空间的"纯净"和"（公与私）双规制"不见得一定妥当，起诉资格与公共利益之间并无绝对的因果关系，并

---

❶ 曹明德：《中美环境公益诉讼比较研究》，《比较法研究》2015年第4期。
❷ Jamie cassels, "Judicial Activism and Public Interest Litigation: Attempting the Impossible?,"The American Journal of Comparative Law 37, no. 3 (1989): 495–519.

非"无私利"关系的人必然能铁面无私地保护公共利益。如果法定机关或组织皆不愿起诉或者因不知情等客观原因而不能起诉，该案将会变为一桩无人睬的"死案"。

换言之，即使"自然资源"与"公共利益"之间存在客观差异性，但从根本上讲，两者并非排斥和对立的关系。因此以资源要素受到损害为诉由提起诉讼，最终达到保护生态环境的诉讼目的，在结果上也不冲突，不会因为该要素上附着私法上的物权即当然地认为其是私益诉讼。而且将"事实损害"作为起诉条件，至少可以保证诉讼的真实性，防止发生滥诉现象。反过来说，因循上述逻辑，若以还原主义视角观察旨在保护公共利益的环境公益诉讼制度，如果没有确定的联结点，任何人或组织皆可跨越管辖空间和避开利害关联而任意起诉，而且会是以抽象的、宽泛的"公共利益"为理由，则可能最终演变为一种形式主义诉讼模式。实际上，无论公共利益在社会意义层面上多么重要，它都不是空中楼阁，而是在客观层面上依托于一个个实在的、独立的、具体的某"物"，即使该种利益服务于人类或者不特定多数人，也是因该"物"起着作用。同理，在诉讼过程中表现为将实际发生的某种损害内容作为起诉状中要求的"事实和理由"，显然其中的连接点必然是具体的环境或生物要素，因其遭受可见的损害，又基于大多数时候物理形态和生态价值合为一体，关涉公众利益的生态价值受到损害自然顺理成章。不难发现，环境民事公益诉讼同样需要遵循、区隔和借助工具与目的之间的逻辑关联证成其地位的正当性。同理，生态环境损害赔偿诉讼也不例外。

（2）诉讼请求处分的自由与强制。若纯粹从救济主体的名称——"赔偿权利人""赔偿义务人"，以及司法确认制度来看，生态环境损害赔偿诉讼似乎完全符合私益诉讼的一般设置路径，但若深入观察其内在的运行机理,结果就并非如此。理论上,诉讼请求是甄别公益诉讼与私益诉讼的主要根据,"如果旨在实现个体性权益,即使判决具有影响案外多数人的外部性,仍属于私益诉讼"[1]。在私法救济体系内部,根据诉讼性质的不同,可以划分给付之诉、确认之诉和形成之诉等形式。与此相应,当事人为充分救济自身利益可以针对性地提出恢复原状、赔偿损失、赔礼道歉等诉讼请求,同时享有撤销、变更、放弃诉讼请求等法定的诉讼权利。这是民事上私法自治原则和诉讼处分原则的根本属性所致。不仅如此,受司法谦抑性约束,法院应当尊重当事人的诉讼请求,不能超出诉讼请求的范围擅自进行裁判。上述有关民事侵权私益诉讼的特征介绍应是一项普遍的共识。生态环境损害赔偿制度是否同样遵循着该逻辑,在一定程度上可以为我们判断其性质提供一个客观的参照。为此,首先需要了解该项制度的创立初衷和本来面目。如此,应继续采用追本溯源的一贯分析方法。而根据《试点方案》《改革方案》体现的精神,造成生态环境严重损害后果的主体,应当承担赔偿责任,并且要求做到应赔尽赔,以充分贯彻"环境有价,损害担责"的指导原则。具体而言:在赔偿内容方面,《改革方案》第 4 条第 1 项明确划定赔偿义务人的赔偿范围,其中除修复(环境要素的)费用之外,尚且涵括服务功能的损失或者功能永久性损失以及其他合理支付的费用,如律师费、鉴定费、调查费等类型。总之,既有可测量的显性损失,亦有看不见的隐性损失。暂且不论生态环境损害赔偿制度的法律属性为何,下文将以权利范围与请求范围之间的法律关系为分析视角。

---

[1] 陈杭平、周晗隽:《公益诉讼"国家化"的反思》,《北方法学》2019 年第 6 期。

如上所述,在众多给付请求事项当中,直接指向"环境"的救济措施主要为修复费用和功能损失费用两项内容,但是这两项给付请求并非来自同一法律层面。①私权意义上请求可能。尽管人类不能直接支配和控制整体上的环境本身,"但作为环境要素的自然资源,在现代科技条件下,大多可以被认识、支配并价值化而成为特定化的物"❶。在具备可能性的前提下,将其损害客体归属为"物"的范畴应无太大争议,至少绝非人身权益,即使是娱乐文化价值等精神利益的损失也是最先通过"物"的损害引起的一种间接后果。实际上,根据《侵权责任法司法解释》第 28 条❷的规定,财产损害赔偿是包括在一定范围之内的。需义务人赔偿的损失应以该"物"现有价值为量化标准,而对于可能发生在未来的利益损失,则明确以受害人"可预见到"为赔偿前提。②公权意义上的请求可能。一般而言,"环境公益"主要是指"生态系统的服务功能之于不特定多数人相关需求的满足状态"❸。据此可以认为赔偿服务功能的损失应是一种旨在保护"环境公益"的履行责任的方式,这亦是环境民事公益诉讼的立法意义所在——救济生态服务功能的损害。根据我国当下公益诉讼和私益诉讼"双轨制"运行的逻辑,若纯粹从私权角度出发,生态环境损害赔偿制度的辐射范围难以及至公共利益的疆域,仅能停留在第一层面。假设生态环境损害赔偿诉讼为一种私益诉讼,如在破坏森林资源案件里,根据一般侵权赔偿规则,除请求恢复受损林木之

---

❶ 吕忠梅:《论环境物权》,《人大法律评论》2001 年第 1 期。
❷ 原《中华人民共和国侵权责任法司法解释》第 28 条规定:"对财产造成损害的,应当赔偿受害人实际损失,包括对现有财产造成的损害以及侵权行为发生时预见或者可以预见到的可得利益。"
❸ 程多威、王灿发:《生态环境损害赔偿制度的体系定位与完善路径》,《国家行政学院学报》2016 年第 5 期。

外，尚可以诉请其赔偿林木未来出售可获得的利润。至于林木固有的涵养水土、净化空气等生态服务功能的损失，客观上应归属为一种"不可得利益"，明显超出财产损失的赔偿范围。更为关键的是，如果其仅是维护纯粹的财产价值，为何其诉讼请求内容与环境民事公益诉讼制度设定的请求范围一致，这种悖论无疑可以起到检验生态环境损害赔偿制度的性质定位是否妥当的正向作用。

除此之外，就赔偿权利而言，既然承认为权利，权利人理应拥有一定的自由处分空间，如变更、转让、放弃等可能。但根据《改革方案》的上述指示，如何提出诉讼请求，权利人仅能按图索骥，而被剥夺在私法体系当中享有的诉讼请求处分权，直接违反私权自治的原则。不仅如此，《改革方案》第 4 条第 3 项同时规定赔偿权利人在索赔工作中存在滥用职权等行为，应依纪依法追究其责任。就此可以认为，索赔权是一种义务性质上的权利。单纯地将"服务功能的损失"纳入公共利益的范畴应无争议。若立足于自然资源所有权或者视其为私益诉讼，则强制赔偿权利人提出超出私益范围的诉讼请求并无任何法律上的理据，除非公共利益本身即保护客体。结合上述两个方面，笔者认为，这种不可处分的权利设置已经超出私法体系的本质要求，因此，创建生态环境损害赔偿制度的根本目的应定为维护关涉社会公共利益的生态价值，而不是限于修复具体的环境和生物要素。若非如此，将没有办法合理地解释以上所述的问题。尽管生态价值依附于具体的物，但实质上，环境和生物要素作为其有形的载体，附身其上的产权关系不能遮断其背后肩负的更为重要的社会意义。应当警惕的是，其仅是实现目的的工具而非目的本身，不能一叶障目，更不能本末倒置。

为澄清生态环境损害赔偿制度法律性质的问题，笔者不惜笔墨分别从不同的维度进行一一说明。对此，不单单是为了取得一个确定的答案，更重要的是使理由获得普遍的可接受性：让众人相信，这种判断不是源于某个人或某个机关的单方面言论，而是存在一番实在的道理，从而可以使个人见识上升为一种共识。一般来说，不同时期的生产实践和社会矛盾不同，人类的需求亦随之发生变化。不可否认，经济价值和生态价值实为一体两面的关系，但在人类对其主观认知上历经多次惨痛的教训后方由"厚此薄彼"到"一视同仁"的重大转变。纵观人类发展史，整体上表现出环境资源化、资源生态化的演进逻辑。事实上，也正是因为同一客体上同时栖身两种相异的功能，方造成当下理解上的混乱、侧重点上的差异。在生态环境损害赔偿诉讼当中，尽管行政机关是以具有物权特性的自然资源为载体，或者说这是一种为防止滥诉而有意设定的门槛，其意义主要在于通过这种资格的规定来限制起诉主体的范围，一如为社会组织设定特定的条件。除此之外，立法上尚存在强制原告提出赔偿服务功能损失费用，其应赔尽赔的一般要求以及接受公众监督等超出私益诉讼运行逻辑的制度安排。根据上述种种迹象，笔者认为，保护生态环境应是该诉讼制度预设的原初目的，否则，没有任何理据可以剥夺法律上赋予原告的诉讼请求处分权。总而言之，从实际保障的客体和内在结构的设置两方面❶观察，生态环境损害赔偿诉讼可用以救济"普遍而又连续不断地为人们共同分享的利益"❷，因此具有显著的公共属性，本质上应是一种旨在保护自然资源生态服务功能的公益诉讼。在这一点上，其与环境公益诉讼的性质相同，而与维护私益的自

---

❶ 张旭东：《环境民事公益诉讼特别程序研究》，法律出版社，2018，第23页。
❷ ［美］詹姆斯·E. 安德森：《公共政策》，唐亮译，华夏出版社，1990，第224页。

然资源损害赔偿诉讼存在本质的区别。如果说，在传统的环境侵权私益诉讼中，原告可以提出停止侵害等诉讼请求，则在保护生态环境方面具有间接、偶然等非结构性的特征。

三、诉讼标的的统一性

谈到请求权竞合的问题，就不得不提及诉讼标的，两者之间存在内在的统一性。为有效解决"两诉"冲突的问题，理论界和实务界皆已贡献出自身的知识力量或经验。从形式上观察，可以将其划分为以上诸多具体样式的不同适用模式。当进一步抽象出其中的内在迈进逻辑，则在实施路径上可简约为两种：共同适用，以效益为取向；择一（优）适用，并辅之以相应的衔接程序规则。严格地说，这两种应对方法间存在一种非此即彼的竞争关系，如果完全不符合共同适用的基本条件，就从侧面说明择一而用的必然性。故下文拟着重探讨共同适用的可能性和可行性。根据德国学者拉伦茨的观点，解决请求权规范竞合的路径包括以下三种：其一，以请求权为诉讼标的，建立诉的预备合并制度；其二，以事实为诉讼标的，请求权仅作为防御攻击的工具；其三，以诉的声明为诉讼标的，请求权为防御攻击的工具[1]。"两诉"是否确实构成竞合关系？与如何界定诉讼标的紧密相连。不仅如此，在上文阐述并举适用模式当中，重庆市人民法院曾经将"两诉"视为普通共同诉讼予以合并处理。这种处理方式是否合理？即使是共同诉讼也存在普通共同诉讼和必要共同诉讼两种类型，不同种类应适用不同的程序规则。这些问题皆需要立足于诉讼标的的角度进行深层次的辨析。经上所述，尽管"两诉"的法律性质相同，

---

[1] 段厚省：《请求权竞合研究》，《法学评论》2005年第2期。

但在保护手段的选择上并非一致：前者主要以国家所有的自然资源（准确地说，因行政机关身份的特殊性所限，在诉诸司法救济过程中应保持一定的克制）为具体的桥梁通向另外一端——维护社会公共利益，在路径选择上存在部分限制；后者则直接以公益目的为导向，在对象选择上并无特殊的刚性约束。虽然存在这种客观差异，但是否就此意味着诉讼标的理论也必须随之分道扬镳，抑或殊途同归，尚有待进一步商榷。

（一）传统的诉讼标的理论

诉讼标的理论发展至今，不单单是一种法律文化的传承和延续，伴随社会的进步和生活环境的改变，各种相关学说应运而生，且逐渐繁杂丰富，并呈现出地域性特质，其中典型的国家如日本，其国内学者在推动内容创新上颇有建树。总之，"在理论家们层出不穷的新观点、新论证下，诉讼标的理论出现了'内卷化'现象：概念变得越来越精细、理论架构越来越复杂"[1]。尽管这种概括并非完全妥当，但在发展趋势上基本如此。根据我国学界当下普遍采用的分类认识，广义上说，其中代表性观点大致可以划分为三大流派：旧实体法学说、诉讼法学说和新实体法学说。

（1）旧实体法说认为其是指原告在诉状中提出的具体的实体法上的权利主张。[2] 只要与实体法上规定的某种构成要件相符合即能成为一个单独的诉讼标的，即使原告就同一案件事实多次提起诉讼也不违反"一事不再理"原则。显然，该种学说能够无碍运行的一个前提保证乃是实体法规则体系的完备。但与此同时，该理论的缺陷同样显著。

---

[1] 吴英姿：《诉讼标的理论"内卷化"批判》，《中国法学》2011 年第 2 期。
[2] 邵明：《论诉讼标的》，《法学家》2001 年第 6 期。

（2）诉讼法学说，也称为新诉讼标的理论，其是指为克服传统诉讼标的理论缺陷所提出的各种观点❶的总和，其中发挥较为深远影响的观点为以下两种：①二分肢说。这种学说由罗森伯格和尼克逊提出。此学说认为，诉讼标的由诉的声明和事实理由两部分构成。此处的事实理由并非一般意义上的法律事实，而是指未经过实体法评价的客观自然（生活）事实。凡事实理由与诉的声明当中任何一要素是多数，即产生多个诉讼标的，并可以进行诉之合并。❷ 据此学说递进推理，如果原告在保持同一事实不变的情形下，直接改变诉的声明，即可构成另一个可以再次接受裁判的新诉讼标的。对此，也可转换成这种理解结果：针对同一案件事实，凡是诉的声明不同；或者诉的声明相同，损害事实不同（与《若干规定》第18条表现的衔接逻辑相符），即构成两个不同的诉，并可援用合并规则。但该种学说也存在难以克服的结构性障碍，假如原告基于同一损害事实而改变诉的声明，即可构成另一个可以再次接受裁判的新诉讼标的。如此，对于在前诉中经过裁判确认的事实，将会进行重复审判。②一分肢说。此说由伯特赫尔和施瓦布共同完成。此说之特色为，将诉讼标的置于诉之声明当中以及原告起诉所追求之目的当中。❸ 依此说解释，只要原告的诉之声明不发生变更，即使其基础事实理由有变化，也不会发生诉之变更、合并等问题。若以请求修复生态环境为例，此时诉讼理由是损害国家所有自然资源还是损害公共利益并不重要，其本质上只有一个"诉"。

---

❶ 段厚省：《民事诉讼标的论》，中国人民公安大学出版社，2004，第39页。
❷ 陈荣宗：《民事程序法与诉讼标的理论》，台海大学法律学系法学丛书编辑委员会，1977，第337页。
❸ 同上，第341页。

（3）新实体法学说支持者认为，传统诉讼标的理论的缺陷主要是在处理请求权竞合问题上引发的混乱，但基于实体法请求权认知诉讼标的的思维逻辑并无问题，故从修正实体法请求权竞合理论出发，德国学者尼克逊等提出了该学说。该说认为，请求权竞合是基于不同的事实关系提出数个请求权的情形。其独特之处在于，提出凡基于同一事实关系而发生的、以同一给付为目的的数个请求权存在时，这仅是请求权基础的竞合，而非实体法请求权的竞合。❶ 虽然从表面上看，以尼克逊为代表的新实体法学说克服了传统诉讼标的理论的不足，但也有许多缺陷。如按照一个事实关系决定一个实体请求权，在实体请求权竞合的场合，当事人只能行使一次请求权，即当事人必须对行使何种请求权作出抉择。但事实关系的认定和证明有难有易，在当事人选择较易证明的事实关系时，很可能会胜诉，反之则可能败诉。概括而言，上述各种学说所做努力之共同方向在于试图为所有诉讼类型建立一种可以统一适用的诉讼标的概念及其识别标准。但在实践中具体运行时，无论何种学说都存在一定瑕疵，无法圆满达到其预期目的。因此有部分民事诉讼法学者放弃这种建构统一理论的进路，采用类型化方式，改为个别解决之方法，如德国出现的"诉讼上之诉讼标的"与"本案上之诉讼标的"❷ 两分说；实体意义上和程序意义上诉讼标的"二元论"❸，日本三月章教授根据各种诉讼类型（包括给付、确认和形成之诉）间的差异主张"诉讼机能说"等学说。

---

❶ 江伟：《民事诉讼法专论》，中国人民大学出版社，2005，第72页。
❷ 陈荣宗：《民事程序法与诉讼标的理论》，台海大学法律学系法学丛书编辑委员会，1977，第352页。
❸ 江伟：《民事诉讼法专论》，中国人民大学出版社，2005，第73页。

在我国，尽管各界曾经围绕诉讼标的概念界定的问题有过不少争议，各种主张不一而足，但目前基本已经达成共识。立法上正式施行的诉讼标的理论为旧实体法说，正如最高人民法院所述，"将诉讼标的理解为当事人实体法上的权利义务或者法律关系，简便易行，法律审理范围十分明确"❶，而且对判断诉的合并与分离、是否适用既判力等问题提供了比较清晰的量化标准。总之，为了与时俱进，保证其适应性，未来诉讼标的理论继续更新或许必不可少，但无论如何演绎和变化，在诉讼标的理解一途上，我们切不能为了"走得远"而忽视其最初诞生、长成和发展的具体语境。

（二）诉讼标的理论类型化路径

所谓"类型化"路径仅是一种相对的说法，主要是出于分析便利的考量。实际上，这种简约的概括是针对"两诉"采用相异诉讼标的界定方式而言，与下文"统一化路径"相对应。一般来说，有关诉讼标的理论，主要成长于私法空间，而且围绕传统侵权私益诉讼，相关诉讼标的理论成果日渐丰富。在该传统理论研究路径引导下，有关"两诉"诉讼标的为何的阐述也随之增多。尽管学界众说纷纭，但归纳起来，主要有以下三种可能。

第一，"实体法学说"的进路。严格来讲，"两诉"皆起源于诉讼法（或诉讼法解释），并未完全遵循"先实体法，后诉讼法"的制度建设路径，因此，在诉讼标的——实体法学说的迈进逻辑上形成某种断层。对此，为弥补立法体系留下的结构空缺从而实现实体法诉讼标的理论的融贯性，有学者试图分别从实体法上为生态环境损害赔偿诉讼和环境民事公益诉讼寻求或补充相应的权

---

❶ 最高人民法院修改后民事诉讼法贯彻实施工作领导小组：《最高人民法院民事诉讼法司法解释理解与适用》，人民法院出版社，2015，第635页。

利依据。前者以自然资源国家所有权为其诉权基础，这也是部分学者极力主张或维护"自然资源所有权"的动机之一，意图通过这种努力实现理论上的圆满；后者则主张确立环境权或者相对抽象的环境权益等实体上权益并用以作为其诉权基础，从而与环境公益诉讼制度形成立法体系上的一致。尽管《民法典》为请求行为人承担生态环境修复责任提供实体法上的依据，但并未阐明这种诉讼权的权利来源。

首先，观察生态环境损害赔偿诉讼制度。为从法理上保证实体所有权—诉讼实施权相互对应，选取自然资源所有权作为请求权基础的进路符合一般诉权理论。但不能忽视其中存在的诸多掣肘。其一，仅就自然资源产权角度而言，该权利所及范围相对有限，如关于适用范围的一般规定，这种限制性内容决定其不能任意突破由其自主确立的权力疆域，这与"生态环境（文明）"的主题名称和宏观旨意难以完全符合。其二，尽管在生态环境损害案件当中首当其冲的是自然资源，但是环境要素或生物要素的损害仅是损害生态环境的物理前提和表现形式，而非最终目的（详见上文）。如在一般民事案件中，表面上破坏的是具有纪念意义的物品，实际上会使主体的精神利益遭受难以弥补的无形伤害。尽管上文已经充分确认该诉的公益属性，但令人无奈的是，若行政机关绕过具体损害事实直接提起旨在维护生态服务功能的诉讼，不仅与环境公益诉讼重复，同时也会因生态服务功能的模糊特性造成诉讼虚化的负效益。其次，这种"看不见"的损害面临举证、赔偿、执行等系列问题。反之，若以可观察和可测量的实在损害为审判对象，会大幅度减少诉讼中遇到的阻碍。从诉讼技术层面考虑，选择一定的载体作为实现制度设立目的的媒介不可避免，但若完全局限于自然资源，与其设立的目的相较，似是一种不够明智的作茧自缚的活动。总之,自然资源国家所有权与生态环境的公益属性间尚有一段距离,二者绝非可以混同适用的关系。若坚持将其作为新制度的建构内核,未来必然仍会在实体权利—诉讼实施权意义上形成一道缝隙。与此相应,就环境公益诉讼制度来讲,尽管学界呼吁"环境权"的声音已经响彻多年,但相关议题至今依旧处于搁置状态,"环境保护与公民环境权的正相关性尚未建立起来"❶,即使作为最新的法律体系集大成者——《民法典》亦未在其正文中明确承认该项权利。所以不妨这样认为:在立法者看来,该方案并非最优选择,至少目前不是。即使将来成功确认环境权也难免会引起其他的争议,首当其冲的即为环境权的主体问题。如果环境权属于公众,则应从立法上允许公民自主提起公益诉讼。毕竟"在某些情况下,私人实施法律比公共实施具有更高的效率"❷。

第二,"诉讼法学说"的进路。具体而言,继续坚持以"实体法学说——自然资源所有权"作为生态环境损害赔偿诉讼的诉讼标的,而对于环境民事公益诉讼则另辟蹊径。因实体环境权长久处于虚化状态,一时之间难有理论上的作为,故有学者另辟蹊径,通过结合法定诉讼担当理论来解释环境民事公益诉讼中实体权益(公众)与诉讼实施权(法定机关和组织)分离的现状❸,并在此基础上采用诉讼法学说(一分肢说、二分肢说或三分肢说等理论)来阐释环境民事公益诉讼的诉讼标的。这种进路比较符合我国公益诉讼制度成立和建设的立法背景。

---

❶ 李挚萍:《以习近平生态文明思想和法治思想为指导推进环境法治发展》,《法治社会》2021 年第 2 期。
❷ 冯汝:《环境法私人实施研究》,博士学位论文,武汉大学,2015,第 1 页。
❸ 李峣:《论诉讼担当的制度缘由》,《法学杂志》2016 年第 3 期。

第三，单纯从理论上分析，尚且存在另外一种逻辑上的可能，即生态环境损害赔偿诉讼采用"诉讼法学说"，而公益诉讼则适用"实体法学说"。鉴于当下学界少有探讨有关前者的可能性，故此处未作深入研究。

上述两种方案皆有一定局限之处，即使暂时抛开环境民事公益诉讼标的的问题不谈，"自然资源国家所有权说"亦与笔者有关生态环境损害赔偿制度的性质认知不符，若将其作为该诉讼制度未来建设的中枢纽带——诉讼标的，恐难以有效起到贯通内外上下关联制度（如诉权、既判力及其他相勾连的事项）的作用，故作者不敢苟同。

（三）诉讼标的理论统一化路径

对于诉讼标的的认识，学者们观察问题的角度不同，特别是在理解民事诉讼法与民事实体法两者间关系的问题上，各种学说互有利弊，但无论倾向何种理念，其最终的努力方向应当是利于司法实践操作。归根结底，法学是一门应用性学科，理论的精细化与操作的便利性往往不是一回事，从根本上说，所谓的实践问题更多为技术性的问题。从这一假设出发，与诉讼标的理论类型化路径相较，笔者更倾向于诉讼标的的统一理论，即共享同一种学说。理由如下。

其一，形式上的差异缺少决定性的力量。无论损害生态环境的行为究竟是涉及国家利益抑或社会公共利益，落实到审判实务当中，在程序规则约束下，须有一个实实在在的起诉主体存在，绝不是任何虚拟的人或物，这种现实需求是根本性的前提。而主体身份选择与证明难度、专业性、利益平衡、诉讼效益等诸多客观因素紧密相连。以美国公民诉讼制度为例，并不一定必须由不特定的社会公众亲自起诉，如何选择和设置，主要是一个立法技术性问题。与此相应，这两种问题并非绝对遵循着同一逻辑，后者具有一定的独立性，且以便于实践操作为一个重要的考量。但同时应当肯定的是，前者方能起到决定性的作用。站在这个角度，"无论是由政府、检察机关等国家主体或者是社会组织作为实际的利益代表者（或担当者），应该说皆是可以的，这可能是利益维护的效率性、利益代表的可行性、利益实现的正当性等多项因素所决定"❶。是故，实质上，主体身份上的不同，以及法定诉讼担当人与诉讼代表人的差异更多是立法技术层面的应用。但也正因如此，代表人或担当人的介入致使实体权利人和赔偿权利人（或公益诉讼起诉人）之间形成一种隔离，也切断了"实体权—诉讼实施权"之间的线性逻辑链条。实体权利人是指具备直接利害关系并享有实体请求权的主体，赔偿权利人（或公益诉讼起诉人）是基于诉讼法授权而仅享有诉讼实施权的主体。在实体正义与程序正义各自追求的语境中，主体之间并非始终能够保持同步关系：权利主体即为诉讼主体。

其二，正视"两诉"本质相同的事实。一般认为，实质的诉讼标的通常用来指称实体权利人（其与具体实施诉讼的原告并非总是一致）与赔偿义务人之间的关系。若从技术层面观察，事实上，不管立法上最终具体授权谁作为代表人起诉，诉讼的本质并无多大差别，而且根据赔偿内容可知，"两诉"皆应属于一种给付之诉。根据《若干规定》《审理公益案件解释》等规范性法律文件的规定，"两诉"在具体请求内容设置上高度一致——修复或赔偿，这一点上应无可争议。也可以认为，两种诉讼均交会在同一给付目的指导下。不仅如此，在诉讼客体上也皆以生态环境为最

---

❶ 吴惟予：《生态环境损害赔偿中的利益代表机制研究——以社会公共利益与国家利益为分析工具》，《河北法学》2019年第3期。

终救济对象,故被笔者统统归入公益诉讼的行列当中(参见上文)。总之,不能忽视两种诉讼类型在法律性质、诉讼客体和请求内容等方面保持一致的立法事实。若从广义上讲,甚至可直接将两种诉讼视为一体,正如学者所言"继社会组织、检察机关之后,地方政府成为在环境损害赔偿中享有公益性诉讼实施权的第三类主体"❶。而诉讼标的在诉讼基础理论体系中占据内核位置,起到贯通上下的作用,与诉讼模式,诉权渊源,诉讼合并、分立或变更,既判力等周边制度紧密相连,而诉讼标的的不同,会产生以点带面的效果,连带地引起其他的后续变化。在这个意义上,笔者认为,在诉讼标的选择上应当兼顾"两诉"性质等诸多事项相通的特性,如此,才能保证体系内的融洽和连贯,而不必再人为地制造体系隔阂。反过来说,如果诉讼标的不同,很难圆满地解释"两诉"在诸多方面近乎完全相同的立法事实。

其三,不仅应保证诉讼标的的统一化,同时宜采用诉讼法学说。之所以如此,与我国诉讼法先行的制度建构现状存在极大关联。其既能合理化解在缺乏实体权利基础上沿用"旧实体法说"的困境,同时又能保持开放性,亦为将来吸纳其他主体(如争议较大的公民起诉等)进入诉讼序列留下一道豁口。而在"诉讼法学说"的理论大框架下,可以参考在私权保护实践当中形成的便利当事人和便利法院的"二便"原则,因为不管任何诉讼种类到头来都会面临如何应用的问题,在这方面私益诉讼和公益诉讼之间理应是共通的。在各种学说中,笔者倾向于支持包含诉的声明和法律事实(理由)二元素的"新二分肢说"。具体而言,诉之声明,对于缺乏专业科学知识的其他主体而言,诉之声明可以降低

---

❶ 蔡先凤:《"康菲溢油案"首启环境公益诉讼的法律焦点问题解析》,《环境保护》2016年第4期。

其行使诉权的门槛和扩大权利保护的范围，同时具有防止被告重复赔偿等实践优势；原因事实的确定在一定程度上可以作为其与环境公益诉讼的识别标识，以及作为行政机关诉权正当性的判断根据。实际上，《若干规定》第18条既已适用"损害事实"作为区分和衔接"两诉"的一项标准。这也是笔者没有采用"一分肢说"的原因。此外，该理论在捍卫诉之声明+原因事实的理论基础之外，其创新之处在于诉讼标的的辨识方面。旧有的"二分肢说"理论认为，诉的声明与原因事实两者当中任一要素有多数，诉讼标的即为多数；任一要素发生变更，诉讼标的随之变更。而"新二分肢说"与之不同，即"有一个要素为单一时，诉讼标的即为单一，两者均为多数时，则构成多个诉讼标的"[1]。在"环境"范畴的主题背景下，基于诉讼请求的刚性要求和损害事实的复杂程度，以及公共利益的不可处分性，在诉讼标的的变更问题上，立法者其实已经表明了态度，几乎不存在任意变更的可能。

第四节 本章小结

为防止重复诉讼，通过对既有适用模式的分析发现，多数解决进路主要是从结果意义上进行设计。当冲突发生或可能发生时，我们应当如何解决这种问题，如中止环境民事公益诉讼、合并审理、支持起诉等调整机制。这种迈进逻辑实质上是立足于诉讼层面而利用固有的理论资源和处理技术来解决诉讼空间内的矛盾，局限性颇大。不仅如此，在保障生态环境利益这一共同目的面前，

---

[1] 江伟、韩英波：《论诉讼标的》，《法学家》1997年第2期。

无论是行政机关索赔权抑或是检察院、社会组织的公益救济权，在法律上皆应处于一种平等地位。这应成为我们看待与处理"两诉"关系的基本前提。有鉴于此，选择"并行适用模式"一途进行解决。相较于既有适用模式，"并行适用"理论致力于为"两诉"划出界线：从质上，注重彼此分工的确定性和关系的稳定性，防止任意扩张各自的管辖范围。从量上，按照一定标准确立和扩大生态环境损害赔偿诉讼的应然适用范围，改变当前适用范围混同的发展趋势，摆脱包含与被包含关系的一般认知。实质上，其是将生态环境损害赔偿制度从环境公益诉讼制度统筹和包含下抽离出来，从而取得一片相对独立的和固定的适用空间。在其调整领域之内，优先适用生态环境损害赔偿诉讼，而处于其调整领域外的普通生态环境侵权事实适用一般环境公益诉讼予以救济，实现"左手的属于左手，右手的属于右手"，从而改变彼此界限混淆不分的局面。通过这种方式，最终达到优化制度结构——互有分工、并行不悖，提高制度系统整体效益的改良目标。

为确保这种适用模式在理论上具有合理性和可行性，根据历史语境和语法结构梳理"生态环境"概念的三种解析方法，并从法学（而不是科学）角度界定"生态环境损害赔偿"的一般定义；从自然事实和权利本质上澄清生态环境损害赔偿诉讼的公益属性；从体系融洽和制度实践上确立两种诉讼的诉讼标的。经过充分论证发现，两种诉讼内在之间确有高度统一性。这些特性充分证明"两诉"竞合的事实，而且这是一种内在的必然竞合，而不仅仅是规范形式之间的偶然竞合，更不是一种经人为因素形成的假想性或解释性冲突。这种客观冲突的语境为"并行适用"提供了基本前提。试想，如果生态环境损害赔偿诉讼仅是作为一种"私益诉讼"，完全因循私法逻辑进行续建，其与环境民事公益诉讼之间是否构成竞合不无疑问。既然"两诉"之间本质上是一种竞合冲突，除采用调整顺序的方法之外，从横向上划分各自适用范围同样是一种较好的解决办法。与既有适用方式相较，这种进路可以从根源上起到最大限度避免冲突发生的积极作用。在满足理论上的可行性之后，如何设计操作则是又一难题。

CHAPTER 05 >> 第五章

域外区分进路的阐述

上文不仅澄清和区分了对"两诉"具有构成意义的关键性概念的含义,同时从多个方面共同证成"两诉"旨在保护公共利益的法律属性,且宜采用统一界定的方式确立"两诉"的诉讼标的。这既是对现有某些争议的一种厘清,同时也是对接下来策略选择与制定的一种情境限定。尽管2020年《民法典》在其《侵权责任编》第1234条和第1235条中明确规定了生态环境的修复责任和赔偿责任,使"两诉"在私法框架内实现了成功融合❶,但如果不能将规范意义与实证意义相结合,这种规定与融合也仅是"空有道德热情"❷。不可否认,尽管两种诉讼制度在诸多方面相同,但深入观察改革立意会发现,

---

❶ 吕忠梅:《全国政协常委吕忠梅详细解读民法典绿色条款:"意思自治"不是污染环境的"保护伞"》,《中国环境报》2020年6月2日,第008版。
❷ 严强、孔繁斌:《政治学基础理论的观念——价值与知识的论辩》,中山大学出版社,2002,第117页。

其应当是一种独立的新型诉讼[1]，而不是当下环境民事公益诉讼的附庸[2]。因此，如何保持和体现其独立性应当成为化解"两诉"适用冲突的指导原则，也是本书研究的首要出发点。不仅如此，除了供给新的解决方法之外，我们首先应承认并正视政府自身所具备的"能力优势"[3]。如何增强"两诉"合力以最大限度发挥诉讼效益也是本书一个重要考量，同时尚且需要避免使程序复杂化。根据上文设定的制度语境，下文通过进一步深入分析既有适用模式和域外立法经验的利与弊，并结合我国特殊的国情，笔者倾向于另辟蹊径，希冀以"并行适用"的方式化解两种诉讼的尴尬境地，确切地说，是对当前"两诉"并行格局的改良和完善，从而做到最大限度地发挥两项制度的各自优势。

第一节 诉讼请求区分的路径

归根结底，"两诉"均关涉到环境保护的问题，对此，域外国家同样设置有相应的救济制度，且在有些国家不只存在一种救济方式。为避免关联制度重复和维持法律体系的统一，这些域外国家（主要选取英美法系代表国——美国和大陆法系代表国——日本）亦需施用一些区分相似制度的手段，而存于其中的这些思维可以为我们提供某些参考价值，或者是"一种观念，一

---

[1] 徐以祥：《论生态环境损害的行政命令救济》，《政治与法律》2019年第9期。
[2] 周勇飞：《生态环境损害赔偿诉讼与环境民事公益诉讼的界分——功能主义的视角》，《湖南师范大学社会科学学报》2020年第5期。
[3] 张梓太、程飞鸿：《我们需要什么样的生态环境问责制度？——兼议生态环境损害赔偿中地方政府的两难困境》，《河北法学》2020年第4期。

种刺激"❶，以实现合理区分"两诉"的目的。

辨识某一项制度属于公益或私益诉讼，可以采用诉讼请求分析法❷。以诉讼请求为界保持制度区分的典型国家当属美国。目前广为众人所熟悉的是美国的公民诉讼制度，其以促进公益为目标❸。公民诉讼常被用来与我国的公益诉讼制度进行比较。在美国尚且设有另外一种与保护环境（自然资源）相关的诉讼制度，即自然资源损害赔偿诉讼。此处，"自然资源"是指由联邦、州政府和印第安部落托管的环境要素，具体包括土地、空气、水和一切活的生物。与公民诉讼不同，根据《美国超级基金法》第 107 条（f）款有关"自然资源责任"的规定，有资格提起该种诉讼的主体仅限定为总统或州授权的代表。该代表亦即信托人具体包括：美国联邦政府，自然资源所在、从属附属、受管理或受控制的州政府等主体，其他个人、社会组织等主体没有起诉的权利。自然资源损害赔偿诉讼在赔偿范围设置上基本遵循"等价补偿"的传统侵权理念，除重建、更换受损资源产生的费用之外，尚包括赔偿自然资源的非使用价值❹，如审美、生物学等无形价值❺。具体可分为三部分："即修复费、过渡期服务损失费和损害评估费用"❻。如果信托人未依法积极履行信托义务，私权主体则可以依法提起公民诉讼❼。不难发

---

❶ ［德］伯恩哈德·格罗斯菲尔德：《比较法的力量与弱点》，孙世彦、姚建宗译，清华大学出版社，2002，第 76 页。

❷ 曾于生、左亚洛：《公益诉讼的概念反思》，《行政与法》2013 年第 6 期。

❸ 叶俊荣：《环境政策与法律》，月旦出版公司，1993，第 234 页。

❹ 翟甜甜：《二元规制模式下的环境侵害民事责任研究》，博士学位论文，山东大学，2019，第 12 页。

❺ 贾锋：《美国超级基金法研究》，中国环境出版社，2015，第 61 页。

❻ 刘晓华：《美国自然资源损害赔偿制度及对我国的启示》，《法律适用》2020 年第 7 期。

❼ Richard J. Lazarus, "Changing Conception of Property and Sovereignty in Natural Resources: Questioning the Public Trust Doctrine", Iowa Law Review, (1986): 715.

现，在请求内容和赔偿范围这一点上，其与我国"两诉"的相关规定相似。美国法学界将这种融合侵权思维、信托理论和行政因素于一体的损害赔偿责任称为特殊的侵权责任。从整体构造上观察，美国这种诉讼与我国生态环境损害赔偿诉讼制度非常相似，皆被赋予保护环境因素的救济功能，"基本上可以看作是与我国'生态环境损害'相同的界定"❶。如此，其在外在表现形式和制度结构上，与我国"两诉"共存的格局相同，美国同样存在公民诉讼和自然资源损害赔偿诉讼两种诉讼制度并存的问题。接下来需要进一步确认，在实践运行过程当中，美国的两种诉讼制度是否也会如我国一样产生相互碰撞的冲突呢。答案令人失望，准确地说，在美国，这是从开始就不会混淆的两种制度。除主体上的差别之外，为避免诉讼冲突和秩序混乱，美国究竟采用了哪些调整性措施，值得我们深究。

首先，从公民诉讼的功能定位上予以限制。整体来说，在美国，尽管公民诉讼在执行环保要求中担任和扮演着中心角色❷，但"公民诉讼的定位是补充而非替代行政执法"❸。这是理解公民诉讼制度的基本前提。公民在起诉前一定期间内需告知行政机关和拟起诉的违规企业，如果行政机关已经依法开展执法工作或者该企业已经实施相应的改正措施，公民就不得起诉。通过这种刚性规定，公民既取得参与保护环境的地位，同时亦不会轻易妨碍现有的执法秩序。

---

❶ 刘晓华：《美国自然资源损害赔偿制度及对我国的启示》，《法律适用》2020年第7期。
❷ Jeffrey M. Gaba and Mary E. Kellya, "The Citizen Suit Provision of Cercla: A Sheep in Wolf's Clothing?," Southwestern Law Journal 43, no.6(February. 1990):929–955.
❸ 巩固：《美国原告资格演变及对公民诉讼的影响解析》，《法制与社会发展》2017年第4期。

其次，除这种约束性规定之外，在两种诉讼制度之间区分和衔接的路径还体现在诉讼请求方面。即使提起公民诉讼，但在多数环境法中，公民并无直接请求被告承担赔偿责任的权利，"主要通过禁止性、预防性、纠正性、替代性禁令救济"❶。这一点上与《布莱克本法律辞典》的解释也一致。不妨这样认为："公民诉讼主要就是一种禁令诉讼"❷。这种限于禁令的请求也从侧面证实公民诉讼的公法属性。如欲请求被告赔偿损害，根据《美国超级基金法》第107条（f）款的规定，应当由自然资源的信托人（包括联邦政府，自然资源所在、从属附属或受管理的州政府等主体）代表公众提起自然资源损害赔偿诉讼，以追偿损害。这种诉讼请求的分界，也可以认为是公法秩序与私权体系间不同的某种外在表现。因此，如果欲要实现赔偿给付的目的，则应当依赖于后者的功能。除美国外，"在德国环境法被归为公法范畴"❸，环保团体在向而且只能向环保行政机关提起公益诉讼，并且在起诉前须积极参与行政执法程序，并可通过申请的形式督促其执法，若行政机关超过三个月仍未履行执法义务方能诉诸司法。严格来说，这是一种通过程序前置完成制度衔接的进路，但在诉讼请求对象的确定，以及"公法"责任的救济思维等方面的经验仍旧值得我们反思。

至此不禁令人生疑，我国的生态环境损害赔偿制度是否可以如同美国一样直接定位为"侵权诉讼"？如此，其与环境民事公

---

❶ 胡中华：《论美国环境公益诉讼中的环境损害救济方式及保障制度》，《武汉大学学报》2010年第6期。
❷ 巩固：《大同小异抑或貌合神离？中美环境公益诉讼比较研究》，《比较法研究》2017年第2期。
❸ 谢伟：《德国环境团体诉讼制度的发展及其启示》，《法学评论》2013年第2期。

益诉讼之间即能实现某种区分。答案应是不能。这既与我国对制度创立具有指导和限定作用的纲领性文件——《改革方案》的全盘规划有关：其在新制度中抽掉了"私"的成分，反而有意强化"公"的色彩。同时，也与环境民事公益诉讼制度"公法私法化"的立法事实相连。在美国公民诉讼制度设计理念中，针对违反公法秩序的行为主要施用一贯的"公法手段"加以规制，如禁令、罚款等旨在恢复公法秩序的对应性措施，而赔偿给付的责任形式一般限于私权体系。这种区分路径不仅清晰确定，且与我们熟知的传统法律思维相称。表面上似是诉讼请求内容之间的差异，实质上是"公法"领域与"私权"领域二元分立的必然要求。经比较不难发现，我国"两诉"制度呈现出某种异样形态，即在公法框架内，原告皆被授予诉请赔偿给付的合法性权利，含有"公法私法化"的趋向，即"公法目的，私法手段"，或者称为"公私混杂"也不无不可。因此，在大的前提条件上已经失去与美国共享同一立法经验的可能性。当然，这种情形的出现与我国既已形成的立法认知、法律文化、历史环境等因素紧密相关，但该结果本身并无好或坏的绝对印记，亦如差异绝不意味着错误，这是截然不同的两回事。这种既有的法治情境是我们应当正视的现实国情，是未来建言献策的出发点，而绝不仅仅是批判与指责的对象，或者可以作为今后立法改革的唯一依归。因此，欲通过变更或限定诉讼请求的形式达到区分"两诉"的目的，不符合我国的特殊国情，除非对已有改革成果和法律体系进行一场大手术，回到改革起点，立足于原有法律体系重新开始。

第二节 诉讼性质区分的路径

20世纪50年代至70年代初期，伴随经济高速增长的同时，日本公害问题频发，其中颇具影响的事件包括水俣病事件、痛痛病事件、四日市哮喘病事件等公害现象。当环境问题日益恶化、加剧，彼时社会矛盾更加尖锐，最终引发各种民间反公害运动。该处所谓公害是指因为事业活动及其他人为因素而致使环境遭受侵害，或者因污染大气、水质等而损害人的生命、健康，或者妨碍人们享受舒适的生活。为有效处理因公害造成的各种矛盾和纠纷，控制公害的发生，在该期间内，日本制定了多部门类丰富的法律、法规等规范性法律文件。如对于治理污染发挥奠基作用的《日本公害对策基本法》（1967年制定、1970年修改），试图保护环境并"协调与经济发展的关系"。同时，1970年陆续公布《日本公害防止事业费企业负担法》《日本大气污染防治法》《日本噪声控制法》《日本自然公园法》《日本毒品及剧毒物品管理法》等共计13部与公害有关的法律，从而形成以《日本公害对策基本法》为中心的完备的公害治理体系。此外，在资源循环利用方面形成包括《日本环境基本法》《日本废弃物处理法》《日本资源有效利用促进法》及其他法律在内的治理体系；在碳减排方面形成包括《日本全球气候变暖对策推进法》《日本氟利昂回收与销毁法》及其他配套法律在内的治理体系；在能源开发利用方面形成包括《日本能源政策基本法》《日本电力事业法》及其他能源专门法律在内的治理体系。总之，为了实现环境立法"绿色化"，日本在立法实践上作出了诸多努力，也取得卓越成效。客观而言，环境污染防治问题是一道牵涉各个方面的综合性难题,若从广义上说,上述涉及的部分规范性法律文件(如旨在防治大气、水、垃圾污染等相关法律)均可以纳入环境污染防治的领域。在该领域内,其中最具决定性意义的基本法当属《日本公害对策基本法》《日本自然环境保全法》《日本环境基本法》这三部法律。大约在20世纪90年代,可持续发展理念在全球兴起,日本敏锐地发现《日本公害对策基本法》《日本自然环境保全法》存在保护范围狭窄等一些弊端,故以可持续发展、保护环境和国际协调等理念为新的指引,并于1993年在《日本公害对策基本法》基础之上制定《日本环境基本法》。

纵观日本的立法历程和实践,根据立法界试图规制和调整的区域集中程度,不妨这样认为,在"环境"这个抽象的宏观的主题背景下,日本的(广义上)环境法律体系可以看作是以《日本公害对策基本法》和《日本自然环境保护法》为基石而发展起来的。这种看似粗糙的分类源于日本国会表现出来的主观意志,以及概念之间的包容关系。事实上,在日本法学界,公害和环境问题是两个不同的问题,各有其特点,因此在调整方法和救济方式规定上也是作为两个部分来考虑的。但随着《日本环境基本法》的成立,部分适用规则逐渐走向统一。在该法中既有对前法某些制度的继承,如环境标准,公害防止计划等内容;亦有新的措施与政策,如推进环境影响评价、加强产品利用、环境教育等内容。实际上,日本公害以及公害法的产生与经济发展措施相连,而环境法的发展则与公害、环境问题相关。换言之,公害法与环境法之间不仅存在一定的渊源,而且在内容上也表现出一种继承和发展的关系。

在种类齐全、形式完备的实体法规范体系下,与之相应,具体的救济方式亦是丰富多样。总的来说，大致可以划分为非诉和诉讼两种类型。其中非诉手段包括受害方与侵害人双方签订公害防止协定，行政变更、改善命令等方法，而行政处理相对常见。根据《日本公害纠纷处理法》和《日本公害调整委员会设置法》两部法律，为及时、有效地处理公害纠纷，日本在中央设立有公害调整委员会，在各都道府县设立有公害审查会，其解决纠纷的途径包括斡旋、调解、仲裁、裁定等方式❶。而诉讼方式包括环境公害审判和环境保护诉讼两种类型。前者主要用以救济个人人身健康权益，具体包含受害人提起的侵权诉讼，以及针对政府不当行为提起的取消诉讼、住民诉讼、国家赔偿诉讼等诉讼形式，其中取消诉讼、住民诉讼被归类为行政诉讼，适用的范围十分有限，而针对政府不当行为提起的国家赔偿诉讼则放在公害赔偿诉讼中，是私益诉讼；后者则主要用以保护环境要素和公共利益❷。其中争议较大的则是对公害的中止请求的问题。在大气污染等公害事件当中，日本法院通常会承认损害赔偿，而常以请求事项不特定等为由拒绝当事人提出的中止请求，但在学说和判例中则认为，请求中止的不作为命令的内容是特定的，并可以作为实际执行依据。对此，未来究竟会如何发展，尚未达成共识。与公害审判相较，环境保护诉讼是以保全环境和保护自然为预设目的，且具有防止环境恶化和防止公害于未然的效果，因此被称为"公害的事前中止诉讼"的形式。而且在诉讼理由和形式选择上受限较少，相对灵活，且样式丰富，如以环境权、日照权、眺望权、景观权等新权利为由，提出旨在保持日照、通风，保护珍稀动植物、自然景

---

❶ 冷罗生：《日本公害诉讼理论与案例评析》，商务印书馆，2005，第406页。
❷ 梅泠、付黎旭：《日本环境法的新发展——〈环境法的新展开〉译评》，韩德培主编：《环境资源法论丛（第2卷）》，法律出版社，2002，第232页。

观、文化遗产等环境要素的诉讼。日本司法实践中有过景观权等方面的诉讼，法院依据民法作出了拆除房屋超高部分的判决，但这个案例仍然是由多数公民提起的私益诉讼。所以，尽管这两种诉讼之间存在区别，但并不是性质上的差异，而主要是一种程序适用上的不同。公害审判通常适用民事诉讼的规则，而在环境保护诉讼当中，既可以援用民事诉讼中的保全措施，也可以采用行政诉讼领域中的撤销之诉、确认无效之诉等措施❶。

总之，与我国环境公益诉讼不同，在日本，尽可能将环境利益纳入个人利益范畴，借助侵权责任体系展开救济❷。"日本多数公害诉讼都是依据《日本民法》第709条规定的侵权行为，即对生命、身体的侵害以及因噪声等造成的生活环境的破坏要求赔偿的案件"❸。因此，尽管公害诉讼客观上起到保护不特定多数人利益的效果，但日本的公害诉讼实质上为私益诉讼，即以私益诉讼的方式达成保护环境的目标，以防止公权力过多干预市民社会❹。在公害审判当中，受害人通常会诉请被告赔偿其遭受的实际损失，符合私权运行的一般逻辑。若套用我国当前的类型化逻辑，其与我国"两诉"构建机理和运行逻辑存在显著差异。经比较，日本公害诉讼偏向于对人身健康权利的保护，而环境保护诉讼则偏重于救济人格权，可以将其视为我国环境侵权私益诉讼。总体而言，日本主要是通过私权的手段实现保护公共利益的目的，整套运行

---

❶ 梅泠、付黎旭:《日本环境法的新发展——〈环境法的新展开〉译评》，韩德培主编:《环境资源法论丛（第2卷）》，法律出版社，2002，第241—248页。
❷ 冯洁语:《公私法协动视野下生态环境损害赔偿的理论构成》，《法学研究》2020年第2期。
❸ ［日］日本律师协会:《日本环境诉讼典型案例与评析》，皇甫景山译，中国政法大学出版社，2010，第23页。
❹ ［日］原田尚彦:《环境法》，于敏译，法律出版社，1999，第7页。

体系相对简单。这也是值得我们借鉴的一种经验。如果我国将生态环境损害赔偿诉讼定性为私益诉讼,或者说将其中包含"公法"的成分删减掉,直接还原为私益诉讼(日本公害诉讼为这种进路提供了可行性),并在未来按照私权运行的逻辑进行建构,如此,则会在"两诉"之间形成一道明显的区分标识。

2000 年 9 月 18 日,法国政府通过法令,宣告政府依据授权通过了《法国环境法典》的法律部分,将散于多部法律中的环境法规范进行整合❶。但在保护生态制度设置方面,法国实质上继续沿用传统的权利救济框架。通过扩大"损害"概念的内涵,"将生态利益,作为一种集体利益,纳入私法体系中,并且纳入损害概念保护的利益范围之中"❷,或者说将生态环境损害融入损害填补的范围当中。故通常引用《法国民法典》中关于侵权的一般规定,以及其他的相关法律,如《民航法》等特别法中的内容,并结合近邻妨害法理等作为审判侵权损害赔偿案件的根据。而所谓"近邻妨害"是指发生在相邻土地之间的一种特殊侵权,包括噪声、粉尘及其他干扰、侵害邻人生命、健康、财产等利益的情形,土地的所有人、利用人等受害人或者由团体作为其代表依法提起的侵权损害赔偿诉讼。❸ 妨害理论最初起源于解决邻里之间的争议,其要求某主体在使用自己的财产时不得损害邻居使用和享受自己财产的权利。该理论除被用于实体损害之外,"还能被应用于涉及非常广泛的环境问题"❹。此外,在法国,政府应当为其公共活动、

---

❶ 《法国环境法典》,莫非、刘彤、葛苏聃译,法律出版社,2018,第 2 页。
❷ 李琳:《法国生态损害之民法构造及其启示——以损害概念之扩张为进路》,《法治研究》2020 年第 2 期。
❸ 王明远:《法国环境侵权救济法研究》,《清华大学学报》2000 年 1 期。
❹ [英]马克·韦尔德:《环境损害的民事责任:欧洲和美国法律与政策比较》,张一心、吴靖译,商务印书馆,2017,第 31—35 页。

监察失职等直接或间接造成环境污染、破坏的行为承担环境行政侵权损害赔偿责任。不难发现，法国主要依托于民法规定和理论以实现保护环境的目的。

第三节　本章小结

通过以上比较分析，在环境立法，尤其是请求权主体方面，我国和日本、法国之间的差异相对显著，除社会组织之外，我国尚包括行政机关。不仅如此，在我国，施行既有侵权私益诉讼又有公益诉讼的二元结构，同时，仅就公益诉讼内部观察，尚有一般环境公益诉讼和生态环境损害赔偿诉讼的区分。在日本，主要是延续传统私益诉讼的方式，而在法国则通常采用环境侵权损害赔偿制度来实现保护公共利益的目的，而且更为明显的差异表现在政府的诉讼地位上。在日本、法国，其作为被告并且负有赔偿损害的法定责任，反之，在我国其作为原告并被赋予请求赔偿的诉讼权利。当然，这种反差不仅是一种既成的客观事实，也是包括法律文化、历史传统、理论供给等诸多因素合力造就的结果。总而言之，无论是美国通过诉讼请求辨别诉讼的进路，或者日本、法国通过私益诉讼救济公共事业的进路，其共通之处为皆严格地维系了公法体系与私法体系的界限。如上文所述，如果一开始即将生态环境损害赔偿诉讼定位为私益诉讼，并在保护私益的目的引导下完成规则的构建，如此，其与环境民事公益诉讼之间就可以保持较好的区分度。但我国当下面临的难题在于"两诉"的性质相同，尽管生态环境损害赔偿制度是按照私法路径进行设计，但本质上是用以保护生态环境利益的公益诉讼。因此，域外的立法经验并不完全符合我国特殊的制度语境，但是其可以为我们提供"解决办法的仓库"[1]。若详细观察各国制度成长的轨迹，除必然的历时性之外，立法的初始动机和改革决心离不开各国社会力量的推动与实践冲突的倒逼，因此其自主内生的诉讼制度具有一定的现实针对性和环境适应性，也可被称为"本土化"的特质。这些立法经验也为我们接下来的重构进路提供一些信息。

---

[1] ［德］康拉德·茨威格特，海因·克茨：《比较法总论》，潘汉典、米健译，法律出版社，2003，第22页。

第六章
"并行适用"模式的本土化建设

"保护生态环境"既是生态环境损害赔偿制度存续和发展的事实语境和意义所在,也是对我们当前理解和后续创新的一种束缚和限制。如果仅注目于上述大写的改革口号,将其与环境公益诉讼制度一起视为推进生态文明建设的"左膀右臂",就会忽视细察各自的特性和"左右手"存在的客观差异,甚或一度认为"右手足矣"。这种价值观上的误解致使两种制度缺少明确的分工,或者说不知道应该如何分工,亦因"左右"不分方会产生上述重复诉讼和相互碰撞的窘境。在法律语境当中,这种规制方式难免会产生"意外之外的后果"❶等失灵现象。为避免发生此种现象,立法上期冀通过限制一方的行为(如强制中止环境公益诉讼)来摆脱困境,然非易事,该举也并非唯一正确的方向。

为实现区分"两诉"的目的,有学者主张采用二元划分法,试图将生态环境损害赔偿制度细分为

---

❶ [美]凯斯·R. 孙斯坦:《权利革命之后:重塑规制国》,钟瑞华译,中国人民大学出版社,2008,第103页。

生态环境损害赔偿诉讼（也称为狭义生态环境损害赔偿诉讼，又称为特殊的环境民事公益诉讼）与自然资源损害赔偿诉讼（也被称为国益诉讼）❶。这种划分方式因过于追求理论上的圆满反而不利于实践操作。也有学者结合政府在应急能力、证据收集、政策判断以及执行方面的优越性提出，政府应针对"达到严重程度的损害"❷ 提起赔偿诉讼，其他的一般损害则由社会组织负责。这种区分方法实质上是根据纠纷的具体形态主张设计多样化的程序❸。该方式本身并无评价意义上的对或错之分，重要的是其中包含的目的理性❹。笔者赞成后者这种"类型化配置"❺ 的进路，但在具体内容设计上稍显模糊，故本书在梳理各种经验基础上，采用"整体主义"❻ 视野，以适用范围为切口，提出某些拙见。

第一节　实现"并行适用"的基本原则

一、法律效果为主，兼顾整体效果

目前，生态环境损害赔偿制度尚处于发展初期，在具体制度

---

❶ 傅贤国：《我国生态环境损害赔偿诉讼之性质再界定》，《贵州大学学报（社会科学版）》2020 年第 5 期。

❷ 潘牧天：《生态环境损害赔偿诉讼与环境民事公益诉讼的诉权冲突与有效衔接》，《法学论坛》2020 年第 6 期。

❸ ［日］小岛武司：《诉讼制度改革的法理与实证》，陈刚译，法律出版社，2001，第 3—4 页。

❹ ［德］伯恩·魏德士：《法理学》，丁晓春、吴越译，法律出版社，2003，第 134 页。

❺ 袁玉昆：《生态环境损害赔偿之诉与环境公益诉讼衔接机制研究》，硕士学位论文，山东师范大学，2020，第 47 页。

❻ 曹明德、马腾：《生态环境损害赔偿诉讼和环境公益诉讼的法理关系探微》，《海南大学学报（人文社会科学版）》2021 年第 2 期。

建设上也仅具雏形，且颇具争议。在这种现实背景下，如何才能做到合理地确立其适用范围，并非易事。无论是改革的纲领性文件——《改革方案》，或者是具有法律效力的规范性文件——《若干规定》，在生态环境损害赔偿制度适用范围确定方面呈现出某种浅尝辄止的态度，而且学界也少有相关研究。根据《若干规定》第1条规定的内容，除兜底条款之外，明面上可以确定的适用情形仅有两种：分别为以时间上紧急为特征的突发环境事件和以空间上限定为特征的一般环境事件❶。实际上，按照一般的立法习惯，同一法条内容涵括下的各个示例之间一般会存在一个中心，以达到凝聚和指引的效果。如《民事诉讼法》中有关上诉事由、再审事由的规定，所举出的多种情形（包括证据问题、程序问题及其他看似不相连的事项）基本上皆以可能会影响实体公正为统一标准。以此为参照，就《若干规定》而言，至少从外表上观察，其给定的两种示例分别从时间和空间两条维度上往外延伸，既有重叠地方，如在生态功能区内的突发环境事件；也有空白地带，如非特定地区内发生的一般环境事件。整体来说，如此设定虽然可能会收获外延的广度，但在内部缺乏一条清晰的可以起到统筹与贯穿作用的脉络，甚至认为两种情形彼此互不相干都不为过。也正因如此，不禁令人生疑：为什么偏偏是这两种情形，而不是其他情形？以后还可能继续纳入哪些情形？其中的确立标准是什么？

---

❶ 《关于审理生态环境损害赔偿案件的若干规定（试行）》第1条规定："具有下列情形之一，省级、市地级人民政府及其指定的相关部门、机构，或者受国务院委托行使全民所有自然资源资产所有权的部门，因与造成生态环境损害的自然人、法人或者其他组织经磋商未达成一致或者无法进行磋商的，可以作为原告提起生态环境损害赔偿诉讼：（一）发生较大、重大、特别重大突发环境事件的；（二）在国家和省级主体功能区规划中划定的重点生态功能区、禁止开发区发生环境污染、生态破坏事件的；（三）发生其他严重影响生态环境后果的。"

这一系列问题油然而生。尽管《改革方案》仅给出两种示例,但为解决这些问题,笔者试图从中找出选择这两种情形的真实原因和共通之处,以及其中隐藏的其他考虑,并将这种提炼出来的精神内核作为以后确立适用范围的基本标尺,从而保持具体适用情形之间的内在一致性。对此,有学者认为,所举几种情形具有"情况复杂、影响重大、结果严重、曝光度高等特点"❶。这些特征更多是一种评价意义上的外在描述,抽象而又简单,缺乏基本的可操作性。为此,我们不妨回到事物本身来探寻答案。

在上文中说到,之所以设立生态环境损害赔偿制度,较为流行的一种观点是欲通过司法的形式改变"企业污染,政府买单"的局面,实现"谁污染,谁负责"的目的。客观而言,作为改革的出发点,这种立意具有一定的正当性。该改革意图本身并无任何问题,有问题的是,改革意图与具体制度之间逻辑连接的合理性。而且这种高大上的宏观理论并不能从细节上解释首先选取这两种情形的原因,因此需要我们切实深入社会情境里面。与一般污染事件相较,这两种情形在危害后果上可能更显"严重",但如果仅满足于此,在损害事实和法律规定清楚的基础上,即使行政机关没有索赔权,也可以通过环境民事公益诉讼的形式取得相同的法律效果。甚至可以认为,环境民事公益诉讼更为可靠。2015年8月我国开始实施《党政领导干部生态环境损害责任追究办法》。根据该办法规定,若发现当地存在环境保护不力或失职等情形,地方党委和政府主要领导成员需承担相应的责任。在这种责任强制下,容易造成两种相反的效果:一是自曝其短;二是隐瞒不报。至于如何选择,不能一概而论,但绝不能完全排除后种情

---

❶ 邓嘉咏:《论生态环境损害赔偿诉讼的适格原告及其顺位设计》,《理论月刊》2020年第3期。

形的存在。目前，生态环境损害赔偿案件的数量相对较少，与上述因素不无关联。因此，笔者认为，赋予行政机关索赔权的真正原因在于这两种情形固有的特殊性。这种特殊性不仅仅体现在法律效果上，也"不在由政府所设置的司法制度中寻求，而应见之于社会本身"❶。我们应立足于损害事件发生的具体语境，从整体的角度体察这种特殊性，即一种与行政机关连接起来的特殊性，或者说令行政机关（而不是其他主体）提起损害赔偿诉讼的某种需要。因为需要产生行为❷。

首先观察突发环境事件。表面上看，与普通型污染事实相较，突发环境事件不仅具有突然发生的特征，而且社会影响往往较大，易受到来自社会各界的普遍关注。对于环境行政部门而言，及时开展赔偿、修复、重建等相关活动这件事情本身并无任何疑问，因为其中带有一种非常紧迫的现实需求和社会意义。而令人疑虑的是，为什么必须通过损害赔偿诉讼的形式完成这些活动？是否完全不能借助其他的救济制度来实现这一目的？既然突发环境事件需要诉讼救济，其他污染情形是否也存在这种必要？选择突发性环境事件的理由并不能当然成为否定其他情形的理由，这是性质不同的两回事。实质上，即使我国没有建立生态环境损害赔偿制度，针对突发环境事件，也可以通过环境侵权私益诉讼、环境公益诉讼、行政措施等既有制度加以救济。理论上讲，似乎没有必要将其单独拎出来并嵌入生态环境损害赔偿制度的内部。但与普通环境污染案件相较，突发环境事件确实拥有着非同一般的特

---

❶ ［美］H. W. 艾尔曼：《比较法律文化》，贺卫方、刘鸿钧译，清华大学出版社，2002，第 200 页。
❷ 窦胜功、张兰霞、卢纪华：《组织行为学教程》，清华大学出版社，2012，第 72 页。

征，不排除或许正是因为这些特征的存在使其被新制度选中，作为其优先保护的对象。其中最为显著的特征应属以下三个：第一，事态紧急，这是针对事件发生的突然性而来；第二，影响重大，这是基于损害后果（优先考量人、财、物等损失）以及社会影响等方面的判断；第三，救援过程复杂，这是从应对措施的角度来说的。其中涉及确定应急响应级别，上报事件，协调、组织具体实施救援的人力、物力，追究法律责任等一系列相关事项。如果着眼于事件的整体性，司法救济仅涉及其中的一个较小部分，除此之外，尚且包括受害者的安抚、社会舆论的平息、事件原因调查和法律责任分配等后续问题。总之，欲圆满地解决这一事件涉及的所有相关问题，这是一项非常复杂的"社会性工程"或"系统的工程"❶。客观来讲，当面临这种紧急、严重和复杂的事件，如果离开行政机关力量的参与几乎没有圆满解决的可能。当然，这种观点是建立在整体的角度上，而不是单纯立足于法律的视角，在救济活动中，法律仅是其中的一部分，但我们不应忽视这部分与整体之间是一种密不可分的关系。

若仅从其中涉及的法律问题来讲，即使排除公益诉讼中的社会组织，一般可能会认为，司法机关显然更为专业一些。对于同一案件，在损害事实清晰、法律规范确定的前提下，由谁来开启法院之门似乎无关紧要，裁判结果上不会也不应当有不同。实际上，这仅是一种理想中的结果。若结合上述现实情境再来比较施用"两诉"可能导致的救济效果，其中的差异就会很大。首先，政府在整个事件的参与度上，以及对于事件发生的原因、损害程度等实际情况的了解、掌控程度远远不是社会组织、检察院能够

---

❶ 李瑶：《突发环境事件应急处置法律问题研究》，博士学位论文，中国海洋大学，2012，第1页。

比拟的。在日常风险管控和实际应急处置工作当中，社会组织和检察院并未具体参与，因此，"无法掌握实际的费用支出情况，难以确定合理的索赔数额"❶。其次，突发环境事件对公众、社会和环境造成的危害往往较大，这就意味着救济的力度、强度和速度都非比寻常可比。在诉讼效益上，受制于有限的司法资源和自身专业知识的局限性，司法机关在处理生态环境问题时经常会遭遇迟延❷。但若由代表国家权力的行政机关出面，其不仅具有反应迅速，行动高效以及整合能力强等特性，同时因在身份上占据压倒性的地位优势，对于被告的威慑力相对突出，在无形压力下会起到加速结案和执行的效用，符合及时救援和降低事件负面效益的现实需求❸。上述这两种优势是专注于法律知识的环境公益诉讼制度所不具备的。因此，笔者认为，这应是赋予政府索赔权的真正原因，也是其未来使命所在。

其次我们来观察第二种情形。据《全国主体功能区规划》第二章第二节的解释，基于开发强度、环境承载力和发展潜力等标准，我国国土空间可分为优化开发、重点开发、限制开发和禁止开发四种区域类型，而限制开发区包括重点生态功能区等地区。不同区域分别肩负不同的社会功能，顾名思义，开发区以发展经济为主要任务，而重点生态功能区则负责保障国家生态安全和增强生态产品供给，禁止开发区则担负保护国家文化资源和珍稀动植物基因资源的作用。目前，《改革方案》《若干规定》仅将"生

---

❶ 浙江省湖州市中级人民法院与中国人民大学法学院联合课题组、李艳芳：《生态环境损害赔偿诉讼的目的、比较优势与立法需求》，《法律适用》2020 年第 4 期。
❷ 江润民、朱晖：《环境民事公益诉讼中司法权与行政权关系反思》，《沈阳农业大学学报（社会科学版）》2019 年第 5 期。
❸ 贺思源：《环境侵害国家救济研究》，博士学位论文，中南财经政法大学，2018，第 2 页。

态功能区、禁止开发区"这两个特定区域纳入调整范围。但实质上"重点生态功能区和国家禁止开发区域的总面积分别约占全国陆地国土面积的 40.2%、12.5%"（参见《全国主体功能区规划》第八章、第九章）。质言之，其在管辖范围上至少排除一半的国土空间。这种仅保护局部区域的限定明显不符合"推进生态文明建设"的宏大旨意。且这种条件设定是否意味着在其他地区发生的环境污染事件无须承担损害赔偿责任，抑或认为在其他地区根本不会发生类似的环境污染事件。对此，若继续完全沿用法律人的思维来解释这种现象势必会遭遇逻辑上的"瓶颈"，难以自圆其说。实质上，该异常事实存在本身也足以说明一些问题。但不再是囿于法理的角度，而是转而从国土空间规划的意义层面来讲，更准确地说，这种契合是以国家发展政策为立法取向所带来的必然后果。若以"主体功能区"为线索进行一种逆推式的追溯，会发现其中有几个非常关键的相连的节点，且前后间表现出"从上至下"推动的轨迹。2013 年 11 月中国共产党第十八届第三次全体会议通过了《中共中央关于全面深化改革若干重大问题的决定》。其在"生态文明制度建设"主题下，以"生态文明"为改革目标，分别提出"实行损害赔偿制度""实施主体功能区制度"等一系列相关要求。2014 年我国修订了《环境保护法》，将"生态文明建设"吸纳至法律体系里面，并在其第 29 条规定严格保护重点生态功能区、生态环境敏感区和脆弱区等区域。2015 年 12 月《试点方案》将在"重点生态功能区"等特定地区发生的污染环境或破坏生态事件纳入赔偿制度的调整范围❶。从发展脉络上观察，上述三个事件先后发生的时间非常接近，很难说后面发生的事件丝毫没

---

❶ 参见李树训、冷罗生：《反思和厘定：生态环境损害赔偿制度的"本真"——以其适用范围为切口》，《东北大学学报（社会科学版）》2020 年第 6 期。

有受到前面发生事件的影响，尤其是面对源于"顶层设计"的强力意志，甚至不妨认为这种设置既是响应深化改革的需求，也是完成改革任务的必然选择。结合我国环境政策与法制发展之间的惯性"暧昧"关系[1]，笔者认为，之所以将这两种功能区纳入调整范围是我国政策法律化的结果，也是司法系统对我国环保政策的一种回应。

总之，在保护环境一途上，任何选择不仅仅是纯粹的法律问题，其中尚且涉及诸多现实因素。尽管法律系统可以通过法律规范、行为等各部分的互动生产出一种自治秩序[2]，但是法律并非完全封闭的独立的系统，而"是一个在规范上封闭而在认知上开放的系统"[3]。在具体适用过程中，应严格依法办事，不可任意超越法律之外，这是我国司法和执法机关及其工作人员应当遵循和贯彻的思维模式，但这种教义学进路并不应成为法律人认识和分析法律现象、问题的宗旨。从现实经验来看，法律实施包括法学和社会学两种模式[4]。前者立足于法律空间内部，仅仅考虑案件的法律结构，排除其他的社会因素，如部门利益、执法力量、政策环境等；后者则立足于社会空间内考虑问题，法律仅是其中的一个影响因素。当然，或许会有学者反驳道，这种观点过度考虑社会因素，较易忽视法律的公正性，实为一种偏见。笔者认为，这或许是一种偏见，但在以"结果主义"为认知导向的社会情境里面，

---

[1] 郭武、刘聪聪：《在环境政策与环境法律之间——反思中国环境保护的制度工具》，《兰州大学学报（社会科学版）》2016年第2期。

[2] Gunther Teubner, Law as An Autopoietic System (Oxford: Blackwell Publishers, 1993), p. 20.

[3] ［德］贡塔·托依布纳：《法律：一个自创生系统》，张骐译，北京大学出版社，2005，第77—78页。

[4] 朱景文：《跨越国境的思考——法理学讲演录》，北京大学出版社，2006，第39—42页。

很难改变和扭转大众对其产生偏见的原因,这种事实需要我们正视。既然作为一种制度,应当有独立的法律存在方式,但同时必须承认,上述这种区分绝不是纯粹法理意义上的建设,其中尚掺杂其他多重法外因素,如政策因素、立法技术、操作便利、社会效益等在内,而且也正是因为受制于这些因素影响才需另行构建新的制度。如果一味地以法律人的眼光审视和丈量该制度的合理性,难免会理不清头绪。若单纯地从保护客体和程序规则来讲,两种诉讼并无本质的区别,但在主体身份层面,差异却非常显著,这也是引起当下学界各种争议的根源所在。故在纯粹法理分析之外,应立足于主体的优势地位和社会现实情境,并根据纠纷类型来选择和设置相适应的程序,这应作为制度改革的一项基准❶。在司法实践过程中,除考虑个案的法律效果之外,尚且应当注重该制度造成的社会效果和政治效果,或者说后两种效果同样占据极为重要的分量。未来在分配适用情形之际可以参照如下两条标准。

第一条标准。之所以将突发环境事件单独提出来划分至新制度的管辖领域,更多是因为适用生态环境损害赔偿诉讼的整体效果(准确地说,主要是社会效果)要显著优于环境民事公益诉讼,或者说在某些利益保护效果方面是最佳守护者。这可以成为未来建立"并行适用"模式的根本原则。同时,根据突发环境事件的特征以及其与行政机关之间的密切关联,可以进一步提炼出如下要求,即:为避免损害发生和防止损害后果扩大,行政机关已经采取合理处置措施的情形。这也是行政机关与损害赔偿诉讼之间的一个重要连接点。实际上,根据《改革方案》《若干规定》关于诉讼请求内容的设置,行政机关除了可以主张修复生态环境,赔

---

❶ 张旭东:《民事诉讼程序类型化研究》,厦门大学出版社,2012,第1页。

偿服务功能损失这两项请求之外,尚且包括行政机关为预防和防止损害扩大实际耗费的处置费用。不妨这样认为,若行政机关已经采取合理措施并耗费相应费用,其有针对行为人提起诉讼的现实需要。尽管这是一种私法上的债权之诉,但是并不妨碍该种私法上的请求与修复生态环境的公法主张在同一案件当中一并提出,并可以通过这一个诉讼一次性解决。在上述这种语境下,若由社会组织提起环境民事公益诉讼反而不如由行政机关直接提起赔偿诉讼来得便利。

  第二条标准。如果以生态环境作为唯一的衡量指标,无论何地发生的环境污染或生态破坏事件均应承担相应的损害赔偿责任,以保持基本的公平,只是立法者做了一定的取舍。按照我国国土空间规划,不同的功能区肩负不同的任务。在优化开发区和重点开发区应当以发展经济为重,而"生态功能区""禁止开发区"等区域侧重于保护生态价值。不仅如此,该区域尚承载着补救前者因发展生产而牺牲掉的环境价值的重任,因此需要加以重点保护,不容有失。这种功能定位和分配可以说是站在国家整体层面作出的决定,关乎着国家发展大计和综合规划。换句话说,在该地发生的环境事件绝不是一时一地的问题,而可能直接会影响到国家发展规划与部署,因此需要"重点照顾"——特殊案件需要特殊程序[1]。这种重视从《环境保护法》及时将其法定化的立法行动中可见一斑。如果从这个意义上出发,将其交由代表国家权力的行政机关来处理不仅仅是践行《环境保护法》相关规定的需要,而且此举可能更为符合政治形势的要求,至少从中体现出国家对于该地区的高度重视,以及严肃待之的保护态度。在这种顶层设计

---

[1] 许尚豪、乔博娟:《小额诉讼:制度与程序——以新〈民事诉讼法〉为对象》,《山东社会科学》2014年第4期。

下，对于负有保护地方环境职责的各地政府而言，可以起到一种鞭策和督促的积极作用。不仅如此，在层层压力下，也可以刺激人们未来的行为选择和决定，使潜在的违法者不敢染指这样的公共利益，从而增强社会资源配置效益❶。在这一点上，环境民事公益诉讼缺少这种政治层面上的效能。由此，笔者尝试将第二条原则概括为，影响国家环境政策明确需重点保护事项的情形，包括但不限于生态功能区等特殊区域里发生的损害事件。

除上述两条标准之外，根据制度成立的目的以及兜底条款的提示，并以此为依据直接确定这些情形的核心旨意，即只要符合"严重影响生态环境"的特征皆可被纳入其调整范围。至于如何解释"生态环境损害"，鉴于"自然资源所有权"学说的盛行，分别可以形成以"生态环境"为损害对象和以"自然资源"为损害对象这两种可能。实际上，若以"生态环境损害"或"自然资源损害"为内核，则已有的两种典型示例之间难以实现圆满的融通效果。首先，"生态环境"这一概念的无限性与适用范围的有限性不符，且容易导致与环境公益诉讼制度的冲突；其次"自然资源"概念与"生态环境（损害赔偿诉讼）"的名称标识亦有出入，对此，上文多有阐述。

因此我们应当清醒地认识到，相较于环境领域普遍存在的违法现象，无论如何扩大适用范围，也不可能"一网打尽"环境损害的事实，仅能针对其中的部分"倒霉鬼"提起诉讼，更何况司法救济作为最后一道防线，保持自身谦抑性应是其使命所在，从而杜绝随意增加适用情形的可能。所谓"法律秩序乃是在不断地努力实现尽可能多的利益进程中调整彼此重叠的权利主张和协调

---

❶ 樊崇义：《诉讼原理》，法律出版社，2009，第185页。

相互冲突的要求"❶，而且环境法治的一项重要标准即为适用的稳定性❷。如果不能保证规范适用的稳定性，"两诉"竞合的冲突势必再次产生，从而动摇法律秩序。所以与其纠结如何维持可诉范围的弹性，不妨先解决规范确定性的问题。根据《改革方案》《若干规定》关于适用情形的规定，尽管其中兜底条款为未来制度后续建设故意留下无限可能性，或许这种抽象的留白仅是立法政策上的无奈之举❸，但在结果上存在一种概括性的信赖风险。为此，笔者主张可以删掉该兜底条款，而采用纯粹的列举方式，并在适用空间上形成一种闭环，实现调整情形的确定化和固定化，这既是"法治"的应有之义，同时又可以避免行政机关推脱索赔责任。与此同时，结合制度改革进度，暂不宜采用精细化规定，保持适度的模糊性可以增强其适应力和包容性，可以先从既有的两种情形中产生辨认特征，并最终实现并行适用的改革目标。

二、实体法为主，诉讼法为辅

如果仅是笼统地认为，"并行适用"模式主要聚焦于上述特殊的情形，这种论断结果未免过于敷衍、空洞。出于实践应用的需求，结合上文分析，若硬要概括出一项可观察的判断标准，对此，则不能不与行政机关的身份优势结合起来，准确地说，是权力的威慑力和反射力。即使立法机关已然明确将其界定为与赔偿义务人地位对等的赔偿权利人，受到诉讼规则的约束，也没有办法改变已经形成的根深蒂固的印象，即附着于权力机关的强势性与支

---

❶ [美] 庞德：《法律史解释》，邓正来译，商务印书馆，2016，第211页。
❷ 蔡守秋：《善用环境法学实现善治——法治理论的主要概念及其含义》，《人民论坛》2011年第5期。
❸ 张卫平：《民事公益诉讼原则的制度化及实施研究》，《清华法学》2013年第4期。

配性，这也是潜藏在诸多学者心头的一大隐忧。在该种语境下，笔者认为，尽管不是唯一但必然是极为重要的判断标准：经立法机关反复论证后，生态环境损害赔偿诉讼救济的社会效果要显著优于环境公益诉讼。但应当注意的是，此处更为注重社会效果与政治效果。这种针对法律外部效果的强调与行政机关更为擅长宏观调控和管理社会的传统职责、功能密不可分，而且"两诉"具有诸多相通性，法律效果实质上不会存在极大的差别。只有完全符合这条铁律的情形方能适用于前者。这种标准的主要作用还是在于一种思维意识上的把控，使得该制度未来发展不至于无所适从，甚或偏离轨迹。为进一步保证诉讼秩序的安定性，需要从规范上予以保障，即采用举例的立法技术将那些取得共识的情形一一明示，以取得法律认可的确定性地位。反之，在缺少相关法律法规明文承认的情境里面，受理法院应当驳回起诉，而不能凭靠经验主义任意突破制定法的限制。通过这种狭义解释的方式从而形成一条相对独立的轨迹，并与环境公益诉讼制度并立。这种进路可以为未来合理扩展适用空间提供某种参照。

上文通过对《改革方案》列举的两种代表性情形进行剖析、提炼，最终抽象归纳出两条基本适用原则。作为首先"吃螃蟹"的人，难免会有一些"自以为是"的地方，也定会有一些不足，甚或错误。对此，笔者需要重申的是，本书写作的初衷仅是欲在研究方法上开启一种新的视角，而绝不是提供标准答案❶。其实，亦有学者从诉讼便利和诉讼能力的角度主张，"对于诉讼范围重叠的部分，政府应当行使优先起诉的权利"❷。这种进路相较简单，

---

❶ ［德］阿图尔·考夫曼：《法律哲学》，刘幸义译，法律出版社，2004，第 11 页。
❷ 浙江省湖州市中级人民法院与中国人民大学法学院联合课题组、李艳芳：《生态环境损害赔偿诉讼的目的、比较优势与立法需求》，《法律适用》2020 年第 4 期。

但过于笼统。为充分贯彻"并行适用"的模式，笔者认为，在原则确立方面，依托于行政机关的权力背景和比较优势（此处，"权力"不再囿于对可能干涉私权空间的担忧，而是一种可以加以导控和利用的工具）以及生态环境损害赔偿制度的独特价值，尚有进一步细化和扩展的空间。根据上述分析，相较于当前两种诉讼制度间混同不分的现状，可以通过诉讼法或实体法路径进行分割，从而使彼此关系定位愈发清晰。但同时亦会付出相应的代价和成本，如采用取消和变更诉讼请求的方式则会冲击既有司法解释的安定性；实体法划分方式无法从法理上完全涵括某些环境要素等情形。实际上，关于如何划分适用范围的问题，实践当中已有地方开始探索这种路径。如上文所述，地方各省在生态环境损害赔偿制度改革方案制定过程当中，为确定和扩大该制度的适用范围，直接"借助《刑法》和《关于办理环境污染刑事案件适用法律若干问题的解释》内容的支撑"[1]，将非法排放、倾倒和处置有毒有害物质等行为纳入其管辖领域。尽管这种简单地扩张方式较为便利，却忽视了生态环境损害赔偿制度自身的特殊性，以及与环境民事公益诉讼相区分的改革需求，更像是一种无标准、无理据和无意义的抢占地盘的行动。

2020年4月21日，成都市人民检察院与市生态环境局联合印发《关于建立生态环境公益诉讼与生态环境损害赔偿协作配合机制的实施办法》[2]（下文简称《实施办法》）。在该《实施办法》当

---

[1] 李树训、冷罗生：《生态环境损害赔偿制度适用范围：乱象、趋向和导向》，《环境保护》2019年第5期。

[2] 参见"四川省首个生态环境公益诉讼与生态环境损害赔偿协作配合机制建立"，https://baijiahao.baidu.com/s？Id＝1666447251743743519&wfr＝spider&for＝pc，访问日期：2023年4月9日。

中，不仅确立"两诉"如何衔接的路径，同时亦为生态环境损害赔偿制度适用范围给出部分标准。在这一点上，与本书的思路不谋而合。具体而言，检察机关在履行公益诉讼职责中，发现环境污染、生态破坏的情形属于《成都市生态环境损害赔偿制度改革实施方案》适用范围且生态环境损害后果较为严重、跨区域或者生态环境部门已经参与应急处置的，应当向市生态环境局提出《督促启动生态环境损害赔偿程序意见书》，以督促其开展生态环境损害赔偿工作。反之，生态环境局亦需按照上述要求完成案件辨识和移送的工作。根据《实施办法》提供的经验可知，在三种情况下应当适用生态环境损害赔偿诉讼制度，分别为：后果较为严重的案件，跨区域案件和已经参与应急处置活动的案件。其中跨区域这类案件实质上是对最高人民法院司法解释中原有两种适用范围的一种突破。不仅如此，成都市改革方案不再完全局限于突发环境事件，而是同时强调行政机关对应急活动的参与过程。这一点与上述第一条原则不谋而合。这种地方性实践为接下来的分析提供一种经验上的借鉴和支撑。同时，也尝试能否以理论形式将这种经验抽象化、普遍化。

第二节 具体界分路径

一、实体法的形式

（一）适用前提——享有自然资源国家所有权

"传统公法责任重在禁限与惩罚，往往出现即使行为停止、违法者遭受惩罚，受害状态依然存在的情况"❶。而生态环境损害赔偿诉讼正好可以填补这部分立法空白，旨在消除违法行为造成的损害后果，使生态环境恢复至原有状态。虽然上文已经证成生态环境损害赔偿制度的公益属性，但鉴于"公共利益"概念的空洞和泛化，是一种看不见的无形利益，故可以从生态价值的实际载体入手，借以划分"两诉"的边界。进一步而言，在践行这种损害赔偿理念之际，应设定一个"物"作为与损害行为之间的连接，不仅如此，该"物"还要同时肩负着为公众利益服务的功能，在这两个条件约束下，只有国有自然资源才可以充分发挥这种作用。因为无论是国家利益、公共利益或私人利益皆"以自然资源及其形成的生态系统为物质媒介"❷。这种解释仅能从现实层面——"去抽象化"来说明本书选择国有自然资源的初衷。但本书并未就此满足。生态环境关涉到公共利益，且所涉问题相较复杂、专业，并非人人皆能够胜任起诉的重任，即使赋予行政机关索赔权❸，为维护行政机关和司法机关分工负责的权力结构，仍应坚持有限起诉的原则。因为国家所有并不完全等同于国家所有权。所谓实体法路径是指在肯定生态环境损害赔偿诉讼的公益属性的前提下，借助实体法规范确立实体权利体系，并由国家对其进行确认❹，从而为行政机关行使诉讼实施权提供一种基础性依据。尽管已经证成国有自然资源的重要地位❺，但正如有学者所言，应将生态环境损害这种"宏大叙事"

---

❶ 巩固：《环境民事公益诉讼性质定位省思》，《法学研究》2019 年第 41 卷第 3 期。
❷ 黄忠顺：《环境公益诉讼制度扩张解释论》，《中国人民大学学报》2016 年第 2 期。
❸ 殷鑫：《生态正义视野下的生态损害赔偿法律制度研究》，博士学位论文，华中师范大学，2013，第 Ⅲ 页。
❹ 卢瑶：《马克思主义公共产品理论视域下的生态环境损害赔偿研究》，博士学位论文，华中科技大学，2018，第 Ⅱ 页。
❺ 张子璞：《生态环境损害赔偿诉讼与环境民事公益诉讼比较研究》，硕士学位论文，西北师范大学，2020，第 Ⅰ 页。

转换为可以操作的权利形态❶，在权利化的前提下，"特定行政机关可以基于授权成为环境资源所有权之合法代表人"❷。需要强调的是，这仅是一种方法论上的视角，与上文围绕自然资源所有权产生的问题和观点并无多少关联。且在上文当中提过，有学者试图通过"二分法"对自然资源的价值展开分析。即当自然资源（如林木、矿藏等事物）本身作为权利的一种物化载体，可以通过市场交易等合法方式为特定的财产权利人带来某些经济价值，而其固有的生态服务功能则面向不特定的公众，是一种公共利益❸，由此附着于物上的生态价值具有整体性、开放性、利益共享等特征。本书的观点与上述非公即私的"二元"结构的传统理念不同，笔者认为，在自然资源上，公共利益和私人利益交织共存、不可分割。这里须重申的是，"自然资源国家所有权属于民法上的物权"❹。这是未来将自然资源纳入实体法权利体系的一项基本前提，也是贯彻《民法典》绿色化原则的一种体现。我们可以通过立法形式将部分公益属性并不显著的自然资源融入财产法调整范围内❺，为法院立案和裁判提供一种可观测的基本信息❻，也为合理利用国有自然资源保驾护航❼。

---

❶ 陈虹：《环境公益诉讼功能研究》，《法商研究》2009年第1期。
❷ 周红格：《草原环境民事公益诉讼主体研究——对原告类型构成的思考》，《内蒙古农业大学学报（社会科学版）》2011年第6期。
❸ 参见张祥伟：《环境公益诉讼司法运行理论与实践研究》，中国政法大学出版社，2018，第141页。
❹ 颜运秋：《公益诉讼：国家所有权保护和救济的新途径》，《环球法律评论》2008年第3期。
❺ 吴惟予：《生态环境损害赔偿中的利益代表机制研究——以社会公共利益与国家利益为分析工具》，《河北法学》2019年第3期。
❻ 陈亮：《美国环境公益诉讼原告适格规则研究》，中国检察出版社，2010，第64—93页。
❼ 廖霞林：《我国自然资源损害民事责任研究》，博士学位论文，武汉大学，2013，第Ⅰ页。

实际上，各国皆为公益诉讼案件的起诉人设定某种主体资格[1]。美国公民诉讼和自然资源损害赔偿诉讼皆强调"实际的损害"。而结合我国《改革方案》《若干规定》的相关规定，纯粹从诉讼结构上来讲，实际上因循的是"损害赔偿"这种私法逻辑。本书主张，在正视这个事实的前提下，以实体法的形式将其进一步明确化，从而保证适用秩序的稳定性。由行政机关作为利益代表人依法提起诉讼，实际上是借助这种私权保护机制来实现保护公共利益的目的，亦即"私法手段，公法目的"。该种方式具有简便易行等优越性，但在具体实施过程中，其应当与自然资源产权制度同步改革和配套实施，以完成实体所有权——诉讼实施权的无缝对接。2019 年 4 月，中共中央办公厅和国务院办公厅公布了《自然资源产权改革意见》，着手推进与完成自然资源产权的确认工作，两者相得益彰，也为该进路提供了现实的可行性。

上述改革办法仅是一种相对理想的解决思路，实际上仍旧留有某些难以消除的隐患。其中颇为学者所诟病的是关于无主自然资源的安排上，如大气、太阳能等环境要素，一般而言，因其在物理上具有不可分割性从而也排除了确权的可能性。换言之，既然未被纳入产权体系之内并成为国家所有自然资源，则丧失适用生态环境损害赔偿诉讼予以救济的法律依据，这明显与实践需要不符。为化解该种困境，黑龙江省曾公布《黑龙江省气候资源探测和保护条例》，其第 7 条明确规定"（风能、太阳能等）气候资源为国家所有"。这是非常典型的依托于实体规则进行确权的迈进逻辑。通过该条例好似清除了起诉的障碍，然事实上并非如此简单。即使暂且不管理论上的障碍，如气候资源的确权形式等，法

---

[1] 金瑞林：《环境与资源保护法学》，高等教育出版社，2013，第 305 页。

学理论主要起到判断内容上正当与否的效用,并不能直接决定有效性的问题。就条例形式而言,严格地说,其仅为地方性文件,在无任何正式法律渊源和有效依据参照的情境下,这种"一己之见"已然违反法律保留的原则。因此,究竟是否应当承认该规则的效力,以及效力几何等系列问题,均充满疑虑。但是这种实体权利化进路仍为我们提供一种有益的启示。我们也应当注意另外一个问题。客观地讲,在市场交易体系内,各种自然资源所承载的经济价值和生态价值比例绝不完全等同,这种客观差异必然对于调整方式会造成一定的影响。从社会层面出发,各种资源的稀缺程度、利用价值、获取方式和现实需求等事项并非一致。如日常生活必需资源,不可再生资源与可再生资源之间的差异等。如此,在实际调整方式上是否可以作出一定变通,如当经济价值显著低于生态价值时,无论是否为无主自然资源或者能否纳入财产法调整范畴,政府皆不能以所有权为由垄断或否认其他主体依法享有的诉讼权利。但如果从诉讼效率、权利正当性等方面考虑,其他解决路径则更为合理,如行政强制措施、环境民事公益诉讼等手段,应主动通知相应组织或机关。以上这些问题皆需要更为可靠的针对性考量。

总之,通过实体法的形式对某些自然资源进行确权不失为一种良好的解决进路。正如冯·巴尔教授所言,尽管纯环境损害"实质上涉及的是公法问题,但可以在这类公法中保留一些私法概念"[1]。近年来,随着公法私法化理念的深入,行政机关"以私法实现公法任务"的实践盛行,也促使行政机关通过诉讼方式实现

---

[1] [德]克雷斯蒂安·冯·巴尔:《欧洲比较侵权行为法》,焦美华译,法律出版社,2001,第506页。

公法责任成为现实❶。当以"借助私法途径进行救济"❷的进路发展成为一种习以为常的惯例，我们即无须再纠结生态环境损害赔偿制度到底应当属"公"还是属"私"的问题，实质上是以"私法手段完成公共任务"❸。而这种私法概念不仅体现在请求赔偿的概念上，同时也体现在私权的概念上。如可以借助《民法典》中绿色原则解决问题❹。未来我们应当严格遵守与贯彻"物权法定"的原则，自然资源国家所有并不等同于自然资源国家所有权。针对某一项自然资源，若《民法典》等法律法规没有明文规定其为国家所有，则不能采用扩大解释的方式——非集体所有即为国家所有——攫取所有权。此时应排除行政机关直接行使索赔权。但为保护环境公共利益，可以将大气损害、生态系统功能损害等难以完全归入自然资源国家所有权范畴的损害类型划入环境公益诉讼的调整空间内❺。如果被告能够证明行政机关对于该受损事物没有取得国家所有权，只是为了"管闲事"才起诉的，法院可以借此驳回该诉讼。未来需要解决的是如何合理确权的问题，如制定统一的"国有自然资源法"❻，这需要依赖立法者进一步论证。这种将实体权利限制在诉讼程序上的方法可以起到防止行政机关滥诉，限缩管辖范围和预防虚假诉讼的工具性作用，但不

---

❶ 辛帅：《不可能的任务：环境损害民事救济的局限性》，中国政法大学出版社，2015，第132页。
❷ 蔡唱：《我国〈民法典〉环境侵权责任承担问题化解研究》，《湖南师范大学社会科学学报》2021年第1期。
❸ 徐以祥：《论生态环境损害的行政命令救济》，《政治与法律》2019年第9期。
❹ 周珂：《我国民法典制定中的环境法律问题》，知识产权出版社，2011，第78页。
❺ 李兴宇：《生态环境损害赔偿诉讼的类型重塑——以所有权与监管权的区分为视角》，《行政法学研究》2021年第2期。
❻ 王克稳：《自然资源国家所有权的性质反思与制度重构》，《中外法学》2019年第3期。

妨碍其固有的保护公共利益的功能。而"如果没有这些限制，法院将过多地介入和干涉行政机关的自由裁量权"❶，势必增加法院的审理负担。在这种理解进路下，可以排除经济价值与生态价值孰轻孰重之争，从而向工具价值与目的价值的认知转变。

（二）具体类型——单行法授权行政机关起诉的情形

公益诉讼制度既需要从程序法与构建合理的程序规则，也需从实体法上明确确定和分配公共责任。"而在实体法上，对公共利益的确认、保护及相关责任设定主要在公法"❷。相较于《环境保护法》而言，在环境保护领域尚存在其他诸多特殊的单行法。如《森林法》《矿产资源法》《自然保护区条例》等有关自然资源类的规范性法律文件和《土壤污染防治法》《大气污染防治法》《固体废弃物污染环境防治法》等环境污染防治类的规范性法律文件。而单行法对于实现生态环境损害的全面救济具有重要意义❸。目前，《若干规定》通过列举的方式仅选定两种情形作为其调整范围，而兜底条款则意味着存在其他可能性。众所周知，美国公民诉讼在起诉主体范围确定上并无严格限制，一般包括"任何人"。但在适用范围规定上相对谨慎，"须单行法逐个授权"❹。即使存在特别法，公民诉讼的范围也不是完全涵括该领域，其具体适用范围受到该法自身规定的限制❺。如《美国清洁水法》中的"美国水

---

❶ [美]詹姆斯·萨尔兹曼、巴顿·汤普森：《美国环境法》，徐卓然、胡慕云译，北京大学出版社，2016，第75页。
❷ 巩固：《环境民事公益诉讼性质定位省思》，《法学研究》2019年第3期。
❸ 徐以祥：《〈民法典〉中生态环境损害责任的规范解释》，《法学评论》2021年第2期。
❹ 巩固：《美国环境公民诉讼之起诉限制及其启示》，《法商研究》2017年第5期。
❺ 巩固：《大同小异抑或貌合神离？中美环境公益诉讼比较研究》，《比较法研究》2017年第2期。

体"实际上仅限于"可航水体"及联结部分。当然，与概括式立法相较，单行法尽管调整范围相对狭窄，但规范内容更加清晰明确，有利于法院快速准确地作出判断，这种采用单行法方式限定公民诉讼适用范围的立法经验值得我国参考。因为通过专门立法方式进行授权，除约束政府索赔权和规范索赔行为之外，既能起到实现行政公开的作用，又令赔偿义务人可以充分认知到责任构成要件和相应程序，也利于外部监督[1]。2019年12月我国修订了《森林法》，在该法第68条[2]规定，县级以上政府部门可以依法起诉，这应该是我国首次从单行环境法层面直接明确规定生态环境损害赔偿诉讼，也创造出一种新的衔接路径。2020年4月，我国修订了《固体废物污染环境防治法》，该法第122条[3]明确授予赔偿权利人在磋商不成时可以向人民法院提起损害赔偿诉讼的权利。2022年8月19日国家林业和草原局公布了《国家公园法草案征求意见稿》，该《草案》第57条规定"破坏国家公园造成生态环境损害的，国家公园管理机构可以依法向人民法院提起诉讼。"而根据上文所述，"两诉"的诉讼标的具有一致性，"都是因环境污染或生态破坏所致的环境损害"[4]。在这一点上，上文已经通过多种方式证成"两诉"皆有保护环境的公益属性。当一般法与特别法

---

[1] 廖华：《生态环境损害赔偿的实践省思与制度走向》，《湖南师范大学社会科学学报》2021年第1期。

[2] 2019年《森林法》第68条规定："破坏森林资源造成生态环境损害的，县级以上人民政府自然资源主管部门、林业主管部门可以依法向人民法院提起诉讼，对侵权人提出损害赔偿要求。"

[3] 《固体废物污染环境防治法》第122条规定："固体废物污染环境、破坏生态给国家造成重大损失的，由设区的市级以上地方人民政府或者其指定的部门、机构组织与造成环境污染和生态破坏的单位和其他生产经营者进行磋商，要求其承担损害赔偿责任；磋商未达成一致的，可以向人民法院提起诉讼。"

[4] 吴良志：《论生态环境损害赔偿诉讼的诉讼标的及其识别》，《中国地质大学学报（社会科学版）》2019年第4期。

对"同一法律关系"都有规定时,应优先适用特别法❶。至少在法学理论层面,这种衔接方式并无显著的逻辑障碍。但这种立法经验能否值得进一步推广,尚有待商榷。

事实上,在我国这些单行法律规范当中早已存在某些与生态环境损害赔偿诉讼具有同等救济效果的法定方式,其往往表现为行政命令。尽管这些行政命令皆有消除损害后果的效用,但具体命令的内容和责任形式有些差异。如果将行政命令类型化❷,理论上可以分为"纠正行为违法类"和"消除危害后果类"的行政命令。❸若观察既有的法律规范,概括来说,其一是责令改正或治理型的命令。根据《环境行政处罚实施办法》第12条❹有关"责令改正"形式的解释,该命令作为行政处罚手段,主要应用于矫正违法行为,其中并未涵括修复生态环境的蕴意。其二是责令恢复型的命令,比如"恢复植被"等各种常见的表述。此处需要明确的是,行政命令是指行政机关依照法律规范为行政相对人设定公法义务的行为,性质上与以惩罚违法行为为目标的行政处罚措施

---

❶ 陈甦主编:《民法总则评注》,法律出版社,2017,第81页。
❷ 胡建淼教授将行政命令作为行政决定的重要形态进行论述。参见胡建淼:《行政法》,法律出版社,2010,第300页;姜明安教授讲行政命令作为行政处理的一种种类进行介绍。参见姜明安:《行政法与行政诉讼法》,北京大学出版社,2011,第265页。
❸ 胡静:《我国环境行政命令体系探究》,《华中科技大学学报(社会科学版)》2017年第6期。
❹ 《环境行政处罚实施办法》第12条规定:"根据环境保护法律、行政法规和部门规章,责令改正或者限期改正违法行为的行政命令的具体形式有:(一)责令停止建设;(二)责令停止试生产;(三)责令停止生产或者使用;(四)责令限期建设配套设施;(五)责令重新安装使用;(六)责令限期拆除;(七)责令停止违法行为;(八)责令限期治理;(九)法律、法规或者规章设定的责令改正或者限期改正违法行为的行政命令的其他具体形式。根据最高人民法院关于行政行为种类和规范行政案件案由的规定,行政命令不属行政处罚。行政命令不适用行政处罚程序的规定。"

不完全相同。前者多见于污染防治类的法律，后者多见于自然资源类的法律。根据文义解释，"责令恢复"的行政命令客观上带有修复生态环境的事实效果，较为符合"修复生态环境"的请求旨意，也与"两诉"的直接目的相同。但这里"责令恢复"的概念相对狭隘，若未来能够在法律体系当中直接增设"生态环境修复行政命令"这一行政措施，则不仅能直接揭示该命令的内涵，增强包容性，同时也可与其他外部相关制度保持概念上的统一。

如上述所言，在实践效果这一点上，生态环境修复行政命令与生态环境损害赔偿诉讼两者之间具有内在的、天然的共通性，也可以说，因存在共同的目标，两种制度之间早已形成一种法律上的牵连，准确地说，在结果上具有一种殊途同归的关系。但在生态环境损害赔偿制度成立以前，如果按照固有的传统思维，实际监管机关直接可以依法作出生态环境修复的行政命令，而完全不用多此一举转而诉诸司法救济。然时过境迁，目前必须立足于行政机关已被授予索赔权的现实语境下考虑解决问题的办法。但为防止行政机关因同时享有监管权和索赔权而造成权力错置的现象，应将赔偿请求权从行政命令体系当中抽离出来，通过诉讼形式予以解决❶。假如侵权行为人拒不服从修复生态环境的行政命令，此时存在两种选择：环境公益诉讼和生态环境损害赔偿诉讼。笔者认为，在行政机关已经充分掌握事件信息的前提下，由其直接负责提起诉讼会更为方便和及时。正如某学者所言，"生态环境损害赔偿诉讼在本质上属于责令赔偿生态环境损害之行政命令的司法执行诉讼"❷。此外，通过诉讼也为行政机关完成管理职责和

---

❶ 张宝：《我国环境公益保护机制的分化与整合》，《湖南师范大学社会科学学报》2021年第2期。

❷ 杨朝霞：《论环境权的性质》，《中国法学》2020年第2期。

树立权威间接提供了一次补救的机会。试想，如果行为人不是在行政机关的手中履行修复义务，反而是在社会组织或检察院的手中最终得以承担责任，对于行政机关的权威形象而言，无疑是一个重大打击。同时也可以杜绝行为人借机拖延的可能：即使拒不服从行政命令，通过司法判决依旧更改不了结局，反而可能增添诉讼成本——行政机关因行为人拒不服从行政命令而起诉产生的合理费用（包括律师费、诉讼费等其他费用）皆应由行为人承担，以此断绝赔偿义务人借机拖延赔偿的可能。因此，笔者认为，除行政"命令—控制"的形式外，完全可以进一步将索赔权上升为优先权。该新增法律条文可以表述为："行为人拒不服从修复生态环境的行政命令时，行政机关可依法直接提起损害赔偿诉讼。"

需要注意的是，从理论上讲，尽管行政命令可以与生态环境损害赔偿诉讼制度形成一种有效衔接，但并非所有的单行法皆适宜采用这种进路。笔者认为，将来在修改单行法时应主要聚焦于自然资源一类的法律，如《森林法》等相关法律规范。一是可以与传统的法律资源保持一致性和体系性。自然资源类法律通常较为注重追求恢复效果，而污染防治类法律则侧重于以"责令改正"的命令矫正违法行为。如果将"传统法理过度扩张，恐怕有破坏原有理论体系完整的弊端"❶。二是自然资源类的法律与生态环境损害赔偿制度更为贴合，如生态功能区与自然保护区间的重合，行政机关的主体性与自然资源产权制之间的契合等。三是通过自然资源所有权可以在诉讼层面起到防止滥诉的限定作用。这是一种区分程序性权利和实体性权利的二维构造解释论，在肯定"两诉"皆以维护公共信托环境权益为目的的制度语境里，"以自然资

---

❶ 邱聪智：《公害法原理》，三民书局股份有限公司，1984，第90页。

源国家所有原则为赔偿权利人的程序性权利来源"[1]。在后续改革过程中，应根据各种资源要素的珍稀程度、价值大小等特性，设立相应的归责条件、责任类型、担责方式、索赔主体、救济措施等可操作的规定。值得注意的是，环境污染问题皆会造成程度不一的负效应，尽管行为人会因为造成损害而承担赔偿责任，但这种损害行为并非充分条件，必须明确的是，其是因违反单行法中规定的强制性法律义务（与"生态环境损害赔偿"概念阐释相符），且造成严重后果的，如构成犯罪的损害行为，此际，应优先由适格的管理机关依法提起损害赔偿诉讼。

二、诉讼法的形式

为避免重复诉讼，除采用合并审理、支持起诉等传统上调整诉讼冲突的技术之外，区分各诉的适用范围不失为一种更优策略。从宏观上讲，"两诉"在本质上皆可归属至诉讼法领域，在这一点上，应毫无争议。司法救济被视为实体法和程序法之间的中间法[2]，因此涵括两个部分，在确立和扩展适用范围方面，诉讼法路径也是一种常见的办法。实际上，就当下的制度表征观察，抛开《若干规定》已经列举的两种典型情形，在调整领域判断上，"两诉"之间也并非完全不能辨别。对此，立法界和理论界都作出了一定的努力。根据《民事诉讼法》第 58 条的内容，环境公益诉讼适用范围仅限于损害社会公共利益的污染行为。显然，这种规范性内容只给出了一幅非常宏观的"图景"，内容上极为抽象、宽泛，当然为维持规则本身的适应性和包容性，在概念上保持一定

---

[1] 王小钢：《生态环境损害赔偿诉讼的公共信托理论阐释——自然资源国家所有和公共信托环境权益的二维构造》，《法学论坛》2018 年第 6 期。

[2] 沈达明：《比较民事诉讼法初论》，对外经济贸易大学出版社，2015，第 200 页。

的弹性空间无可厚非,这是必需的立法技术。而为进一步确定其适用空间,《审理公益案件解释》第 5 条针对《民事诉讼法》原有条文进行了补充和解释。在司法解释与法律具有同等法律效力的语境下,故此处选择最大的适用界域作为评价标准。最高人民法院在既有范围基础上向前跨出了一大步,将"风险行为"一并纳入其调整空间之内,可以称得上是名副其实的扩张解释,而不是一般意义上的细化、深化。再来观察《改革方案》《若干规定》当中有关"适用范围"的具体规定,根据"较大及以上"的突出性表述,以及兜底条款所具有的归纳性特征,可以认为,生态环境损害赔偿诉讼制度主要适用于"造成严重生态环境损害后果的行为"。若从语言表述和文义诠释层面比较,在损害程度要求上,前者并无限制,而后者则限定为"严重";在损害阶段要求上,前者提前至损害尚未实际发生的风险评估阶段,而后者仅作用于实际发生的损害事实。鉴于此,有学者立足于功能角度,将环境公益诉讼认定为"代位执法诉讼",其功能在于环境风险预防与环境执法监督,而生态环境损害赔偿诉讼则在于实现事后损害填补❶,属于"补救性救济方式"❷。总之,尽管这种文义解释的进路可能会稍显片面、简单,但概念阐释本身就是产生认知和理解的最为普遍的手段。因此,这种拿具体条文说理的方式本身并无过错。按照该种理解进路,我们可以将损害发生阶段和损害实际程度作为判断"两诉"各自适用范围的一项标准。但同时也应当保留容错的可能性。文义解释毕竟受限于立法条文,实际上是一种"本本

---

❶ 周勇飞:《生态环境损害赔偿诉讼与环境民事公益诉讼的界分——功能主义的视角》,《湖南师范大学社会科学学报》2020 年第 5 期。

❷ 曹明德、马腾:《我国生态环境民事预防性救济体系的建构》,《政法论丛》2021 年第 2 期。

主义"的研究进路。如果条文自身存在失误和不当之处，所谓的后续解释只会愈发偏离真相。

但是我们也应充分意识到，上述这种判断标准较为抽象。如何谓"严重"，这并不是一个可以量化的概念。实际上，损害后果究竟是否"严重"主要是相对于特定的主体而言。在对同一事实或者事物的意义认知上，于某人而言，可能不值一提，但于另一人而言，可能举足轻重。囿于条文本身的笼统性，有学者试图将其进一步细化，并以此为基础，主张在"两诉"间采用更加灵活、复杂的方式进行衔接。对"危害涉及面广、结果严重程度高、情况复杂的案件应采取"行政机关优先，社会组织次之，检察机关补充"的顺位；反之，可采取"行政机关、社会组织不分次序，检察机关补充"的模式❶。在这种观念当中明显蕴含着这样一种逻辑——根据不同的案件类型选择不同的衔接方式。在判断标准选取上，除"严重"这一衡量尺度之外，另行增加"涉及面广"和"情况复杂"这两种新的要素。总体来说，这同样是一种较为笼统的设计。这种安排不排除是出于优化资源配置的主观意图，但无论是在操作性能上，抑或程序分流上皆充斥着一种精细但又烦琐的意味，实质上是一种不够彻底的分类。不仅如此，该种进路忽视了刑事附带民事诉讼的制度实践。如果危害后果确实严重，可能或已经触犯刑法上规定的相关罪名，一般应按照"先刑后民"的诉讼方式进行处理。但为提升诉讼效率和实现及时修复的目标，可以由检察机关直接一并提起刑事附带生态环境损害赔偿（或者环境公益）诉讼。

尽管与单纯的钻研衔接序位（参见上述六种适用模式，实是

---

❶ 林莉红、邓嘉咏：《论生态环境损害赔偿诉讼与环境民事公益诉讼之关系定位》，《南京工业大学学报（社会科学版）》2020年第1期。

一种调和诉讼冲突的技术）的方式相比较，上述这种通过划分适用范围的方式以达至辨别"两诉"适用领域的理念确实具有一定的创新性。但若结合法律体系、立法目的的角度来分析，笔者认为在具体标准的内容设计上有欠妥当。理由如下：①无论是"社会公共利益""重大风险"抑或"严重"等相关的基础概念，在内涵和外延上都较为抽象、模糊。实践中，这种充斥着弹性的语言表述几乎不可能具象化为统一的裁判标准，自然也难以实现精细化操作和保持法律的安定性。②在本书设定的语境下，"两诉"在法律性质上并无本质的区别，皆关涉到公共利益的维护。根据《若干规定》的指示，其仅将"严重"的损害行为纳入生态环境损害赔偿诉讼的适用范畴，如此规定必然排除部分已经损害或即将损害到社会公共利益的情形。既然是社会公共利益，势必关涉到众多主体的切身利益，最高人民法院是否有权代表这些受害主体直接免除赔偿义务人的赔偿责任，如轻级的突发环境事件，而且公共利益自身是否具有量化轻或重的可能，均不无疑问。还有一个关键问题，这些被生态环境损害赔偿制度"放掉"的损害行为，若换在环境公益诉讼当中则统一需要承担相应的法律责任。质言之，同样是损害社会公共利益的情形，若适用不同的制度，有些需要承担赔偿责任，而有些却可能遭到豁免。令人惊异的是，导致这种差异性结果的唯一因素仅仅是起诉主体这种形式上的区别。这种矛盾现象不仅违背立法逻辑，而且会影响司法的公信力和正义性。当然上述一切论断皆是建立在本书假定的语境上，这也是值得我们警惕的经验——任何制度既是地方性的，也是情境性的。法律的存在和它的优缺点是两回事。而为最大限度地维护法律秩序的稳定，避免"两诉"任意扩张和抢占领域，在适用范围分配上，应始终坚持"成熟一类，发展一类"的原则。笔者认为，应结合行政机关具备的独特优势进行考量和分配。

（1）生态环境损害后果严重的情形。根据《改革方案》第3条关于适用范围的规定，从中清晰地展示出改革者的原初意志，该制度主要是用以针对"损害严重"的情形。在这一点上，学界并无多少疑问。以损害后果的"严重性"作为适用基准本身并无问题，问题在于究竟何谓"损害严重"的情形，目前缺乏详细的判断标准。因此，下文拟将针对"损害严重"这种泛化的概念进行具体化、明确化和技术化，从而实现制度的价值目标[1]。一般而言，在普通民事案件管辖权分配过程中，诉讼标的额是一项重要的参考指标，标的额越大，损害后果可能越"严重"。但当以生态环境自身作为独立受保护客体之际，在标准选取上应主要以污染或破坏后果为衡量因素。虽然遭到损害或破坏的环境因素和生物因素可以通过仪器来测量，但该观测结论更多是一种科学意义上的危害后果，如某一块土壤里汞元素含量严重超标。不可否认，这种情形也可以称为"严重"。但是在损害事实清楚的基础上，无论由谁起诉，在有法律条文明确限定的前提下，就犹如"自动售货机"一样，最终的裁判结果应不会存在多大差异。而行政机关与社会组织、检察院相比，主要不同之处是原告身份上的差异。客观地说，其优势源于案件处理的社会效果、政治效果层面。因此，此处"严重"应是指一种社会意义上的判断。但生态环境并非拥有独立意志的个人，客观上不能发出自己的声音或表达自己的受害情况，鉴于生态环境损害的这种抽象性，以及通常判断公共利益的一般标准——不特定多数人，可以将受污染事件直接影响的人数作为一项辅助标准。但应当明确的是，利害关系人的数

---

[1] 丁宝同：《民事公益之基本类型与程序路径》，《法律科学》2014年第2期。

量或者利益冲突的程度主要发挥工具性价值，即借此判断由谁解决和怎么解决该纠纷更为妥当、彻底，这不是司法救济的目的。

结合以上因素，笔者认为，下述两种情形应适用生态环境损害赔偿制度。①跨行政区域的生态环境案件。面临这类事件，除依法审判之外，其中尚且可能涉及各地区之间的利益协调、资源分配、政策变更等烦琐的法外事务，以及如何综合治理等后续执行问题。这些问题并非简单的一纸裁判文书就能得到圆满解决，因"综合治理的技术复杂而且往往需要跨部门之间的协同配合"❶，需要行政机关从中斡旋、协调或磋商。同时为避免行政决定与司法判决之间的可能冲突，若由行政机关参与全部的（行政和司法）处理过程可以起到一定的保障作用。上述成都市《实施办法》直接将其纳入该制度调整范围之内符合实践理性。在实际运行过程中，可以由涉案区域的行政机关协商起诉；协商不成，由其共同的上级机关指定某一区域内机关或部门代表起诉。②流域保护类环境案件。为加强长江流域生态环境保护，我国自 2021 年 3 月 1 日起实施《中华人民共和国长江保护法》。根据该法第 93 条的规定，针对损害行为，由"国家规定的机关或法律规定的组织"请求行为人承担修复等责任。从广义上理解，"两诉"皆可适用。而笔者认为，应将其纳入生态环境损害赔偿制度的调整空间。理由如下：

第一，基于河流等环境要素的流动性特征，实际遭受污染的区域和范围并非固定不变，而跨流域污染事件直接会影响到沿岸居民的生产条件和生活质量，影响范围较为广泛。为实现统一管理和协同保护，一般倾向于根据流域自身特征设立专门保护措施，从而实现全方位保护，如河长制、湖长制。在影响范围、复杂程

---

❶ 王耀伟、刘蔡宽：《〈民法典〉中生态环境修复责任条款之法律辨析》，《湖南社会科学》2021 年第 2 期。

度和管理难度等诸多方面，此类环境污染或生态破坏事件更甚于跨区域事件。流域内生态环境的治理、保护和修复是一个综合性的问题。尽管社会组织和检察院可以采用"发现一个，起诉一个"的方式展开救济工作，但对于流域整体面临的治理和修复任务而言，并不是说通过解决一个个的个案最后就一定能把这个大问题给解决掉。它需要行政机关居中统筹协调和全面管理。而且行政机关在调查能力、信息收集、技术监测等资源占有方面具有得天独厚的优势，无论是通过行政执法措施，抑或选择赔偿诉讼的方式，其皆能更为迅速、及时地实现救济目标。而且可以以较小的司法投入实现保护较大范围利益的效果❶。

第二，相较于社会组织、检察院，省级、市地级等行政机关不仅存在更强的动力——这是其职责所在，而且在化解社会矛盾、维持公法秩序和调动社会力量等宏观调控方面具有前者不可比拟的优势，由其占据社会治理的主导地位❷，更有能力协调地方解决环境问题❸。这也是本书一直强调的重点。除能够通过诉讼获得可预期的裁判结果之外，生态环境损害赔偿诉讼的显著优势不在于法内空间，更在于对法外空间的影响力和应对复杂事务的处理能力。从实践效果上讲，当其他救济机制不堪重负出现功能缺口时，需要一种新的、强有力的工具加以填补时，应另"在我们自己的法律制度内寻求最适合的工具解决问题"❹，而行政机关的"强权

---

❶ 黄学贤、汪太高：《行政公益诉讼研究》，中国政法大学出版社，2008，第46页。
❷ 王浴勋：《我国环境行政权与环境司法权关系研究》，博士学位论文，北京理工大学，2017，第Ⅱ页。
❸ 张建宇、严厚福、秦虎：《美国环境执法案例精编》，中国环境出版社，2013，第17页。
❹ Lord Camwath CVO, "Judges and the Common Laws of the Environment—At Home and Abroad," Journal of Environmental Law 26, no. 2 (May. 2014), p. 188.

力"地位恰好能满足这种现实需求。综合而言，上述跨区域、跨流域的情形存在一种共同特征，即在结果意义上因影响范围广泛而符合"严重"的条件，在这类事件应对过程当中可以充分发挥行政机关固有的能力优势。尽管由行政机关（若涉及具体流域生态环境损害问题，可以由对该区域生态环境质量负有专门监督和管理职责的行政机构或部门起诉）提起生态环境损害赔偿诉讼，但社会组织和检察院可以申请参加诉讼，以发挥监督作用。

（2）与地方性规定或政策密切联系的情形。依法裁判是我国司法机关应当遵循的基本原则，但不可否认的是，相较于复杂的社会现实，某些规范性法律文件难免具有一定的僵硬性和滞后性，尤其是部分相对灵活的地方性规定或政策。而某些案件可能会涉及这些规定或政策，并在实际处理案件过程中会引发一些争议。此处所谓争议主要是一种事实层面上的争议。尽管存在生态环境侵权损害事实，但在特殊情况下，一些损害原因具有某种"可容忍性"，甚至可能情有可原。这种容忍不是某一个人或某几个人主观上的同情，而是一种客观式的主观主义，即在同样情境中，大多数具有正常理智的人会共同作出某种一致的选择。如果仅止步于此，并非必须通过行政机关行使索赔权的方式实现救济目的。将某一案件与行政机关连接起来的是此案件可能涉及规范自身合理性的问题。如有一为城市提供供暖服务的锅炉厂，为达标排放，已经更换一批旧有设备，而不久排污标准再次上调，因供暖需求，锅炉厂不能自主停止运营。但若为达到新标准再次更换设备，工厂必然亏损。尽管该锅炉厂存在违法排污行为，但不能完全忽视该事件发生的具体语境。此际不能仅仅以法律标准的视角去评判锅炉厂的行为，其中尚且关涉到环境质量标准等行政政策合理性的辩证问题。上述示例说明某些案件牵涉的事理争议较大，纯粹的"非此即彼"的法律裁判恐难以彻底有效地解决类似纠纷。

客观而言，在发展经济，或者说人类生产生活过程中，必然会对周边的环境因素造成一定的影响。尽管这一结果或许相同，但在各自行为实施事由上却存在重大差异，有"可容忍"与"不可原谅"之分，如果任由社会组织等主体一律诉诸司法，恐难以从根源上解决问题。而且这类污染事件往往不是个案，受某一不合理政策、标准影响的所有相关主体，包括生产者、消费者皆会陷入"违法"境地，面临损害赔偿的风险。从纠纷解决的彻底性的角度出发，若由行政机关作为原告行使索赔权，可以在司法空间内直面冲突事实，并立足于宏观视角进行利益权衡反而可能会比较符合社会整体利益。此时赔偿磋商不失为一种有效的解决方式。但是为保证这种进路的合理性，需要在规范和事实之间进行再思考。尽管根据既有司法制度，若当事人认为相关规范存在重大错误等不合理问题，其有权通过行政诉讼的方式促使法院对其进行合理性审查，但行政诉讼通常具有滞后性，而且有些涉及行政行为的民事纠纷需要将民事诉讼和行政诉讼交织起来统一解决，并非一定要将两者完全对立[1]。

笔者认为，将抽象行政行为等公法领域的问题纳入民事诉讼当中并非一种荒诞，实则有例可循[2]。若在生态环境损害赔偿案件审理过程中涉及规范合理性问题，虽然受案法院不能在该案中直接进行司法审查，但在双方相互抗辩以及社会力量广泛关注之际，

---

[1] 张光宏、毕洪海：《行政附带民事诉讼的理论与实践》，中国政法大学出版社，2014，第1—24页。
[2] [美] 杰弗里·C.哈泽德，米歇尔·塔鲁伊：《美国民事诉讼法导论》，张茂译，中国政法大学出版社，1998，第29页。

至少可以给予行政机关一种启示或刺激，从而促使行政机关对某些规范和政策展开反思，最终由其自主决定是否进行解释、制定、修改或废除相关的规范、政策。正如学者所言，私人提起民事案件的形式方是执行公共政策的最佳方式❶。当行为人将争议问题带入司法空间和众人视野内，也变相是一种对环境行政程序的事后参与❷，实际上这些争议直接成为官员们作出正确决策的珍贵信息源❸，反而可以起到重塑公共价值的积极作用❹。因为"司法判决往往影响到其他许多人，法官说什么，法律也就变成了什么"❺。当然，在这种进路下，法院会突破以往依法裁决纠纷的消极角色，滑入能动司法的领域——回应、审查或实施环保政策。实质上，保护公共利益与维护私益原本就是两种不同的事物，前者需要社会协力合作，司法机关也不例外。将这种情形纳入赔偿诉讼制度适用空间内，可以通过司法程序对行政机关产生波及效果，以推动政策更加理性化，间接"为社会提供一条改良的、渐进的发展道路"❻。

（3）需由行政机关替代社会组织提起诉讼的情形。根据上述原则性的标准，为保证适用关系的安定性，行政机关应在其职权范围内行使索赔权，不能任意扩大其权力。但为避免制度结构过分僵硬以及保持制度的适应力，同时考虑到现实情形的多面性和

---

❶ ［美］斯蒂文·苏本，马格瑞特·伍：《美国民事诉讼的真谛——从历史、文化、实务的视角》，蔡彦敏、徐卉译，法律出版社，2002，第226页。
❷ Ludwig Kramer, "The Citizen in the Environment – Access to Justice," Resource Management Journal 3(1999):12.
❸ ［美］米尔依安·R. 达玛什卡：《司法和国家权力的多种面孔》，郑戈译，中国政法大学出版社，2004，第228页。
❹ 徐卉：《通向社会正义之路——公益诉讼理论研究》，法律出版社，2009，第79页。
❺ ［美］德沃金：《法律帝国》，李常青译，中国大百科全书出版社，1996，第2页。
❻ 强世功：《法律共同体宣言》，《中外法学》2001年第3期。

复杂性，同一主体难免有时需要扮演多种角色，但可以通过立法技术避免角色之间的冲突❶。所以，笔者认为应以诉讼权利处分的方式作为补充性适用原则。而"两诉"作为生态文明理念下两种相互关联的工具，理应具备可沟通的性能。因此，为实现充分保护生态环境的目的，在特殊情形下，行政机关可以起到代替社会组织起诉的作用。具体包括以下两种：

第一，没有适格社会组织起诉的情形。实践中，并非任何社会组织均符合提起环境民事公益诉讼的法定条件。若从适用范围和实务惯例上观察，对于某一种或某一类型纠纷，尽管以往通常是通过环境民事公益诉讼的形式进行救济，但如果没有适格的社会组织，而且检察院作为法律监督者，应慎用权力和防止权力扩张❷，尽量将检察民事公益诉权关进"笼子"❸，恪守环境民事公益诉讼的"候补"地位。在这种前提下，当发现生态环境损害事实时，检察院应及时通知相关行政机关，行政机关有权依法施用行政管理手段。若行政机关怠于履行相应义务，检察院可以直接对其提起行政公益诉讼。若行政机关已经穷尽所有行政手段，但未能完全阻止违法行为，其可以代替社会组织的地位提起赔偿诉讼。

第二，社会组织或检察院请求行政机关起诉或者主动将案件移交至行政机关手上。长久以来，环境治理效果差强人意，曾几何时，各种负面新闻甚嚣尘上。对此，难免在公众眼中烙上"政府失灵"的标签。事实上，执法腐败、权力寻租、地方保护、追求政绩等现象屡见报端，目不暇接。因此，人们一度对行政部门

---

❶ 李浩：《关于民事公诉的若干思考》，《法学家》2006年第4期。
❷ 吴应甲：《中国环境公益诉讼主体多元化研究》，中国检察出版社，2017，第156页。
❸ 江国华、张彬：《检察机关提起民事公益诉讼的现实困境与完善路径》，《河南财经政法大学学报》2017年第4期。

实施环境法律的态度与能力保持高度怀疑和猜忌❶。纵使现在，情况依旧不容乐观。进入新时代之后，建设生态文明的理念已被全面正式纳入国家政策及相关法律体系当中，而且深得人心。不仅如此，在"反腐"政策高压之下，以及环保督察工作的全面铺开，过往令人忧心的"地方保护主义"等顽疾得到有效改善。但根本上的问题仍旧存在。客观地说，面对国有资源，地方政府主要关心的是如何开发利用才能增加地方财政收益和政治业绩，而不是抽象的公共利益❷。而且侵权企业往往是缴税大户，符合地方政府增加财政收入和政绩的现实需要，在这方面，一些缴税大户客观上确实做出很大贡献❸。因此政府作为企业缴税的主要受益者，与企业的利益紧密地捆绑在一起，"一损俱损"。因此，尽管明知企业存在违法排污的行为，也往往睁一只眼闭一只眼，装作没看见。理论上讲，环境公益诉讼旨在救济生态环境，维护公共利益，具有提高环境质量和公众生活水平的积极意义，可谓利国利民，但是保护环境与发展经济之间有时的确存在难以调和的矛盾。因此，该类诉讼不可避免地会影响到当地企业的生产活动以及税收规模，阻碍经济发展。不排除在某些特殊情形下，如因受到当地政府和企业的阻拦或压迫，甚至人身安全也会受到威胁❹，存在环保社会组织和检察院皆不愿或不能起诉的可能，从而陷入"发现了，管不了"的窘境。

总之，置身于各种利害关系彼此交织的复杂社会里面，或者

---

❶ 陈海嵩：《国家环境保护义务的溯源与展开》，《法学研究》2014 年第 3 期。
❷ 孙佑海、王倩：《民法典侵权责任编的绿色规制限度研究——"公私划分"视野下对生态环境损害责任纳入民法典的异见》，《甘肃政法学院学报》2019 年第 5 期。
❸ 蔡彦敏：《对环境侵权受害人的法律救济之思考》，《法学评论》2014 年第 2 期。
❹ 颜运秋：《〈民法典〉视阈下生态环境修复与赔偿司法保障机制》，《广西社会科学》2021 年第 1 期。

说在这个"风险社会"生活，在决定实施某一行为之前，需要对各种风险加以权衡和判断[1]。由此，面对一些生态环境侵权案件，即使立法上已经明确赋予社会组织、检察院起诉权，但规范上的权利宣示与现实中的诉讼活动并非完全等同的关系。当事人需要考虑存活于法外空间的某些因素，如被告的身份地位等事实，这种顾虑绝非毫无来由，尤其在我国政企关系较为密切的语境当中。基于保护环境公共利益的使命和责任，社会组织等其他主体又不能完全听之任之、放任不管，面临这种进退不得的情境，其可以自主选择如何处分其诉讼实施权，如通过一种委托的形式将原本应由其负责起诉的案件转交给行政机关。从另一方面来说，为改变因这种力不从心而可能导致的纵容污染的风险，由行政机关来面对一些"重量级"的被告或者"难啃的骨头"，如大型国有企业、中外合作企业、跨国企业等背景雄厚的生态环境侵权人可能更加合适。若能将这些疑难案件拢在一块统一交由更加强势的行政机关予以处理，不仅可以打破案多人少的窘境，提升诉讼效率，亦能充分体现出"程序相称"的现代诉讼原理[2]，至少能够从形式上保证权利义务双方力量上大致的平衡与对称，实现"特殊问题特殊对待"。同时，为防止起诉权主体间发生相互推诿的现象，须提前做好交流沟通的准备工作，并在最后意见形成过程中辅以充足的理由。

除上述已经划分清楚的情形之外，针对某些适用界限不明的案件，或者一些新型案件等特殊情形，可以通过先起诉（或磋商）者优先的原则。这项原则实是作为一种补充性或兜底性条款而设。本质上，"两诉"皆是保护生态环境的制度工具，两者间相互联系

---

[1] ［德］乌尔里希·贝克：《风险社会》，何博闻译，译林出版社，2003，第2页。
[2] 刘敏：《论我国民事诉讼法修订的基本原理》，《法律科学》2006年第4期。

且彼此独立,"应将其凝聚为一种合力而非视为排斥关系,故不应存在主次之分,但可以有先后之别"❶。若其中一方主体已经提前起诉或举行磋商,应以公告等形式通知其他有权主体,从而避免重复起诉,引起竞合冲突。

一直以来,防止行政职权过度扩张似乎被学界当作使命般的信条,担忧、质疑等各种声音从未消失。不仅如此,在惯性思维推动下,如认定当国家权力介入产权交易时势必会侵害个人的财产权利❷,因此如何有效地抵御和制约"权力"占据理解和行动的主导地位。这种意识形态的形成与我国的历史经验、法律文化、社会环境等因素密切相关。但我们不能就此因噎废食,故意忽视、否认行政机关及其职能部门在应对与处理某些事件上的巨大优越性。我们必须正视的是,在争议发生的真实世界而不是理论想象当中,这种天然的职能优势并非社会组织、检察院等主体可与之相比的。因此,在确立两种诉讼适用原则之际,如何最大化地利用和发挥各主体的相对优势,强化制度合力和提升诉讼效益是整合过程当中一个极其重要和现实的参考维度。未来在起诉权主体分工方向上,为防止行政机关怠于履行自身职责,在重塑生态环境损害赔偿诉讼适用空间时可以坚持两项标准:一是抓大放小;二是当环境民事公益诉讼力有不逮之际进行补漏。概言之,在已有相对充足的行政制度供给以及环境公益诉讼兜底的基础上,我们应承认生态环境损害赔偿制度功能的有限性,其更适宜在工具意义上从内部发挥效能,以起到填补执法手段和补充环境民事公益诉讼动能不足的作用,而环境公益诉讼则应在目的意义上从外部发挥效

---

❶ 李树训、冷罗生:《反思和厘定:生态环境损害赔偿制度的"本真"——以其适用范围为切口》,《东北大学学报(社会科学版)》2020年第6期。

❷ 卢现祥:《西方新制度经济学》,中国发展出版社,1996,第167页。

能，坚守其替代或监督执法的独特使命。

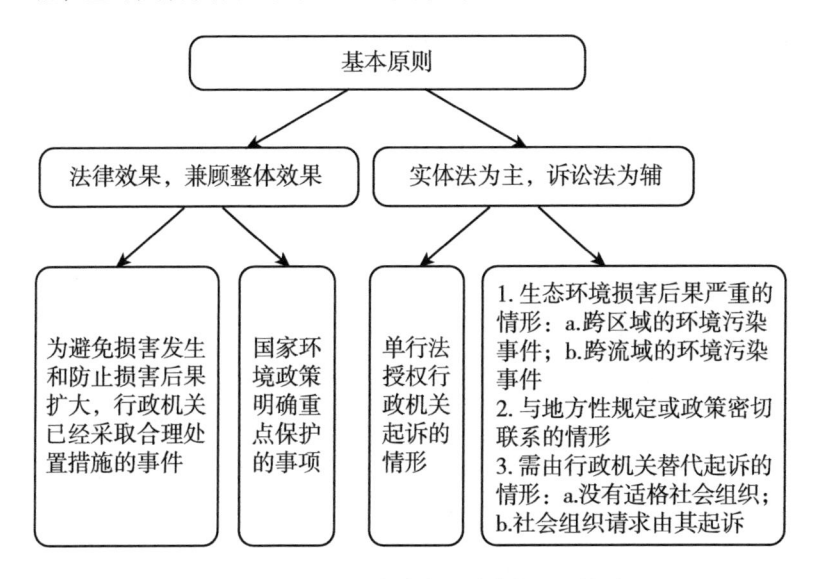

```
                        ┌──────────┐
                        │ 基本原则  │
                        └────┬─────┘
            ┌────────────────┴────────────────┐
    ┌───────────────────┐              ┌───────────────────┐
    │ 法律效果，兼顾整体效果 │              │ 实体法为主，诉讼法为辅 │
    └─────────┬─────────┘              └─────────┬─────────┘
       ┌─────┴─────┐                    ┌───────┼────────┐
```

| 为避免损害发生和防止损害后果扩大，行政机关已经采取合理处置措施的事件 | 国家环境政策明确重点保护的事项 | 单行法授权行政机关起诉的情形 | 1.生态环境损害后果严重的情形：a.跨区域的环境污染事件；b.跨流域的环境污染事件 2.与地方性规定或政策密切联系的情形 3.需由行政机关替代起诉的情形：a.没有适格社会组织；b.社会组织请求由其起诉 |

图 1　生态环境损害赔偿诉讼应然适用情形

第三节　"并行适用"模式的立法延伸

此处需要重申的是，所谓"并行适用"理论并不意味着两种制度完全分立，毫无干涉。实质上，两者之间既有区别亦有联系，既不能顾头不顾尾，也不能忽视客观差异而一概而论。不可否认的是，对于制度大厦而言，适用范围占据不可动摇的基础性地位，若该项基础范畴没能厘正，立基于其上的具体制度势必不够牢靠甚或偏离其应然轨道。故在该方面两者间尤其应当维持一般与特殊的关系定位，用以标识和凸显生态环境损害赔偿诉讼制度的独特性与功能所在，以及其与环境民事公益诉讼制度间的不同之处。

但在该制度其他具体相关规则的适用方面，并非一定要处处都展现出某种"与众不同"，而且也并非在任何制度评价和适用上都要绝对遵从"特殊化"或"独立化"。实质上，在整个民事诉讼过程中，从立案受理到执行完结，其中既有诉讼层面的活动，如管辖法院的选择；也有非诉层面的活动，如执行监督机制、资金账户管理等管理性活动。根据当事人活动的主要内容和固有特征的不同，可以将这些活动涉及的法律关系简单地划分为诉讼法律关系和非诉法律关系两个方面。在这种客观差异的事实下，"两诉"之间的适用关系也应当与此相符，故宜采用"二元"结构分析更为合适，即在诉讼层面遵循一般与特殊的关系；非诉层面保持协同关系，以其为指导思想解决包含在两种诉讼制度内相关具体规则间的适用冲突问题。总而言之，宜结合实际情境，秉承"具体问题具体分析"的认知态度来评价和改善其相关联的制度，"宜合则合，宜分则分"，但无论如何应始终以最大限度地保障社会公共利益为出发点。

一、在管辖制度设置方面的适用方法

根据《若干规定》第 3 条❶有关生态环境损害赔偿诉讼管辖的规定，其中包括"中级以上人民法院管辖"和"基层人民法院审理"两种分配方式。经与环境民事公益诉讼制度相较，在规则内

---

❶ 《关于审理生态环境损害赔偿案件的若干规定（试行）》第 3 条规定："第一审生态环境损害赔偿诉讼案件由生态环境损害行为实施地、损害结果发生地或者被告住所地的中级以上人民法院管辖。经最高人民法院批准，高级人民法院可以在辖区内确定部分中级人民法院集中管辖第一审生态环境损害赔偿诉讼案件。中级人民法院认为确有必要的，可以在报请高级人民法院批准后，裁定将本院管辖的第一审生态环境损害赔偿诉讼案件交由具备审理条件的基层人民法院审理。生态环境损害赔偿诉讼案件由人民法院环境资源审判庭或者指定的专门法庭审理。"

容设计上，其与《审理公益案件解释》的第 6 条、第 7 条❶的规定几乎完全一致。实际上，"两诉"的管辖规则皆出自最高人民法院之手，对于这种设计结果，是否潜藏着最高人民法院认为"两诉"完全相同的主观判断，或者说仅是出于一种制定规则的方便，真相不得而知。尽管"两诉"在诉讼请求、责任形式、诉讼原因等方面颇为近似，但是否意味着"两诉"可以分享同一管辖规则，或者说"并行"设计的思想更为妥当，这个问题需要进一步的论证。按照《赔偿规定》第 1 条的规定，赔偿权利人包括"省级、市地级人民政府"等主体。客观地讲，在社会环境中，赔偿权利人自身附有"层级"或"等级"——省级、市级——的权力标签，这种身份上的标签不会因为其一进入法院内部即能摘掉，被人无视。在这一点上，其与普通的社会组织，或者作为法律监督者的检察院存在本质的差别。根植于注重"科层制"的传统文化和现实土壤中，对于下级或基础阶层而言，不管是主观原因或者客观原因作祟，源于上级权力阶层的命令意志难免会产生一种压制的效果。结合《改革方案》第 4 条第 4 项的内容，当双方经磋商达成赔偿协议时，可以通过申请司法确认的形式来赋予该协议法律效力，而据《民事诉讼法》第 194 条的规定，司法确认的主体单

---

❶ 《关于审理环境民事公益诉讼案件适用法律若干问题的解释》第 6 条规定："第一审环境民事公益诉讼案件由污染环境、破坏生态行为发生地、损害结果地或者被告住所地的中级以上人民法院管辖。中级人民法院认为确有必要的，可以在报请高级人民法院批准后，裁定将本院管辖的第一审环境民事公益诉讼案件交由基层人民法院审理。同一原告或者不同原告对同一污染环境、破坏生态行为分别向两个以上有管辖权的人民法院提起环境民事公益诉讼的，由最先立案的人民法院管辖，必要时由共同上级人民法院指定管辖。"第 7 条规定："经最高人民法院批准，高级人民法院可以根据本辖区环境和生态保护的实际情况，在辖区内确定部分中级人民法院受理第一审环境民事公益诉讼案件。中级人民法院管辖环境民事公益诉讼案件的区域由高级人民法院确定。"

位是调解组织所在地的基层人民法院。如此,将会形成一种"此强彼弱"的力量分布格局。"当省、市级政府为协议一方的主体,请求基层法院进行司法确认,基层法院能否完全抵抗上级压力从而公平地秉公办理"❶,答案不无疑问。

笔者认为,行政机关的权力地位既是一种可利用的优势,同时也是众人心中忧虑的症结,其不会因为披上司法的外衣就自动褪去权力的内里,也很难改变人们对其形成的根深蒂固的印象。故应在正视其身份影响力的基础上为其量身定作一套规则,以实现与环境公益诉讼的"并行"运行。根据《民事诉讼法》及其相关司法解释的规定,在管辖权分配上通常采用"三结合"的一般标准,即案件性质、繁简程度和影响范围。但因该标准比较抽象,在操作性能方面不能尽如人意。为此,我国先后公布了《关于调整高级人民法院和中级人民法院管辖第一审民商事案件标准的通知》等一系列规范性法律文件。在"三结合"标准之外,另外将诉讼标的额作为管辖权配置的一项重要指标。一般而言,环境污染问题非常复杂,且修复成本通常较高,在如何衡量污染事件是否严重以及有多严重上,诉讼标的额都是一个重要的参考指标。尽管生态环境损害赔偿问题同样涉及标的额,但同时应考虑到行政机关身份的特殊性,以及其进入司法空间可能对审判结构造成的冲击。故笔者认为,应增加"权力对等"原则。在四级二审终审制结构下,基于高级人民法院和最高人民法院职能的特定性,有学者建议未来可以取消其对案件的初审管辖权,实现职能转化❷。对于纠纷类型多元,且案件数量众多的普通民事诉讼活动而

---

❶ 李树训:《生态环境损害赔偿诉讼管辖:误区与对策》,《大连海事大学学报(社会科学版)》2020 年第 3 期。

❷ 赵泽君、林洋:《论民事级别管辖恒定》,《学术探索》2018 年第 8 期。

言，该建议有一定的合理性，但在生态环境损害赔偿制度当中，并不妥当。根据《若干规定》的规定，省级政府可以直接作为原告参与诉讼。在"权力对等"原则的要求下，即使案件本身并不复杂，但实际受理案件的法院也应与原告的行政层级保持一致。在我国，审判级别越高，审判资源和审判质量越能得到保障和信任。[1] 此外，在赔偿协议司法确认机制设置上，应坚持相同原则，当省、市地级行政机关及其指定部门作为一方磋商主体时，该协议应由中级人民法院进行审查。因为受理法院不仅仅是在协议上加盖人民法院院章，赋予其公法上的强制力，其中还涉及协议的审查和确认等可能影响到协议公正性的相关事项。面对这一重任，基层人民法院恐难以完全胜任。为此，至少需要从形式上保障法院具有说"不"的条件和可能，这也是程序正义的应有之义。

  管辖权的分配不单单是属于司法系统内部的权力配置与流转问题，与诉讼结果无碍。这种理想愿景也仅是在双方当事人地位平等，且均与法院无利害关系的环境下才具备令人信服的可能。实际上，即使在传统民事诉讼法当中，地方保护主义等问题一直为各界人士所担忧，管辖规则也几经修正。当下，行政机关以原告身份突然闯入司法场域，这既是诉讼制度的一种创新与变革，也是对既有诉讼架构的巨大挑战。即使以民事主体的身份置于诉讼空间之内，其"权力机关"的光环同样耀眼得令任何人都无法忽视。因此，与环境公益诉讼制度不同，在生态环境损害赔偿诉讼过程里，中立性或独立性问题始终是一个萦绕在所有人心头的隐患，也是应当优先和着重解决的问题，是故，宜采用"并行"模式。

---

[1] 王亚新：《民事诉讼管辖：原理、结构及程序的动态》，《当代法学》2016 年第 2 期。

二、在赔偿资金管理方面的适用方法

欲实现保障环境公共利益的诉讼目的，其不仅仅依赖于诉讼这种规范性的手段，最终结果如何，能否顺利执行到位，这实际上是一个事实问题，会受到被告给付能力、执行力度等其他因素的左右。换句话说，不论是提起"一诉"或是"两诉"，该诉讼的主要意义是令原告的权利主张获得国家的正式认可。但如果不能依照裁判文书顺利完成执行活动，胜诉判决也会沦为一纸空文。此外，修复生态环境并非凭空而成，需要相应的资金（也可称为赔偿金）、技术等各种资源来支持。但是在赔偿金管理方式上，两种共同致力于维护公共利益的诉讼制度之间存在重大隔离，同样增加制度适用的变数。究竟是维持当下"一分为二"的现状，抑或另辟蹊径？不管是倾向哪种结果，都需要有一番能够"说得清，讲得通"的道理。上述关于"两诉"管辖规则是否应该靠拢合一的问题，因关涉到程序正义等事项，因此，在合理性判断方面需要保持一定的谨慎，以确保构建的制度符合原本的现实情境。与此不同，赔偿资金管理方式本质上是一种发生在诉讼空间之外的非讼活动，尽管其基本上已发展成两种不同的资金管理线路，但在衡量标准选择上不必沿用诉讼价值那一套评价体系。这是我们首先应当明确的前提。

目前，在环境民事公益诉讼中，有关如何管理运营赔偿金的问题，作为指引该制度运行的纲领性文件——《审理公益案件解释》并无确定性的指示。但在实务当中，各地法院根据自身的理解已摸索发展出多套管理办法，如设立公益金专项保护账户、检察院暂扣款专户、省级账户、上缴国库等方式。与这种多元化管理结构不同的是，在生态环境损害赔偿制度中，生成一套确定的管理办法。如《改革方案》第8条第（8）项作出明确要求，若赔偿义务人愿意自主履行修复义务或选择委托修复的方式，应由其负责实施具体的修复活动。若赔偿义务人缺乏修复资质与能力，应依据修复损害所耗费的费用缴纳相应的赔偿金，并缴纳同级国库，由赔偿权利人开展替代修复活动。总体来说，在资金管理方面，两种制度间存在的差异程度显著高于管辖、执行等其他方面。

经比较，笔者倾向于"合二为一"的管理模式。除双方目的上一致之外，尚有其他理由：第一，从权利结构上分析，上缴国库难以令人满意。为便于接下来的说明，以私益诉讼作为基本参照。针对被告依法给付的赔偿费用，一般是由受害者及其继承人等有权主体自主控制与处分，在意志自由方面获得充分的保障。再来观察生态环境损害赔偿制度。不可否认，缴纳国库具有防止公款挪用、统一收支管理、集中力量办大事等理论上的积极意义，但本质上是基于政治层面的考虑，而不是法律人的思维，其忽视了权利人与诉讼标的物之间的联系。社会组织、检察院或行政机关不仅是提起诉讼的"工具人"或"发声器"，也不是一旦走出法院大门之后，后续执行事务（包括执行是否到位，如何开展修复活动，修复质量是否达到预期目标等事项）完全与他们无关。这种理解路径已偏离立法的初衷。为切实维护环境公益，对于后续开展的执行过程，必要的监督和参与同样不可或缺。这一点在《改革方案》第4条第（6）项内容中已获得明确肯定，"赔偿款使用情况，修复效果"皆应对外公开，接受公众监督。此处的不足是，这种监督仅是一种结果意义上的被动监督，而不是经法律充分保障的监督权，亦即以权利参加监督❶。一旦赔偿金缴纳给国库

---

❶ 李树训、冷罗生：《生态环境损害赔偿磋商中的第三者：功能与保障——聚焦七省改革办法》，《华侨大学学报（哲学社会科学版）》2019年第4期。

并作为财政预算资金之后，犹如进入双方当事人之外的第三人的"裤兜"，近乎完全阻断了赔偿权利人与给付标的物之间的联系，至少在关系距离上平添了接近的难度。第二，从管理效益上看，尽管政府享有支配非税收入的权力，但从法律层面难以对其进行全面有效的监管❶。不仅如此，由于缺乏有效的控制和监管措施，在资金使用过程中，"普遍存在透支挤占、混淆挪用、层层截留、违规出借等问题"❷。随着进一步完善相关监管制度，即使可以大大降低这种现象的发生概率，也未能完全解决其中存在的根本问题，即这种财政系统封闭式的管理和运作模式，与保障监督权和参与权的改革初衷和社会期待相悖［参见《改革方案》第4条第（6）项］。此外，当赔偿资金纳入财政预算管理后，在资金调度和审批程序方面会较为烦琐。第三，从域外经验上看，集中统一管理资金是一种较为理性的选择。《美国超级基金法》中设立两项基金：其一，"危险物质反应信托基金"，1986年被更名为"危险物质超级基金"。该基金主要用于治理危险废弃物场地和设施，为应对其他紧急情形提供资金支持；其二，"关闭后责任信托基金"，后被废除❸。在该基金中，资金来源构成包括五个部分：化工原料税，化学衍生物税以及对部分公司征收的环境税，财政拨款，公司和个人赔付的费用，其他的费用（如罚款、利息等）。尽管资金来源途径存在诸多差异，但在实际管理和具体使用上仍旧奉行"统一"的规则。尽管域外经验并非一定适用，但可以为我们提供另外一种选项及参考。

---

❶ 竺效、蒙禹诺：《论生态损害赔偿资金的信托管理模式——以环境公益维护为视角》，《暨南学报（哲学社会科学版）》2018年第5期。

❷ 姜新华、常华清、黄金、鲁宏：《我国国库集中收付制度下财政专户治理路径的选择》，《财政监督》2014年第10期。

❸ 贾锋：《美国超级基金法研究》，中国环境出版社，2015，第144页。

综合上述分析，笔者认为，社会公共利益毕竟与国家利益存在一定的区别，将赔偿金作为政府非税收入，强行纳入财政管理系统，虽然在一定程度上可以避免资金滥用的风险，但这种行政干预却忽视了社会公众的反应和感受。因此，笔者支持自主运营的社会化管理模式。就目前而言，地方公益基金具有专款专用的优势，也是各地制度实践的主要选择，受到普遍肯定。但限于地方政府的认知视野和决策空间，基金发展规模相对较小，若涉及跨区域、跨流域的大型污染事件，如果赔偿金仍旧过于分散，可能会增加协调各方意见的难度。故以最大化公共利益为目标❶，以使用便利和管理独立为原则，"可以设立省级统一基金会和地方专项基金会，并采用垂直管理模式"❷。同时，为保障"两诉"的独立性，可以分设两个账户，以保证专款专用。这种技术性措施足以解决某些价值上（如公平公正等一般期望）的需求。其根本意义在于将用以保护公共利益的"制度产品"置于公共利益根源地的社会公共领域，也体现出立法者对公众意志的一种尊重和保护。

三、在执行监督方面的适用方法

生态环境修复不仅需要技术保障，还需要法制保障。❸ 众所周知，合理有效的损害修复监督机制具有保障践行修复责任的积极意义，若无有效的监督制度加以钳制，经赔偿磋商协议和赔偿诉讼判决确定的修复义务可能沦为"空谈"。严格来讲，执行行为乃是一种非诉活动，且该项活动具有不可替代的现实意义，但并未受

---

❶ [美] 戴斯·贾丁斯：《环境伦理学》，林官明、杨爱明译，北京大学出版社，2002，第18页。

❷ 冷罗生、李树训：《生态环境损害赔偿制度与环境民事公益诉讼研究——基于法律权利和义务的衡量》，《法学杂志》2019年第11期。

❸ 王江：《生态环境修复法治研究》，中国社会科学出版社，2019，第31页。

到与其地位同等的应有重视,故将其作为一种问题进行理论上的剖析。在环境公益诉讼制度当中,依据《审理公益案件解释》第 26 条的规定,具体负责执行监督的机关为具有"环境保护监督管理职责的部门"。从文义上分析,该条文可以理解为由环保部门负责实施该项任务。在生态环境损害赔偿制度框架里,有关应当如何完善监督机制的问题,尽管从《若干规定》的条文里面找不到进一步的阐释,但在此之前,地方各省、市已相继公布相应的具体改革实施方案,针对如何构建损害修复监督机制,各地分别进行了探索和总结。在具体制度设计上,共识和争议并存。下文将通过比较分析各地改革实施方案并论证各监督模式的正当性、合理性,以期为将来完善生态环境损害赔偿制度提供有益参考,同时也为未来如何在"两诉"中设立执行监督机制寻找一条有效的出路。

  根据制度实践,已经得以确立的监督模式主要包括以下五种类型。第一,赔偿权利人监督。根据云南省改革方案❶的规定,由省环保厅会同有关部门具体负责修复监督等工作,而重庆、河南、辽宁、山东和江苏均延续了《改革方案》确立的监督方式——由赔偿权利人监督,无其他建设性创举。第二,检察院监督。广西壮族自治区改革方案❷则将监督任务交给各级人民检察院。第三,社会力量监督。四川省改革方案❸则强调社会力量的监督作用。第四,法院监督。江西省改革方案❹确定了法院的监督地位。第五,

---

❶ 《云南省生态环境损害赔偿制度改革实施方案》第 3 条第 7 项以及第 4 条保障措施中指出,省环保厅会同有关部门具体负责"赔偿磋商、提起诉讼、修复监督等工作"。

❷ 《广西壮族自治区生态环境损害赔偿制度改革实施方案》第 5 条第 7 项指出,"各级检察院要加强对生态环境损害赔偿及修复的监督。"

❸ 《四川省生态环境损害赔偿制度改革实施方案》第 4 条第 7、8 项规定:"积极探索建立社会监督机制,推动社会力量对生态环境损害赔偿和修复进行监督。"

❹ 《江西生态环境损害赔偿制度改革实施方案》第 3 条第 9 项指出:"人民法院负责监督、指导生态环境损害赔偿资金的执行工作。"

联合监督。河北省改革方案❶则主张由检察机关和社会力量联合监督。如上所述，各地对于后续执行监督工作的重要意义已明显有清醒的认知，正因如此，各地探索出多种样式相异的监督模式。但因各主体在身份、地位、职能等方面存在实质上的区别，交由不同的主体负责监督工作必然会产生不同的结果。经比较，在环境公益诉讼制度当中明确确定由环保部门负责实施监督，与这种统一的单一规定不同，在生态环境损害赔偿制度体系中，除赔偿权利人监督之外，尚探索出其他多种监督模式。在这一点上，"两诉"之间是否存在经验共享的可能性，抑或就这样放任各自发展，值得商榷。

仅就环境公益诉讼制度的立法布局而言，虽然没有明确排除诉讼主体——社会组织、检察院对执行活动的监督权。这里强调的并不是一种结果意义上的监督，如果只是着眼于修复结果的问题，即使没有法律赋予的监督权，也不可能完全瞒住污染源附近生活的公众。在普通民事诉讼里，金钱给付、公开道歉等施加在行为人身上的法律负担，用肉眼即能够直接判断出义务人"有没有"依法实施相应行为。但环境修复工作是一项非常复杂、专业的活动。不同的修复技术会产生哪些差别，能否以及多久恢复到原状，各种元素含量是否符合环境质量标准等一系列事项，而且还涉及修复完成后的管护与维持工作，以使修复好转的生态环境系统不会因缺乏后续管理而反复。❷ 如果不深入了解并获得足够耐心详尽的解释，所谓监督不啻一句空谈。对于环保部门普遍依赖

---

❶《河北省生态环境损害赔偿制度改革实施方案》第3条第6项明确规定："检察机关和社会力量对生态环境损害赔偿和修复进行监督。"

❷ 赵绘宇：《探究我国生态系统修复制度的法律规制》，《山西财经大学学报》2007年第1期。

专门技术的事实，也从侧面说明对于专业性的重视。一般来说，在监督方案抉择上，其中有两个不能忽视的问题：第一，平心而论，修复工程可以从外观上直接加以观察、判断，如固废填埋、增殖放流、补种树林等活动，而环境质量如何，服务功能是否恢复，则具有一定的抽象性，并非仅凭肉眼就能够直接确定，需要经评估鉴定机构提供一系列的技术参数、指标等专业数据，并进行比对分析方能确定，程序相对烦琐复杂。第二，修复工程竣工和环境质量达标之间并非总是同步关系，依据修复效果发生机理，环境质量恢复通常会晚于实际的修复活动。生态环境的恢复与其损害过程相似，是多种要素结合和（化学、物理和生物）反应的结果，而不是立竿见影，这其中存在一个恢复周期，在渐进当中实现动态的平衡和复原。简言之，执行监督至少包括修复活动监督和环境质量监督两个部分。不同的监督对象所需的监督主体、检验方式、评价标准、监督期限等程序要求均不相同。总之，虽然监督主体的适格问题需要考虑，实质上，也没有任何法律上的理由可用以阻止任何主体主动保护环境的权利，但在正式的制度体系当中，监督和判断能力的问题应当是优先考虑的因素。

笔者认为，诉讼仅是作为保护生态环境的手段，其目的能否得以实现主要取决于修复责任的落实程度，而修复执行监督机制则是保障修复成效的重要环节。事实上，不管"两诉"的诉讼程序规则有多少差异，在同一生态环境修复活动的现实背景下，有关监督对象、标准、责任等内在问题是"两诉"必然面临且彼此相通的事项，这种执行经验和内容的共同性决定了在该制度上同构的可能。如上所述，修复过程具有某些特殊的专业性，对于监督能力是一种必需而又现实的考验。尽管由环保部门或行政机关负责监督符合对于能力的要求，但这种监督任务应当是在损害事实进入法院之前发生的,也是行政权力活动的空间。一旦司法权力介入,会带来权力交接及其他相应的变化。而且通常正是因为其存在监管不力,或其他失职行为才致使诉诸司法活动,如果最后仍然交由其监督,这种安排很难说是令人满意的选择。因此,笔者倾向于由符合资质的第三方中立机构统一出具验收报告,并对其中涉及的科学性、专业性等相关技术结论终身负责。法院仅需负责审查该项报告的真实性和合法性即可,主要起到法律担保的作用,这种源于司法的公信力无可替代。同时,也应当发挥社会公众的监督力量,通过这种监督可以起到矫正法律价值的作用[1]。为此,应充分保障社会公众的知情权、参与权和异议权。而检察院依法履行维护国家利益和社会公共利益的职能,针对赔偿权利人的失职、腐败等行为予以督促,以实现各主体间的合理分工。

第四节 本章小结

"两诉"犹如人之两手,尽管右手在日常生活当中发挥绝大多数的功能,基本满足人之一般需求,但不能因为这种依赖性就认为拥有右手足矣,而左手可有可无。为避免这种误解,左手和右手应当有分工。目前学界常以"公共利益""自然资源"等抽象概念作为区分"两诉"和设计衔接模式的判准。基于竞合冲突的实质,笔者倾向于采用"并行适用模式"。通过与域外立法经验比较,以诉讼请求、诉讼性质等方式进行区分的进路并不完全符合我国的特殊国情。为此,本书在正视行政机关和社会组织、检察

---

[1] 时显群:《法理学》,中国政法大学出版社,2013,第140页。

院身份差异的基础上，面对究竟"由谁起诉"更为适当的分配问题，除考量法律效果之外，也不能忽视案件可能造成的社会效果和政治效果。不仅如此，进一步分别采用实体法和诉讼法的路径界分各诉应管辖的领域——从质上，注重彼此分工的确定性和关系的稳定性，防止相互任意扩张各自管辖范围。另外，在具体续建过程当中，鉴于"公共利益"概念的抽象性和宽泛性，故选择按照一定标准确立和扩大生态环境损害赔偿诉讼制度的应然适用范围。具体包括：①为避免损害发生和防止损害后果扩大，行政机关已经采取合理处置措施的情形。②影响国家环境政策明确需重点保护事项的情形，除生态功能区等特殊区域之外，未来也可能包括其他需要重点保护的自然资源。③单行法授权行政机关起诉的情形。④生态环境损害后果严重的情形。包括跨行政区域的污染事件、跨流域的污染事件。⑤与地方性规定或政策密切联系的情形。⑥需由行政机关替代社会组织提起诉讼的情形。在其调整范围之外，可以通过公益诉讼的形式进行救济，实现由简单的属种关系向复杂的分工合作关系转变，在保证各制度独立性的基础上从而保障两驾马车并驾齐驱，从而最大限度地避免竞合冲突现象的发生。

因"两诉"分享共同的立法目的，并非必然导向互不关涉和完全平行的立场，故应遵循"双阶构造理论"：诉讼层面注重自主关系，而非诉层面则注重协同关系。具体而言，因行政机关的强权地位，在层级管辖规则设计方面应与环境公益诉讼保持区分，以保证司法的独立性；在修复资金管理上，应改变各行其是的局面，设立统一的公益基金账户，增强修复能力；在执行监督上，主体多元化并非最佳选择，应区别权利监督和义务监督两种情形以及法律和科学的差异性，应确定鉴定评估机构进行统一的质量监督。

第七章
结 论

在诉讼请求、适用范围、责任方式等具体程序规则构建方面,"两诉"趋向混同,致使同一环境污染事实可能同时违反《关于审理环境民事公益诉讼案件适用法律若干问题的解释》和《关于审理生态环境损害赔偿案件的若干规定(试行)》的相关规定,由此产生责任竞合的冲突。若不能有效合理地予以解决,势必引起重复诉讼、矛盾裁判、削弱改革价值、浪费司法资源等各种负效应。实际上,针对两种诉讼制度究竟应当如何衔接,经笔者归纳,目前主要存在"择一而用""择优而用""同时并用"三种思维进路。在各种类型下,具体包括排除适用、优先适用、限制适用、任意适用、交叉适用、并举适用这六种模式。而在诸多争论事实的背后潜藏着对于制度本体认识的分歧,如相关概念、制度属性、诉讼标的等基础理论问题。故笔者由表及里,试图从源头上将它们厘清。为取得相对正确的理解结果,从法学角度重新界定"生态环境损害赔偿"

的一般定义；从自然事实和权利本质上澄清生态环境损害赔偿诉讼的公益属性；从体系融洽和制度实践上确立"两诉"的诉讼标的等相关问题。在对基础理论取得相对一致意见的基础上制定或选择最佳解决方案。

整体而言，既有适用模式实质上皆可归入"序位说"的行列。当"两诉"碰撞之际，这种方式可以通过调整双方顺序以达到缓和冲突的作用，但并不能从根本上化解双方矛盾，冲突本身仍旧存在，亦即竞合冲突。虽然在该制度设立之初，改革者已预料到可能会与环境公益诉讼发生这种冲突，其供给的解决之道在于"衔接"。虽现有衔接方案并非完全无效，但其仅适用于特定情境，且一项重要前提乃是"两诉"彼此保持独立性。经观察，在实际应用过程中，"两诉"产生出新的特征——从独立走向交融。这种异常既可看成是对规范的违反，也可视为一种信号或征兆。总之，当客观情势发生变化，应对思维也应有所变通。一般来说，化解竞合冲突的路径除确立彼此优先序位之外，如在"衔接"主题下产生的六种模式之外，尚且存在另一种解决路径，即限制两者的适用范围，亦即本书所称的"并行适用"。所谓"并行适用"，旨在把生态环境损害赔偿诉讼制度从公益诉讼制度结构中圈出来，成为具有明确适用范围和独立管辖领域的救济制度，从共存转向并行。鉴于域外经验的不适应性，故建议坚持"并行适用模式"的本土化建设。具体而言，主要从以下两方面着手：在质上，保持两种诉讼各自适用范围的稳定性，避免部分混淆和任意扩张；在量上，结合我国现实语境和行政机关的独特优势，试图确立几项基本适用原则，并以这些原则作为分配两种诉讼制度各自适用范围的参考标准，从而优化适用方式，并满足其基本的可操作性。但实质上，所谓"并行适用"仅是相对而言，其主要是用以克服

"两诉"适用范围混同的局面,并不意味着"两诉"间所有的程序规则皆毫无交叉。鉴于两种诉讼类型实乃"同中有异,异中有同"的事实关系,故主张采用"二元"构造:关涉诉讼程序构建的问题,应针对各诉的特殊性量体裁衣,保持相对"平行";而对于非诉活动,程序构建上应当以协调为主,从而形成制度合力。

当然,生态环境损害赔偿制度尚在构建当中,远未达到成熟的程度,理由的说服力上也多有不足,其中难免会继续迸发其他的不适应症。但笔者希冀提供一种新的视角可以为今后继续构建两种诉讼制度提供一种参照,使"两诉"的关系定位和运行路线愈发清晰、确定。只有当基础理论稳固之后,后续程序规则才会成为"有源之水,有根之木"。目前两种诉讼制度的法律渊源主要为司法解释,而司法解释的法律效力终究有限,且制定较为灵活多变。不仅如此,当各司法解释之间发生观点冲突和竞争时,又将孰是孰非?对此,尚缺乏一种绝对可靠的判断标准。因此,仅能作为过渡期间的权宜之策,待未来相关理论和实践经验成熟之后,最终仍需将其上升到法律层面,从而形成以基本法为基础,司法解释为细则的制度体系。唯有如此,才能够充分保证法律适用和解释的统一与稳定。为保障"并行适用"模式的顺利实施,笔者倾向于在《民法典》已确立的基本规则基础上,以单行法的形式加以继续充实和完善。总之,基于整合目的,提出部分尚不成熟的建议,且"并行适用"理论毕竟仅是一家之言。限于笔力,不可避免地存在不当之处,仅希望为学界增添一种不同的视角,期待学界更多创新,作为将来完善立法的参考性意见。

参考文献

一、专著（按出版时间倒序排列）

（一）中文著作

[1] 最高人民法院民法典贯彻实施领导小组. 中华人民共和国民法典侵权责任编理解与适用[M]. 北京：人民法院出版社，2020.

[2] 汪劲，等. 类型化视角下的环境权利研究[M]. 北京：北京大学出版社，2020.

[3] 李雪. 欧盟环境法经典判例与评析[M]. 北京：中国政法大学出版社，2020.

[4] 张方华. 回归国家治理的公共性：我国公共利益和政府利益的关系研究[M]. 南京：南京师范大学出版社，2019.

[5] 王江. 生态环境修复法治研究[M]. 北京：中国社会科学出版社，2019.

[6] 胡荣桂，刘康. 环境生态学[M]. 武汉：华中科技大学出版社，2018.

[7] 张旭东. 环境民事公益诉讼特别程序研究[M]. 北京：法律出版社，2018.

[8] 张祥伟. 环境公益诉讼司法运行理论与实践研究［M］. 北京：中国政法大学出版社，2018.

[9] 吴应甲. 中国环境公益诉讼主体多元化研究［M］. 北京：中国检察出版社，2017.

[10] 陈甦. 民法总则评注［M］. 北京：法律出版社，2017.

[11] 王翠敏. 环境侵权群体性诉讼制度研究［M］. 北京：知识产权出版社，2017.

[12] 李冰强. 公共信托批判［M］. 北京：法律出版社，2017.

[13] 吴季松. 生态文明建设［M］. 北京：北京航空航天大学出版社，2016.

[14] 刘在学. 民事公益诉讼制度研究：以团体诉讼制度的构建为中心［M］. 北京：法律出版社，2015.

[15] 最高人民法院修改后民事诉讼法贯彻实施工作领导小组. 最高人民法院民事诉讼法司法解释理解与适用［M］. 北京：人民法院出版社，2015.

[16] 贾锋，等. 美国超级基金法研究［M］. 北京：中国环境出版社，2015.

[17] 吕忠梅. 环境法导论［M］. 北京：北京大学出版社，2015.

[18] 辛帅. 不可能的任务：环境损害民事救济的局限性［M］. 北京：中国政法大学出版社，2015.

[19] 屈新. 证据制度的经济学分析［M］. 北京：中国政法大学出版社，2015.

[20] 沈达明. 比较民事诉讼法初论［M］. 北京：对外经济贸易大学出版社，2015.

[21] 蔡守秋. 基于生态文明的法理学［M］. 北京：中国法制出版社，2014.

［22］陈冬. 美国环境公民诉讼研究［M］. 北京：中国人民大学出版社，2014.

［23］张光宏，毕洪海. 行政附带民事诉讼的理论与实践［M］. 北京：中国政法大学出版社，2014.

［24］金瑞林. 环境与资源保护法学［M］. 北京：高等教育出版社，2013.

［25］曹明德. 环境与资源保护法［M］. 北京：中国人民大学出版社，2013.

［26］张建宇，严厚福，秦虎. 美国环境执法案例精编［M］. 北京：中国环境出版社，2013.

［27］时显群. 法理学［M］. 北京：中国政法大学出版社，2013.

［28］王树义. 环境法前沿问题研究［M］. 北京：科学出版社，2012.

［29］窦胜功，张兰霞，卢纪华. 组织行为学教程［M］. 北京：清华大学出版社，2012.

［30］江必新. 新民事诉讼法理解适用与实务指南［M］. 北京：法律出版社，2012.

［31］张旭东. 民事诉讼程序类型化研究［M］. 厦门：厦门大学出版社，2012.

［32］汪劲. 环境法学［M］. 北京：北京大学出版社，2011.

［33］汪劲. 环保法治三十年：我们成功了吗［M］. 北京：北京大学出版社，2011.

［34］王利民，杨立新，王轶. 民法学［M］. 北京：法律出版社，2011.

［35］张式军. 环境公益诉讼原告资格研究［M］. 济南：山东文艺出版社，2011.

[36] 夏甄陶. 关于目的的哲学 [M]. 北京：中国人民大学出版社，2011.

[37] 江伟. 民事证据法学 [M]. 北京：中国人民大学出版社，2011.

[38] 宁骚. 公共政策学 [M]. 北京：高等教育出版社，2011.

[39] 林灿铃. 荆斋论法——全球法治之我见 [M]. 北京：学苑出版社，2011.

[40] 陈德敏. 资源法原理专论 [M]. 北京：法律出版社，2011.

[41] 周珂. 我国民法典制定中的环境法律问题 [M]. 北京：知识产权出版社，2011.

[42] 姜明安. 行政法与行政诉讼法 [M]. 北京：北京大学出版社，2011.

[43] 胡建淼. 行政法 [M]. 北京：法律出版社，2010.

[44] 陈亮. 美国环境公益诉讼原告适格规则研究 [M]. 北京：中国检察出版社，2010.

[45] 蔡守秋. 新编环境资源法学 [M]. 北京：北京师范大学出版社，2009.

[46] 张文显，法哲学通论 [M]. 沈阳：辽宁出版社，2009.

[47] 樊崇义. 诉讼原理 [M]. 北京：法律出版社，2009.

[48] 马彩华，游奎. 环境管理的公众参与：途径与机制保障 [M]. 青岛：中国海洋大学出版社，2009.

[49] 徐卉. 通向社会正义之路——公益诉讼理论研究 [M]. 北京：法律出版社，2009.

[50] 黄学贤，汪太高. 行政公益诉讼研究 [M]. 北京：中国政法大学出版社，2008.

［51］颜运秋. 公益诉讼法律制度研究［M］. 北京：法律出版社，2008.

［52］张真，戴星翼. 环境经济学教程［M］. 上海：复旦大学出版社，2007.

［53］汪劲，严厚福. 环境正义：丧钟为谁而鸣［M］. 北京：北京大学出版社，2006.

［54］兰磊. 英文判例阅读详解［M］. 北京：中国商务出版社，2006.

［55］朱景文. 跨越国境的思考——法理学讲演录［M］. 北京：北京大学出版社，2006.

［56］陈聪富. 因果关系与损害赔偿［M］. 北京：北京大学出版社，2006.

［57］江伟. 民事诉讼法专论［M］. 北京：中国人民大学出版社，2005.

［58］王利明. 中国民法典学者建议稿及立法理由·总则编［M］. 北京：法律出版社，2005.

［59］冷罗生. 日本公害诉讼理论与案例评析［M］. 北京：商务印书馆，2005.

［60］刘作翔. 法理学［M］. 北京：社会科学文献出版社，2005.

［61］陈聪富. 侵权归责原则与损害赔偿责任［M］. 北京：北京大学出版社，2005.

［62］张梓太. 自然资源法学［M］. 北京：科学出版社，2004.

［63］段厚省. 民事诉讼标的论［M］. 北京：中国人民公安大学出版社，2004.

［64］李浩. 民事证明责任研究［M］. 北京：法律出版社，

2003.

［65］王利明. 物权法研究［M］. 北京：中国人民大学出版社，2002.

［66］尚玉昌. 普通生态学［M］. 北京：北京大学出版社，2002.

［67］傅华. 生态伦理学探究［M］. 北京：华夏出版社，2002.

［68］中国大百科全书出版社编辑部. 中国大百科全书·环境科学［M］. 北京：中国大百科全书出版社，2002.

［69］郑少华. 生态主义法哲学［M］. 北京：法律出版社，2002.

［70］俞可平. 中国公民社会的兴起与治理变迁［M］. 北京：社会科学文献出版社，2002.

［71］严强，孔繁斌. 政治学基础理论的观念——价值与知识的论辩［M］. 广州：中山大学出版社，2002.

［72］颜运秋. 公益诉讼理念研究［M］. 北京：中国检察出版社，2002.

［73］陈新民. 德国公法学基础理论［M］. 济南：山东人民出版社，2001.

［74］王树义. 俄罗斯生态法［M］. 武汉：武汉大学出版社，2001.

［75］曾世雄. 损害赔偿法原理［M］. 北京：中国政法大学出版社，2001.

［76］苗连营. 立法程序论［M］. 北京：中国检察出版社，2000.

［77］周珂. 环境法［M］. 北京：中国人民大学出版社，2000.

［78］周枏. 罗马法原论［M］. 北京：商务印书馆，2001.

［79］陈明华. 刑法学［M］. 北京：中国政法大学出版社，1999.

［80］王泽鉴. 民法学说与判例研究［M］. 北京：中国政法大学出版社，1998.

［81］城仲模. 行政法之一般法律原则［M］. 台北：三民书局，1997.

［82］阎学通. 中国国家利益分析［M］. 天津：天津人民出版社，1997.

［83］卢现祥. 西方新制度经济学［M］. 北京：中国发展出版社，1996.

［84］叶俊荣. 环境政策与法律［M］. 台北：月旦出版公司，1993.

［85］王利明. 民法·侵权行为法［M］. 北京：中国人民大学出版社，1993.

［86］王曦. 美国环境法概论［M］. 武汉：武汉大学出版社，1992.

［87］沈宗灵. 法理学研究［M］. 上海：上海人民出版社，1990.

［88］《中国大百科全书》（哲学卷）［M］. 北京：中国大百科全书出版社，1987.

［89］邱聪智. 公害法原理［M］. 台北：三民书局股份有限公司，1984.

［90］周枏，吴文翰，谢邦宇. 罗马法［M］. 北京：群众出版社，1983.

［91］陈荣宗. 民事程序法与诉讼标的理论［M］. 台北：台海大学法律学系法学丛书编辑委员会，1977.

［92］陆征麟. 概念［M］. 石家庄：河北人民出版社，1960.

［93］梅泠、付黎旭. 日本环境法的新发展——〈环境法的新展开〉译评［M］//韩德培. 环境资源法论丛（第 2 卷）. 北京：法律出版社，2002：207-284.

(二) 中文译著

［1］法国环境法典［M］. 莫非，刘彤，葛苏聃，译. 北京：法律出版社，2018.

［2］（英）马克·韦尔德. 环境损害的民事责任：欧洲和美国法律与政策比较［M］. 张一心，吴靖，译. 北京：商务印书馆，2017.

［3］（美）詹姆斯·萨尔兹曼，巴顿·汤普森. 美国环境法［M］. 徐卓然，胡慕云，译. 北京：北京大学出版社，2016.

［4］（德）耶林. 为权力而斗争［M］. 郑永流，译. 北京：商务印书馆，2016.

［5］（美）庞德. 法律史解释［M］. 邓正来，译. 北京：商务印书馆，2016.

［6］（德）塞缪尔·冯·普芬道夫. 自然法与国际法［M］. 罗国强，译. 北京：北京大学出版社，2012.

［7］（日）日本律师协会. 日本环境诉讼典型案例与评析［M］. 皇甫景山，译. 北京：中国政法大学出版社，2010.

［8］（美）丹尼尔·H. 科尔. 污染与财产权：环境保护的所有权制度比较研究［M］. 严厚福，王社坤，译. 北京：北京大学出版社，2009.

［9］（美）凯斯·R. 孙斯坦. 权利革命之后［M］. 李洪雷，钟瑞华，译. 北京：中国人民大学出版社，2008.

［10］（美）霍姆斯. 法律的生命在于经验：霍姆斯文集［M］. 明辉，译. 北京：清华大学出版社，2007.

［11］（美）彼得·S. 温茨. 环境正义论［M］. 朱丹琼，译. 上海：上海人民出版社，2007年.

［12］（德）贡塔·托依布纳. 法律：一个自创生系统［M］. 张骐，译. 北京：北京大学出版社，2005.

［13］（美）劳伦斯·M. 弗里德曼. 法律制度［M］. 李琼英，林欣，译. 北京：中国政法大学出版社，2004.

［14］（美）米尔依安·R. 达玛什卡. 司法和国家权力的多种面孔［M］. 郑戈，译. 北京：中国政法大学出版社，2004.

［15］（德）克雷斯蒂安·冯·巴尔. 欧洲比较侵权行为法［M］. 张新宝，焦美华，译. 北京：法律出版社，2004.

［16］（德）拉伦茨. 法学方法论［M］. 陈爱娥，译. 北京：商务印书馆，2003.

［17］（美）乔治·弗雷德里克森. 公共行政的精神［M］. 张成福，译. 北京：中国人民大学出版社，2003.

［18］（德）伯恩·魏德士. 法理学［M］. 丁晓春，吴越，译. 北京：法律出版社，2003.

［19］（德）康拉德·茨威格特，海因·克茨. 比较法总论［M］. 潘汉典，米健，译. 北京：法律出版社，2003.

［20］（德）乌尔里希·贝克. 风险社会［M］. 何博闻，译. 南京：译林出版社，2003.

［21］（日）高桥宏志. 民事诉讼法制度与理论的深层分析［M］. 林剑锋，译. 北京：法律出版社，2003.

［22］（古希腊）柏拉图. 柏拉图全集［M］. 王晓朝，译. 北京：人民出版社，2002.

［23］（美）戴斯·贾丁斯. 环境伦理学［M］. 林官明，杨爱明，译. 北京：北京大学出版社，2002.

[24]（美）斯蒂文·苏本，马格瑞特·伍. 美国民事诉讼的真谛——从历史、文化、实务的视角［M］. 蔡彦敏，徐卉，译. 北京：法律出版社，2002.

[25]（美）H. W. 艾尔曼. 比较法律文化［M］. 贺卫方，刘鸿钧，译. 北京：清华大学出版社，2002.

[26]（德）伯恩哈德·格罗斯菲尔德. 比较法的力量与弱点［M］. 孙世彦，姚建宗，译. 北京：清华大学出版社，2002.

[27]（美）罗伯特·艾尔斯. 转折点：增长范式的终结［M］. 戴星翼，黄文芳，译. 上海：上海译文出版社，2001.

[28]（美）理查德·A. 波斯纳. 法理学问题［M］. 苏力，译. 北京：中国政法大学出版社，2001.

[29]（德）克雷斯蒂安·冯·巴尔. 欧洲比较侵权行为法［M］. 焦美华，译. 北京：法律出版社，2001.

[30]（日）小岛武司. 诉讼制度改革的法理与实证［M］. 陈刚，译. 北京：法律出版社，2001.

[31]（英）安东尼·吉登斯. 失控的世界［M］. 周红云，译. 南昌：江西人民出版社，2001.

[32]（英）边沁. 道德与立法原理导论［M］. 时殷弘，译. 北京：商务印书馆，2000.

[33]（美）罗德里克·弗雷泽·纳什. 大自然的权利［M］. 杨通进，译. 青岛：青岛出版社，1999.

[34]（美）杰弗里·C. 哈泽德，米歇尔·塔鲁伊. 美国民事诉讼法导论［M］. 张茂，译. 北京：中国政法大学出版社，1998.

[35]（日）原田尚彦. 环境法［M］. 于敏，译. 北京：法律出版社，1999.

[36]（美）E·博登海默. 法理学——法律哲学与法律方法

[M]．邓正来，译．北京：中国政法大学出版社，1998．

［37］（美）查尔斯·哈珀．环境与社会——环境问题中的人文视野［M］．肖晨阳，译．天津：天津人民出版社，1998．

［38］（奥）汉斯·凯尔森．法与国家的一般理论［M］．沈宗灵，译．北京：中国大百科全书出版社，1996．

［39］（英）戴维·皮尔斯，杰瑞米·沃福德．世界无末日——经济学·环境与可持续发展［M］．张世秋，译．北京：中国财政经济出版社，1996．

［40］（美）德沃金．法律帝国［M］．李常青，译．北京：中国大百科全书出版社，1996．

［41］（美）詹姆斯·E. 安德森．公共政策［M］．唐亮，译．北京：华夏出版社，1990．

［42］（英）H. L. A. 哈特．惩罚与责任［M］．王勇，译．北京：华夏出版社，1989．

［43］（美）罗斯科·庞德．通过法律的社会控制法律的任务［M］．沈宗灵，董世忠，译．北京：商务印书馆，1984．

二、期刊（按出版时间倒序排列）

［1］陈哲.《民法典》时代生态环境损害赔偿诉讼与民事公益诉讼之统合论［J］．内蒙古社会科学，2022，43（3）：106 - 113．

［2］巩固．生态环境损害赔偿诉讼与环境民事公益诉讼关系探究——兼析《民法典》生态赔偿条款［J］．法学论坛，2022，37（1）：129 - 139．

［3］张宝．我国环境公益保护机制的分化与整合［J］．湖南师范大学社会科学学报，2021（2）：41 - 50．

［4］曹明德，马腾．我国生态环境民事预防性救济体系的建

构［J］. 政法论丛, 2021（2）: 150-160.

［5］曹明德, 马腾. 生态环境损害赔偿诉讼和环境公益诉讼的法理关系探微［J］. 海南大学学报（人文社会科学版）, 2021, 39（2）: 63-72.

［6］李挚萍. 以习近平生态文明思想和法治思想为指导推进环境法治发展［J］. 法治社会, 2021（2）: 1-11.

［7］李兴宇. 生态环境损害赔偿诉讼的类型重塑—以所有权与监管权的区分为视角［J］. 行政法学研究, 2021（2）: 134-152.

［8］秘明杰, 田莹莹. 我国政府部门主张生态环境损害赔偿的法律分析［J］. 行政与法, 2021（2）: 33-41.

［9］徐以祥.《民法典》中生态环境损害责任的规范解释［J］. 法学评论, 2021（2）: 144-154.

［10］廖华. 生态环境损害赔偿的实践省思与制度走向［J］. 湖南师范大学社会科学学报, 2021（1）: 50-59.

［11］蔡唱. 我国《民法典》环境侵权责任承担问题化解研究［J］. 湖南师范大学社会科学学报 2021（1）: 40-49.

［12］向往, 秦鹏. 生态环境损害赔偿诉讼与民事公益诉讼衔接规则的检讨与完善［J］. 重庆大学学报（社会科学版）, 2021（1）: 164-176.

［13］李义松, 刘永丽. 我国环境公益诉讼制度现状检视及路径优化［J］. 南京社会科学, 2021（1）: 91-98.

［14］王利明.《民法典》中环境污染和生态破坏责任的亮点［J］. 广东社会科学, 2021（1）: 216-225.

［15］颜运秋.《民法典》视阈下生态环境修复与赔偿司法保障机制［J］. 广西社会科学, 2021（1）: 93-101.

［16］徐忠麟, 宋金华. 民法典视域下生态环境损害赔偿制度

的内在冲突与完善［J］. 法律适用, 2020（23）: 71 – 80.

［17］代杰, 徐建宇. 《民法典》环境污染与生态破坏责任: 原因行为导向与公私益救济衔接——以 206 份裁判文书为样本的实证研究［J］. 法律适用, 2020（23）: 101 – 112.

［18］刘卫先. 论我国生态环境损害索赔主体的整合［J］. 中州学刊, 2020（8）: 38 – 47.

［19］刘晓华. 美国自然资源损害赔偿制度及对我国的启示［J］. 法律适用, 2020（7）: 20 – 28.

［20］吴一冉. 生态环境损害赔偿诉讼举证责任相关问题探析［J］. 法律适用, 2020（7）: 11 – 19.

［21］秦天宝. 论环境民事公益诉讼中的支持起诉［J］. 行政法学研究, 2020（6）: 25 – 36.

［22］潘牧天. 生态环境损害赔偿诉讼与环境民事公益诉讼的诉权冲突与有效衔接［J］. 法学论坛, 2020（6）: 131 – 139.

［23］戴建华. 生态环境损害赔偿诉讼的制度定位与规则重构［J］. 求索, 2020（6）: 126 – 133.

［24］李树训, 冷罗生. 反思和厘定: 生态环境损害赔偿制度的 "本真" ——以其适用范围为切口［J］. 东北大学学报（社会科学版）, 2020（6）: 94 – 101.

［25］李树训. 生态环境损害赔偿诉讼管辖: 误区与对策［J］. 大连海事大学学报（社会科学版）, 2020, 19（3）: 31 – 36.

［26］王启梁, 张丽. 理解环境司法的三重逻辑［J］. 吉林大学社会科学学报, 2020（6）: 85 – 94.

［27］郭志京. 自然资源国家所有的私法实现路径［J］. 法制与社会发展, 2020（5）: 121 – 142.

［28］傅贤国. 我国生态环境损害赔偿诉讼之性质再界定

[J]. 贵州大学学报（社会科学版），2020（5）：95-103.

[29] 周勇飞. 生态环境损害赔偿诉讼与环境民事公益诉讼的界分——功能主义的视角[J]. 湖南师范大学社会科学学报，2020（5）：47-54.

[30] 张梓太，程飞鸿. 我们需要什么样的生态环境问责制度？——兼议生态环境损害赔偿中地方政府的两难困境[J]. 河北法学，2020（4）：2-17.

[31] 秦天宝，黄成. 类型化视野下环境公益诉讼案件范围之纵深拓展[J]. 中国应用法学，2020（4）：1-17.

[32] 浙江省湖州市中级人民法院与中国人民大学法学院联合课题组，李艳芳. 生态环境损害赔偿诉讼的目的、比较优势与立法需求[J]. 法律适用，2020（4）：124-133.

[33] 罗丽. 生态环境损害赔偿诉讼与环境民事公益诉讼关系实证研究[J]. 法律适用，2020（4）：134-144.

[34] 李挚萍. 行政命令型生态环境修复机制研究[J]. 法学评论，2020（3）：184-196.

[35] 邓嘉詠. 论生态环境损害赔偿诉讼的适格原告及其顺位设计[J]. 理论月刊，2020（3）：124-133.

[36] 薄晓波. 环境公益损害救济请求权基础研究[J]. 甘肃政法学院学报，2020（3）：63-75.

[37] 陈伟. 环境污染和生态破坏责任的二元耦合结构——基于《民法典·侵权责任编（草案）》的考察[J]. 吉首大学学报（社会科学版），2020（3）：37-47.

[38] 邓少旭. 生态环境损害赔偿诉讼：定义与定位矫正[J]. 中国环境管理，2020（3）：121-126.

[39] 冯洁语. 公私法协动视野下生态环境损害赔偿的理论构

成［J］．法学研究，2020（2）：169-189．

［40］李琳．法国生态损害之民法构造及其启示——以损害概念之扩张为进路［J］．法治研究，2020（2）：87-103．

［41］杨朝霞．论环境权的性质［J］．中国法学，2020（2）：280-303．

［42］林莉红，邓嘉咏．论生态环境损害赔偿诉讼与环境民事公益诉讼之关系定位［J］．南京工业大学学报（社会科学版），2020（1）：37-46．

［43］王旭光．论生态环境损害赔偿诉讼的若干基本关系［J］．法律适用，2019（21）：11-22．

［44］刘慧慧．生态环境损害赔偿诉讼衔接问题研究［J］．法律适用，2019（21）：23-33．

［45］冷罗生，李树训．生态环境损害赔偿制度与环境民事公益诉讼研究——基于法律权利和义务的衡量［J］．法学杂志，2019（11）：49-57．

［46］史玉成．生态环境损害赔偿制度的学理反思与法律建构［J］．中州学刊，2019（10）：85-92．

［47］徐以祥．论生态环境损害的行政命令救济［J］．政治与法律，2019（9）：82-92．

［48］王克稳．自然资源国家所有权的性质反思与制度重构［J］．社会科学文摘，2019（8）：73-75．

［49］陈杭平，周晗隽．公益诉讼"国家化"的反思［J］．北方法学，2019（6）：70-79．

［50］巩固．''生态环境''宪法概念解析［J］．吉首大学学报（社会科学版），2019（5）：70-80．

［51］楚道文，唐艳秋．论生态环境损害救济之主体制度

[J]．政法论丛，2019（5）：139－150．

［52］彭中遥．行政机关提起生态环境损害赔偿诉讼的理论争点及其合理解脱［J］．环境保护，2019（5）：24－30．

［53］李树训，冷罗生．生态环境损害赔偿制度适用范围：乱象、趋向和导向［J］．环境保护，2019（5）：31－35．

［54］孙佑海，王倩．民法典侵权责任编的绿色规制限度研究——"公私划分"视野下对生态环境损害责任纳入民法典的异见［J］．甘肃政法学院学报，2019（5）：62－69．

［55］江润民，朱晖．环境民事公益诉讼中司法权与行政权关系反思［J］．沈阳农业大学学报（社会科学版），2019，21（5）：519－524．

［56］李浩．生态环境损害赔偿诉讼的本质及相关问题研究——以环境民事公益诉讼为视角的分析［J］．行政法学研究，2019（4）：55－66．

［57］李树训，冷罗生．生态环境损害赔偿磋商中的第三者：功能与保障——聚焦七省改革办法［J］．华侨大学学报（哲学社会科学版），2019（4）：117－128．

［58］吴良志．论生态环境损害赔偿诉讼的诉讼标的及其识别［J］．中国地质大学学报（社会科学版），2019（4）：30－43．

［59］巩固．环境民事公益诉讼性质定位省思［J］．法学研究，2019（3）：127－147．

［60］王克稳．自然资源国家所有权的性质反思与制度重构［J］．中外法学，2019（3）：626－647．

［61］刘莉，胡攀．生态环境损害赔偿诉讼的公益诉讼解释论［J］．西安财经学院学报，2019（3）：84－91．

［62］薄晓波．环境民事公益诉讼救济客体之厘清［J］．中国

地质大学学报（社会科学版），2019（3）：29-41.

［63］吴惟予. 生态环境损害赔偿中的利益代表机制研究——以社会公共利益与国家利益为分析工具［J］. 河北法学，2019（3）：129-146.

［64］吕忠梅，刘长兴. 环境司法专门化与专业化创新发展：2017—2018年度观察［J］. 中国应用法学，2019（2）：1-35.

［65］康京涛. 生态环境损害政府民事索赔的困境及出路——基于政策文本与案例实践的考察［J］. 法治论坛，2019（2）：264-278.

［66］牛颖秀. 生态环境损害赔偿诉讼与环境民事公益诉讼辨析——以诉讼标的为切入的分析［J］. 新疆大学学报（哲学·人文社会科学版），2019（1）：40-47.

［67］彭中遥. 生态环境损害赔偿诉讼的性质认定与制度完善［J］. 内蒙古社会科学，2019（1）：105-111.

［68］王腾. 我国生态环境损害赔偿磋商制度的功能、问题与对策［J］. 环境保护，2018（13）：58-62.

［69］王树义，李华琪. 论我国生态环境损害赔偿诉讼［J］. 学习与实践，2018（11）：68-75.

［70］南景毓. 生态环境损害：从科学概念到法律概念［J］. 河北法学，2018（11）：98-110.

［71］赵泽君，林洋. 论民事级别管辖恒定［J］. 学术探索，2018（8）：81-88.

［72］黄虞，张梓太. 生态环境损害赔偿之诉与环境公益诉讼［J］. 中华环境，2018（6）：32-34.

［73］王岚. 论生态环境损害救济机制［J］. 社会科学，2018（6）：104-111.

［74］王小钢. 生态环境损害赔偿诉讼的公共信托理论阐释——自然资源国家所有和公共信托环境权益的二维构造［J］. 法学论坛, 2018（6）: 32-38.

［75］竺效, 蒙禹诺. 论生态损害赔偿资金的信托管理模式——以环境公益维护为视角［J］. 暨南学报（哲学社会科学版）, 2018（5）: 83-93.

［76］邓海峰. 环境法与自然资源法关系新探［J］. 清华法学, 2018（5）: 51-60.

［77］何军, 刘倩, 齐霁. 论生态环境损害政府索赔机制的构建［J］. 环境保护, 2018（5）: 21-24.

［78］汪劲. 论生态环境损害赔偿诉讼与关联诉讼衔接规则的建立——以德司达公司案和生态环境损害赔偿相关判例为鉴［J］. 环境保护, 2018（5）: 35-40.

［79］竺效, 梁晓敏. 论检察机关在涉海"公益维护"诉讼中的主体地位［J］. 浙江工商大学学报, 2018（5）: 17-26.

［80］刘耕源. 生态系统服务功能非货币量核算研究［J］. 生态学报, 2018（4）: 1487-1499.

［81］黄萍. 生态环境损害索赔主体适格性及其实现——以自然资源国家所有权为理论基础［J］. 社会科学辑刊, 2018（3）: 123-130.

［82］程雨燕. 生态环境损害赔偿制度的理念转变与发展方向——兼与美国自然资源损害制度比较［J］. 社会科学辑刊, 2018（3）: 131-137.

［83］郭海蓝, 陈德敏. 省级政府提起生态环境损害赔偿诉讼的制度困境与规范路径［J］. 中国人口·资源与环境, 2018（3）: 86-94.

［84］袁琳. 基于"同一事实"的诉的客观合并［J］. 法学家, 2018（2）: 150-160.

［85］赵秀举. 论请求权竞合理论与诉讼标的理论的冲突与协调［J］. 交大法学, 2018（1）: 23-32.

［86］张家勇. 中国法民事责任竞合的解释论［J］. 交大法学, 2018（1）: 5-11.

［87］吕忠梅. 环境权入宪的理路与设想［J］. 法学杂志, 2018（1）: 23-40.

［88］陈学敏. 环境侵权诉讼应慎用赔礼道歉责任承担方式［J］. 环境经济, 2017（12）: 52-55.

［89］贺震. 构建生态环境损害赔偿磋商与诉讼衔接机制［J］. 环境经济, 2017（10）: 52-55.

［90］胡静. 我国环境行政命令体系探究［J］. 华中科技大学学报（社会科学版）, 2017（6）: 82-89.

［91］梅宏, 胡勇. 论行政机关提起生态环境损害赔偿诉讼的正当性与可行性［J］. 重庆大学学报（社会科学版）, 2017（5）: 82-89.

［92］巩固. 美国环境公民诉讼之起诉限制及其启示［J］. 法商研究, 2017, 34（5）: 171-182.

［93］刘超. 环境行政公益诉讼受案范围之实践考察与体系展开［J］. 政法论丛, 2017（4）: 50-59.

［94］江国华, 张彬. 检察机关提起民事公益诉讼的现实困境与完善路径［J］. 河南财经政法大学学报, 2017（4）: 85-93.

［95］巩固. 美国原告资格演变及对公民诉讼的影响解析［J］. 法制与社会发展, 2017（4）: 119-134.

［96］王轶, 关淑芳. 认真对待民法总则中的公共利益［J］.

中国高校社会科学，2017（4）：77-85.

［97］刘倩. 环境法中的生态损害：识别、本质及其特性［J］. 环境与可持续发展，2017（4）：137-141.

［98］吕忠梅. "生态环境损害赔偿"的法律辨析［J］. 法学论坛，2017（3）：5-13.

［99］张宝. 生态环境损害政府索赔权与监管权的适用关系辨析［J］. 法学论坛，2017（3）：14-21.

［100］巩固. 大同小异抑或貌合神离？中美环境公益诉讼比较研究［J］. 比较法研究，2017（2）：105-125.

［101］李挚萍. 论以环境质量改善为核心的环境法制转型［J］. 重庆大学学报（社会科学版），2017（2）：122-128.

［102］刘倩. 生态环境损害赔偿：概念界定、理论基础与制度框架［J］. 中国环境管理，2017（1）：98-103.

［103］况文婷，梅凤乔. 生态环境损害行政责任方式探讨［J］. 人民论坛，2016（14）：116-118.

［104］周珂，林潇潇. 环境损害司法救济的困境与出路［J］. 法学杂志，2016（7）：55-60.

［105］程多威，王灿发. 生态环境损害赔偿制度的体系定位与完善路径［J］. 国家行政学院学报，2016（5）：81-85.

［106］段厚省. 环境民事公益诉讼基本理论思考［J］. 中外法学，2016（4）：889-911.

［107］李磊. 请求权竞合解决新论——以客观预备合并之诉为解决途径［J］. 烟台大学学报（哲学社会科学版），2016（4）：16-24.

［108］蔡先凤. "康菲溢油案"首启环境公益诉讼的法律焦点问题解析［J］. 环境保护，2016（4）：80-83.

[109] 竺效. 生态损害公益索赔主体机制的构建 [J]. 法学, 2016 (3): 3-12.

[110] 李峣. 论诉讼担当的制度缘由 [J]. 法学杂志, 2016 (3): 80-86.

[111] 梁君瑜. 公物利用性质的反思与重塑——基于利益属性对应权利（力）性质的分析 [J]. 东方法学, 2016 (3): 38-45.

[112] 肖建国. 利益交错中的环境公益诉讼原理 [J]. 中国人民大学学报, 2016 (2): 14-22.

[113] 王亚新. 民事诉讼管辖: 原理、结构及程序的动态 [J]. 当代法学, 2016 (2): 145-160.

[114] 汪全军. 合法性视角下的立法程序及其完善 [J]. 湖南大学学报（社会科学版）, 2016 (2): 143-147.

[115] 黄忠顺. 环境公益诉讼制度扩张解释论 [J]. 中国人民大学学报, 2016 (2): 32-42.

[116] 郭武, 刘聪聪. 在环境政策与环境法律之间——反思中国环境保护的制度工具 [J]. 兰州大学学报（社会科学版）, 2016, 44 (2): 134-140.

[117] 王明远. 论我国环境公益诉讼的发展方向: 基于行政权与司法权关系理论的分析 [J]. 中国法学, 2016 (1): 49-68.

[118] 王金南, 刘倩, 齐霁, 於方. 加快建立生态环境损害赔偿制度体系 [J]. 环境保护, 2016 (2): 26-29.

[119] 於方, 刘倩, 牛坤玉. 浅议生态环境损害赔偿的理论基础与实施保障 [J]. 中国环境管理, 2016 (1): 50-53.

[120] 侯鹏, 等. 生态系统综合评估研究进展: 内涵、框架与挑战 [J]. 地理研究, 2015 (10): 1809-1823.

[121] 黄锡生, 谢玲. 环境公益诉讼制度的类型界分与功能

定位——以对环境公益诉讼"二分法"否定观点的反思为进路[J]. 现代法学, 2015 (6): 108-116.

[122] 王岚. 环境权益救济困境之突破 [J]. 南京大学学报, 2015 (5): 43-49.

[123] 谢军. 论消费公益诉讼的起诉主体 [J]. 宁夏社会科学, 2015 (5): 50-56.

[124] 谢玲. 再辩"怠于行政职责论"——就环境公益诉讼原告资格与曹树青先生商榷 [J]. 河北法学, 2015 (5): 123-132.

[125] 张忠民. 论环境公益诉讼的审判对象 [J]. 法律科学, 2015 (4): 115-122.

[126] 曹明德. 中美环境公益诉讼比较研究 [J]. 比较法研究, 2015 (4): 67-77.

[127] 程雪阳. 中国宪法上国家所有的规范含义 [J]. 法学研究, 2015 (4): 105-126.

[128] 张锋. 环保社会组织环境公益诉讼起诉资格的"扬"与"抑"[J]. 中国人口·资源与环境, 2015 (3): 169-176.

[129] 蔡学恩. 专门环境诉讼的内涵界定与机制构想 [J]. 法学评论, 2015 (3): 126-132.

[130] 姜新华, 常华清, 黄金, 鲁宏. 我国国库集中收付制度下财政专户治理路径的选择 [J]. 财政监督, 2014 (10): 36-40.

[131] 魏汉涛. 从破窗理论看环境公害治理 [J]. 山东科技大学学报 (社会科学版), 2014 (6): 30-36.

[132] 吴卫星. 我国环境权理论研究三十年之回顾、反思与前瞻 [J]. 法学评论, 2014 (5): 180-188.

[133] 许尚豪, 乔博娟. 小额诉讼: 制度与程序——以新《民事诉讼法》为对象 [J]. 山东社会科学, 2014 (4): 155-159.

[134] 沈国舫. 关于"生态保护和建设"的概念探讨 [J]. 林业经济, 2014 (3): 3-5.

[135] 张建伟. 指向与功能:证据关联性及其判断标准 [J]. 法律适用, 2014 (3): 2-10.

[136] 陈海嵩. 国家环境保护义务的溯源与展开 [J]. 法学研究, 2014 (3): 62-81.

[137] 蔡彦敏. 对环境侵权受害人的法律救济之思考 [J]. 法学评论, 2014 (2): 134-140.

[138] 丁宝同. 民事公益之基本类型与程序路径 [J]. 法律科学, 2014 (2): 61-72.

[139] 陈钰玲. 请求权竞合问题研究——以请求权规范要件为视角的分析 [J]. 前沿, 2013 (12): 83-85.

[140] 蔡守秋. 从环境权到国家环境保护义务和环境公益诉讼 [J]. 现代法学, 2013 (6): 3-21.

[141] 曾于生, 左亚洛. 公益诉讼的概念反思 [J]. 行政与法, 2013 (6): 109-114.

[142] 李锡鹤. 请求权竞合真相——权利不可冲突之逻辑结论 [J]. 东方法学, 2013 (5): 20-28.

[143] 张卫平. 民事公益诉讼原则的制度化及实施研究 [J]. 清华法学, 2013 (4): 6-23.

[144] 巩固. 自然资源国家所有权公权说 [J]. 法学研究, 2013 (4): 19-34.

[145] 王涌. 自然资源国家所有权三层结构说 [J]. 法学研究, 2013 (4): 48-61.

[146] 杨朝霞. 论环境公益诉讼的权利基础和起诉顺位——兼谈自然资源物权和环境权的理论要点 [J]. 法学论坛, 2013

(3)：102－112.

［147］谢伟. 德国环境团体诉讼制度的发展及其启示［J］. 法学评论，2013（2）：110－115.

［148］韩波. 公益诉讼制度的力量组合［J］. 当代法学，2013（1）：31－37.

［149］庄敬华. 气候资源国家所有权非我国独创［J］. 中国政法大学学报，2012（6）：33－38.

［150］蔡守秋. 论公众共用物的法律保护［J］. 河北法学，2012，30（4）：9－24.

［151］张梓太，王岚. 我国自然资源生态损害私法救济的不足及对策［J］. 法学杂志，2012，33（2）：56－62.

［152］周红格. 草原环境民事公益诉讼主体研究——对原告类型构成的思考［J］. 内蒙古农业大学学报（社会科学版），2011（6）：18－20.

［153］蔡守秋. 善用环境法学实现善治——法治理论的主要概念及其含义［J］. 人民论坛，2011（5）：62－65.

［154］王小钢. 论环境公益诉讼的利益和权利基础［J］. 浙江大学学报·人文社会科学版，2011（3）：50－57.

［155］吴英姿. 诉讼标的理论"内卷化"批判［J］. 中国法学，2011（2）：177－190.

［156］王社坤. 环境侵权诉讼中的因果关系与举证责任［J］. 环境经济，2010（8）：51－53.

［157］郑朋树. 论我国环境公益诉讼原告资格的构建［J］. 广西社会科学，2010（7）：85－88.

［158］梅宏. 生态损害：风险社会背景下环境法治的问题与思路［J］. 法学论坛，2010（6）：118－123.

[159] 胡中华. 论美国环境公益诉讼中的环境损害救济方式及保障制度 [J]. 武汉大学学报, 2010 (6): 930-935.

[160] 王蓉, 陈世寅. 关于检察机关不应作为环境民事公益诉讼原告的法理分析 [J]. 法学杂志, 2010 (6): 68-70.

[161] 徐祥民, 刘卫先. 环境损害: 环境法学的逻辑起点 [J]. 现代法学, 2010 (4): 41-49.

[162] 周江洪. 惩罚性赔偿责任的竞合及其适用——《侵权责任法》第 47 条与《食品安全法》第 96 条第 2 款之适用关系 [J]. 法学, 2010 (4): 108-115.

[163] 余少祥. 什么是公共利益——西方法哲学中公共利益概念解析 [J]. 江淮论坛, 2010 (2): 87-98.

[164] 倪斐. 公共利益法律化: 理论、路径与制度完善 [J]. 法律科学, 2009 (6): 38-50.

[165] 刘树伟. 人类中心论的"整体主义"误区 [J]. 齐鲁学刊, 2009 (6): 74-77.

[166] 陈虹. 环境公益诉讼功能研究 [J]. 法商研究, 2009 (1): 28-35.

[167] 高伟凯. 国家利益: 概念的界定及其解读 [J]. 世界经济与政治论坛, 2009 (1): 80-85.

[168] 王树义, 刘静. 美国自然资源损害赔偿制度探析 [J]. 法学评论, 2009 (1): 71-79.

[169] 傅鼎生. 赔偿责任竞合研究 [J]. 政治与法律, 2008 (11): 70-77.

[170] 王轶, 董文军. 论国家利益——兼论我国民法典中民事权利的边界 [J]. 吉林大学社会科学学报, 2008 (3): 68-76.

[171] 颜运秋. 公益诉讼: 国家所有权保护和救济的新途径

[J]. 环球法律评论, 2008 (3): 32-41.

[172] 王轩, 译. 欧盟《关于预防和补救环境损害的环境责任指令》[J]. 国际商法论丛, 2008 (9): 397-424.

[173] 夏光. 论环境保护的国家意志 [J]. 环境保护, 2007 (7): 17-21.

[174] 徐祥民, 巩固. 环境损害中的损害及其防治研究——兼论环境法的特征 [J]. 社会科学战线, 2007 (5): 203-211.

[175] 侯甬坚. "生态环境"用语产生的特殊时代背景 [J]. 中国历史地理论丛, 2007 (1): 116-123.

[176] 刘杨. 法律规范的逻辑结构新论 [J]. 法制与社会发展, 2007 (1): 152-160.

[177] 赵绘宇. 探究我国生态系统修复制度的法律规制 [J]. 山西财经大学学报, 2007 (1): 195-196.

[178] 张林波, 舒俭民, 王维, 安达. "生态环境"一词的合理性与科学性辨析 [J]. 生态学杂志, 2006 (10): 1296-1300.

[179] 贺海仁. 私法、公法和公益法 [J]. 法学研究, 2006 (6): 154-155.

[180] 李浩. 关于民事公诉的若干思考 [J]. 法学家, 2006 (4): 5-10.

[181] 刘敏. 论我国民事诉讼法修订的基本原理 [J]. 法律科学, 2006 (4): 147-154.

[182] 段华洽, 王辉. 政府成为社会公共利益代表的条件与机制分析 [J]. 中国行政管理, 2005 (12): 27-29.

[183] 王太高. 公共利益范畴研究 [J]. 南京社会科学, 2005 (7): 82-87.

[184] 邓海峰. 环境容量的准物权化及其权利构成 [J]. 中

国法学, 2005 (4): 59-66.

[185] 钱正英, 沈国舫, 刘昌明. 建议逐步改正"生态环境建设"一词的提法 [J]. 科技术语研究, 2005 (2): 20-21.

[186] 王如松. 生态环境内涵的回顾与思考 [J]. 科技术语研究, 2005 (2): 28-31.

[187] 蒋有绪. 不必辨清"生态环境"是否科学 [J]. 科技术语研究, 2005 (2): 27.

[188] 段厚省. 请求权竞合研究 [J]. 法学评论, 2005 (2): 152-160.

[189] 韩大元. 宪法文本中"公共利益"的规范分析 [J]. 法学论坛, 2005 (1): 5-9.

[190] 王景斌. 论公共利益之界定——一个公法学基石性范畴的法理学分析 [J]. 法制与社会发展, 2005 (1): 129-137.

[191] 胡锦光, 王锴. 论我国宪法中'公共利益'的界定 [J]. 中国法学, 2005 (1): 18-27.

[192] 张旭昆. 制度系统的关联性特征 [J]. 浙江社会科学, 2004 (3): 78-83.

[193] 徐晓峰. 责任竞合与诉讼标的理论 [J]. 法律科学, 2004 (1): 56-73.

[194] 王福华. 民事诉讼程序停止机理研究 [J]. 法商研究, 2004 (2): 50-57.

[195] 王孟本. '生态环境'概念的起源与内涵 [J]. 生态学报, 2003 (9): 1910-1914.

[196] 黎祖交. 《'生态环境'的提法值得商榷》一文发表的前前后后 [J]. 林业经济, 2003 (7): 8-10.

[197] 黎祖交. "生态环境"的提法值得商榷 [J]. 浙江林

业，2003（4）：8-10.

［198］袁庆明. 论制度的效率及其决定［J］. 江苏社会科学，2002（4）：34-38.

［199］魏凤荣，司国林. 试论法律概念的特征［J］. 当代法学，2001（10）：41-43.

［200］邵明. 论诉讼标的［J］. 法学家，2001（6）：66-70.

［201］强世功. 法律共同体宣言［J］. 中外法学，2001（3）：328-339.

［202］吕忠梅. 论环境物权［J］. 人大法律评论，2001（1）：264-296.

［203］李艳芳. 论环境权及其与生存权和发展权的关系［J］. 中国人民大学学报，2000（5）：95-101.

［204］刘京. 论生态问题的社会制度根源［J］. 求索，2000（4）：61-64.

［205］王明远. 法国环境侵权救济法研究［J］. 清华大学学报，2000（1）：15-21.

［206］常纪文. 环境权与自然资源权的关系及其合并问题研究［J］. 环境与开发，2000（1）：4-6.

［207］金瑞林. 环境侵权与民事救济——兼论环境立法中存在的问题［J］. 中国环境科学，1997（3）：2-7.

［208］江伟，韩英波. 论诉讼标的［J］. 法学家，1997（2）：3-14.

［209］孙笑侠. 论法律与社会利益［J］. 中国法学，1995（4）：53-61.

三、报纸、电子文献

［1］吕忠梅. 全国政协常委吕忠梅详细解读民法典绿色条款：

"意思自治"不是污染环境的"保护伞"[N].中国环境报,2020-06-02(8).

[2]江必新.依法开展生态环境损害赔偿审判工作,以最严密法治保护生态环境[N].人民法院报,2019-06-27(5).

[3]内蒙古自治区生态环境损害赔偿制度改革实施方案[N].内蒙古日报(汉),2018-12-21(007).

[4]天津市生态环境损害赔偿制度改革实施方案[N].天津报,2018-12-20(007).

[5]河南省生态环境损害赔偿制度改革实施方案[N].河南日报,2018-08-13(006).

[6]江西省生态环境损害赔偿制度改革实施方案[N].江西日报,2018-07-03(B02).

[7]广西壮族自治区生态环境损害赔偿制度改革实施方案[N].广西日报,2018-08-10(003).

[8]浙江省生态环境损害赔偿制度改革实施方案[N].浙江日报,2018-10-10(004).

[9]生态环境损害赔偿制度改革实施方案[N].云南日报,2018-09-11(004).

[10]四川省生态环境损害赔偿制度改革实施方案[N].四川日报,2018-09-25(003).

[11]河北省生态环境损害赔偿制度改革实施方案[N].河北日报,2018-07-20(001).

[12]张梓太,席悦.生态环境损害赔偿纠纷处理机制探析[N].中国环境报,2017-12-21.

[13]中共辽宁省委办公厅 辽宁省人民政府办公厅关于印发《辽宁省生态环境损害赔偿制度改革实施方案》的通知[EB/OL].

（2018－08－13）［2024－02－18］. https：//www. ln. gov. cn/web/zwgkx/zfwj/swwj/430AB466A9174CB8A0ABF0156C9EA259/index. shtml.

［14］中共北京市委办公厅 北京市人民政府办公厅关于印发《北京市生态环境损害赔偿制度改革工作实施方案》的通知［EB/OL］. （2018－06－28）［2024－02－18］. https：//sthjj. beijing. gov. cn/bjhrb/index/xxgk69/zfxxgk43/fdzdgknr2/zcfb/szfgfxwj/325832579/index. html.

［15］《重庆市生态环境损害赔偿制度改革实施方案》昨日发布［EB/OL］. （2018－09－12）［2024－02－18］. http：//www. cq. gov. cn/zwgk/zfxxgkml/zdlyxxgk/shgysy/hjbh/201809/t20180912_8807514. html.

［16］安徽省生态环境厅. 安徽省生态环境损害赔偿制度改革实施方案［EB/OL］. （2018－09－21）［2024－02－18］. https：//sthjt. ah. gov. cn/public/21691/110919351. html.

［17］四川建立首个生态环境公益诉讼与生态环境损害赔偿协作配合机制［EB/OL］. （2020－05－13）［2024－02－18］. https：//baijiahao. baidu. com/s? id＝1666552035836821689.

［18］浙江有了公益诉讼特大案件认定标准［EB/OL］. （2019－07－08）［2024－02－18］. https：//epmap. zjol. com. cn/jsb0523/201907/t20190705_10525405. shtml.

［19］上海高院关于生态环境损害赔偿案件的指导意见［EB/OL］. （2019－04－11）［2021－04－15］. https：//www. sohu. com/a/307179086_816704.

［20］江苏省人民政府. 江苏省生态环境损害赔偿起诉规则（试行）［EB/OL］. （2018－10－10）［2024－02－18］. https：//www. eiacloud. com/hpyzs/lawsRegulations/searchDetail? id＝a99c05b

8c7a94c7a96d6c9225e3af154&modelName = % E9% A6% 96% E9% A1% B5.

[21] 云南省人民政府. 生态环境损害赔偿制度改革实施方案 [EB/OL]. (2018-08-23) [2024-02-18]. https://llw.yunnan.cn/html/2018-09/11/content_5299464.htm.

[22] 贵州省生态环境厅. 贵州省生态环境损害赔偿案件办理规程（试行）[EB/OL]. (2021-02-09) [2024-02-18]. https://sthj.guizhou.gov.cn/zwgk/zcwj/tjwj/202102/t20210209_77741211.html.

四、外文文献（按出版时间倒序排列）

[1] Lord Camwath CVO. Judges and the Common Laws of the Environment – At Home and Abroad[J]. Journal of Environmental Law, 2014,26(2):188.

[2] DruryD. Stevenson. S. Eckhart. Standying as Channeling in the Administrative Age[J]. Law, Political Science,2012(4):1357-1416.

[3] Holly Doremus, Albert C. Lin and Ronald H. Rosenberg. Environmental Policy Law: Problems, Cases, and Reading [M]. New York: Foundation Press Thomson, 2012.

[4] Will Reisinger, Trent A. Dougherty, Nolan Moser. Environmental Enforcement and the Limits of Cooperative Federalism: Will Courts Allow Citizen Suits to pick up the Slack? [J]. Duke Environmental Law&Policy Forum,2010(1):1-61.

[5] Kirstin Stoll-DeBell, Nancy L. Dempsey, Bradford E. Dempsey: Injunctive Relief: Temporary Restraining Orders and Preliminary Injunctions, Section of Litigation [M]. Chicago: American Bar Association,2009.

[6] Mark Seidenfeld, Janna Satz Nugerit. The Friendship of the People: Citizen Participation in Environmental Enforcement [J]. The George Washington Law Review,2005(2):269-316.

[7] MA (Millennium Ecosystem Assessment): Ecosystems and Human Well-being: Synthesis Washington [M]. DC: Island Press, 2005.

[8] Nathan A. Steimel. Congress Should Act to Define 'Prevailing Party to Ensure Citizen Suits Remain Effective in Environmental Regulation[J]. Journal of Environmental and Sustainability law, 2004 (3):283-293.

[9] R. Daniel Kelemen and Eirc C. Sibbitt. The Globalization of American Law[M]. Cambridge: Cambridge University Press,2004.

[10] Martin H. Redish. Class Action and The Democratic Difficulty: Rethinking the Intersection of Private Litigation And Public Goals[J]. University of Chicago Legal Forum,2003 (1):71-139.

[11] Peter Cane. Are Environmental Harms Special[J]. Journal of Environmental Law,2001(1):3-20.

[12] Richard J. Lazarus: Thirty Years of Environmental Protection Law in the Supreme Court[J]. Pace Environmental Law Review, 1999 (2):619-644.

[13] Ludwig Kramer. The Citizen in the Environment-Access to Justice[J]. Resource Management Journal,1999(3):1-12.

[14] Susan George, William J. Snape, Rina Rodriguez. The Public in Action: Using State Citizen Suit Statutes to Protect Biodiversity[J]. Journal of Environmenta,1997(6):1-45.

[15] Mohan Munasinghe and Jeffret Mcneely. Key Concepts and

Terminology of Sustainable Development, Defining and Measuring Sustainability[M]. NewYork:The Biogeophysical Foundations, 1996.

[16] William Rodgers Jr. Environmental Law[M]. Sao Paulo:West Academic Publishing,1994.

[17] Gunther Teubner. Law as An Autopoietic System[M]. Oxford:Blackwell Publishers,1993.

[18] Jeffrey M. Gaba, Mary E. Kellya. The Citizen Suit Provision of Cercla:A Sheep in Wolf's Clothing? [J]. Southwestern Law Journal, 1990 (6):929 -955.

[19] Roderick Frazire. Nash. The Right of Nature[M]. Madison:The University of Wisconsin Press,1989.

[20] Jamie cassels. Judicial Activism and Public Interest Litigation:Attempting the Impossible? [J] The American Journal of Comparative Law,1989(3):495 -519.

[21] Richard J. Lazarus. Changing Conception of Property and Sovereignty in Natural Resources:Questioning the Public Trust Doctrine [J]. Iowa Law Review,1986:641 -715.

[22] David P. Gionfriddo. Sealing Pandora's Box:Judicial Doctrines Restricting Public Trust Citizen Environmental Suits[J]. Boston College Environmental Affairs Law Review,1986(5):439 -486.

[23] William H. Timbers, David A. Wirth. Private Rights Of Action and Judicial Review in Federal Environmental Law[J]. Cornell Law. Review,1985(3):403 -417.

[24] Joseph L. Sax . The Public Trust Doctrine in Natural Resources Law : Effective Judicial Intervention [J]. Michigan Law Review,1970(3):470 -565.

[25] Hardin G. The tragedy of the commons[M]. London：Routledge, 1968.

[26] William Joyce. he Law And Practice of Injunction In Equity And Common Law[M]. London：Stevens &Haynes, Law Publishers, Belly Yard, Temple Bar, 1892.

五、博士硕士学位论文（按出版时间倒序排列）

[1] 袁玉昆. 生态环境损害赔偿之诉与环境公益诉讼衔接机制研究[D/OL]. 济南：山东师范大学, 2020[2022－05－12]. https：//kns. cnki. net/kcms2/article/abstract? V＝3uoqIhG8C475KOm_zrgu4lQARvep2SAkHr3ADhkADnVu66WViDP_3IcSkMq9f5o58Nktimfsp9MWBDFemwxgOy2JDVfQirNW&uniplatform＝NZKPT.

[2] 朱刚. 民事公益诉讼程序研究[D/OL]. 重庆：西南政法大学, 2019[2023－05－12]. https：//kns. cnki. net/kcms2/article/abstract? v＝3uoqIhG8C447WN1SO36whLpCgh0R0Z－iszBRSG4W40qHYXhao9i2hpvqLr7M7gvBbt0eFBP5J7owOsOo－Bba1Gi2N2Kp3vJq&uniplatform＝NZKPT.

[3] 卢群. 我国环境治理纠纷解决机制研究[D/OL]. 南昌：南昌大学, 2019[2023－05－12]. https：//kns. cnki. net/kcms2/article/abstract? v＝3uoqIhG8C447WN1SO36whLpCgh0R0Z－iDdIt－WSAdV5IJ_Uy2HKRAXHbHUzeCcpfuq4a6jrrWE7NFct6XftXLcN4fzqRE27l&uniplatform＝NZKPT.

[4] 郭云峰. 论自然资源国家所有权的制度构造[D/OL]. 沈阳：辽宁大学, 2019[2023－05－12]. https：//kns. cnki. net/kcms2/article/abstract? v＝3uoqIhG8C447WN1SO36whLpCgh0R0Z－iVBgRpfJBcb4JAybTo8M4lsRaGvi917GVfj－omPYcqSsBk3cNxF3T9VOz

XxQRgkKK&uniplatform＝NZKPT．

［5］卢瑶．马克思主义公共产品理论视域下的生态环境损害赔偿研究［D/OL］．武汉：华中科技大学，2018［2023－05－12］．https：//kns．cnki．net/kcms2/article/abstract？v＝3uoqIhG8C447WN1SO36whLpCgh0R0Z－iDdIt－WSAdV5IJ_Uy2HKRAR6bP3qoZUcg_dqoBzs8P87Mk6GF5y59OeSIZuHgM7Cq&uniplatform＝NZKPT．

［6］贺思源．环境侵害国家救济研究［D/OL］．武汉：中南财经政法大学，2018［2022－05－12］．https：//kns．cnki．net/kcms2/article/abstract？v＝3uoqIhG8C447WN1SO36whLpCgh0R0Z－iDdIt－WSAdV5IJ_Uy2HKRAXzMNX3HLvUIN80G1MUqUGpeYpCHTgRjEIdesl7HsJK9&uniplatform＝NZKPT．

［7］罗珊．中美环境公益诉讼比较研究［D/OL］．湘潭：湘潭大学，2017［2022－05－12］．https：//kns．cnki．net/kcms2/article/abstract？v＝3uoqIhG8C447WN1SO36whLpCgh0R0Z－iTEMuTidDzndci_h58Y6ouT－lbi_evY6sPKgoyXalSzRS91ScUS－7qujmOlWPCUjL&uniplatform＝NZKPT．

［8］王浴勋．我国环境行政权与环境司法权关系研究［D/OL］．北京：北京理工大学，2017［2022－05－12］．https：//kns．cnki．net/kcms2/article/abstract？v＝3uoqIhG8C447WN1SO36whLpCgh0R0Z－iDdIt－WSAdV5IJ_Uy2HKRASVjT2vCJYzcma7o57－9uahT1XRUPl9X2xRfJK3VkBjj&uniplatform＝NZKPT．

［9］冯汝．环境法私人实施研究［D/OL］．武汉：武汉大学，2015［2022－05－12］．https：//kns．cnki．net/kcms2/article/abstract？v＝3uoqIhG8C447WN1SO36whLpCgh0R0Z－iTEMuTidDzndci_h58Y6ouQ84BTVd0kL5XHlxt69eCmvK3cAWn1RCHhQt4EuNWnP6&uniplatform＝NZKPT．

［10］孙洪坤. 环境公益诉讼立法研究［D/OL］. 青岛：山东大学，2015［2022-05-12］. https://kns.cnki.net/kcms2/article/abstract?v=3uoqIhG8C447WN1SO36whLpCgh0R0Z-iv9r0YoQXiId4v9BfOE9rDhM2PInyIaW6ZK2ywbD8vH_eCs1tZdxuUjQ29A7uPvDy&uniplatform=NZKPT.

［11］李昱. 环境侵权民事责任比较研究［D/OL］. 大连：大连海事大学，2015［2022-05-12］. https://kns.cnki.net/kcms2/article/abstract?v=3uoqIhG8C447WN1SO36whLpCgh0R0Z-iv9r0YoQXiId4v9BfOE9rDivLfrz3KXbR2jPBwTeEuvfLiBQsHT8-TjZ_N-jlOn7Z&uniplatform=NZKPT.

［12］陈仪. 自然资源国家所有权的公权性质研究［D/OL］. 苏州：苏州大学，2015［2022-05-12］. https://kns.cnki.net/kcms2/article/abstract?v=3uoqIhG8C447WN1SO36whLpCgh0R0Z-iv9r0YoQXiId4v9BfOE9rDl94AyAZWacnH-yfuGrf4iQveUuTE7ei_dX05hlGcnu8&uniplatform=NZKPT.

［13］王灵波. 美国自然资源公共信托原则研究［D/OL］. 苏州：苏州大学，2015［2022-05-12］. https://kns.cnki.net/kcms2/article/abstract?v=3uoqIhG8C447WN1SO36whLpCgh0R0Z-i4Lc0kcI_HPe7ZYqSOTP4QhjlVeTrODwwwMg2E-ucuk1MEyQYWRC1sa-ncs3zbd81&uniplatform=NZKPT.

［14］伊媛媛. 环境权利的可诉性研究［D/OL］. 武汉：武汉大学，2014［2022-05-12］. https://kns.cnki.net/kcms2/article/abstract?v=3uoqIhG8C447WN1SO36whLpCgh0R0Z-iTEMuTidDzndci_h58Y6ouZZqea6jLkAxFmrbEXeUVuuC9gap2Shik7U6tqbLytw6&uniplatform=NZKPT.

［15］李瑶. 突发环境事件应急处置法律问题研究［D/OL］.

青岛：中国海洋大学，2012［2022 - 05 - 12］. https：//kns. cnki. net/kcms2/article/abstract？v = 3uoqIhG8C447WN1SO36whHG - SvTYjkCc7dJWN_daf9c2 - IbmsiYfKjsTJ3QQBnzh3M0a6WtBNSwDTwtWUNxY4XumwNj1I9i9&uniplatform = NZKPT.

［16］许凯. 侵权冲突法研究［D/OL］. 上海：华东政法大学，2012［2022 - 05 - 12］. https：//kns. cnki. net/kcms2/article/abstract？v = 3uoqIhG8C447WN1SO36whHG - SvTYjkCc7dJWN_daf9c2 - IbmsiYfKq_0npmh2U1KwGtvrnBXhyAhzdofYhXU4KSNtLhTncNE&uniplatform = NZKPT.

［17］周晨. 环境损害赔偿立法研究［D/OL］. 青岛：中国海洋大学，2007［2022 - 05 - 12］. https：//kns. cnki. net/kns8/DefaultResult/Index？dbcode = SCDB&crossDbcodes = CJFQ% 2CCDMD% 2CCIPD% 2CCCND% 2CCISD% 2CSNAD% 2CBDZK% 2CCCJD% 2CCCVD% 2CCJFN&korder = TI&kw.